D1233883

Les Éditions du Boréal
4447, rue Saint-Denis
Montréal (Québec) H2J 2L2
www.editionsboreal.qc.ca

L'Indien malcommode

Thomas King

L'Indien malcommode

Un portrait inattendu
des Autochtones d'Amérique du Nord

traduit de l'anglais (Canada)
par Daniel Poliquin

Boréal

© Thomas King 2012
© Les Éditions du Boréal 2014 pour l'édition en langue française au Canada
Publié avec l'accord de Westwood Creative Artists Ltd
Dépôt légal : 1er trimestre 2014
Bibliothèque et Archives nationales du Québec

L'édition originale de cet ouvrage a été publiée en 2012 par Doubleday Canada sous le titre
The Inconvenient Indian: A Curious Account of Native People in North America

Diffusion au Canada : Dimedia

*Catalogage avant publication de Bibliothèque et Archives nationales du Québec
et Bibliothèque et Archives Canada*

King, Thomas, 1943-

[Inconvenient Indian. Français]

L'Indien malcommode : un portrait inattendu des Autochtones d'Amérique du Nord

Traduction de : The inconvenient Indian.

Comprend un index

ISBN 978-2-7646-2259-9

1. Indiens d'Amérique – Amérique du Nord – Histoire. 2. Indiens d'Amérique – Amérique du Nord – Mœurs et coutumes. 3. Amérique du Nord – Relations interethniques. 4. Attitudes envers les Indiens d'Amérique – Amérique du Nord. I. Titre. II. Titre : Inconvenient Indian.

E77.K56614   2014   970.004'97   C2013-942759-7

ISBN PAPIER 978-2-7646-2259-9

ISBN PDF 978-2-7646-3259-8

ISBN ePUB 978-2-7646-4259-7

Aux petits-enfants que je ne verrai pas.

Pain chaud frais beurré ou porcs-épics

Je suis l'Indien.
Et son fardeau
Demeure mien.

RITA JOE, *The Poems of Rita Joe*

Il y a une quinzaine d'années, une bande d'amis et moi avons fondé un groupe de tambour traditionnel. John Samosi, l'un des chanteurs, a proposé qu'on prenne pour nom The Pesky Redskins (qu'on pourrait traduire par « Les Peaux-Rouges casse-pieds »). Étant donné que nous n'étions pas très forts côté voix, disait John, il nous fallait un nom qui ferait sourire et oublier nos carences musicales.

Nous nous sommes finalement entendus sur un autre nom, les Waa-Chi-Waasa Singers, qui faisait plus noble. C'est Sandy Benson qui en a eu l'idée ; si je me souviens bien, *waa-chi-waasa* est le mot ojibwé pour « loin d'ici ». Le nom nous allait bien étant donné que la plupart des gars autour du tambour que nous avons ici, à Guelph, en Ontario, ne sont pas du coin. John est de Saskatoon. Sandy vient de Rama. Harold Rice a grandi sur la côte de la Colombie-Britannique. La communauté d'origine de Mike Duke est située près de London, en Ontario. James Gordon est natif de Toronto. Moi, je suis de la vallée centrale de la Californie, mais mon fils Benjamin est né à Lethbridge, en Alberta, et nous l'avons traîné partout en Amérique du Nord avec son frère aîné et sa sœur cadette. J'ignore où il se sent vraiment chez lui. Anichinabé, Métis, Salish de la côte, Cri, Cherokee. Nous n'avons pas grand-chose en commun. Nous avons le tambour et nous sommes tous autochtones. C'est tout.

J'avais oublié cette histoire de Peaux-Rouges casse-pieds ; mais ce nom de scène a dû me coller au cerveau parce que, lorsque je me suis mis en quête d'un titre pour ce livre, je voulais quelque chose d'un peu ironique, et ça m'est revenu. *Les Peaux-Rouges casse-pieds. Une histoire insolite des Indiens d'Amérique du Nord.* Le problème était que personne n'aimait ce titre. Quelques amis sûrs m'ont dit que ça ne faisait pas sérieux ; réflexion faite, je leur ai donné raison. Les Autochtones ne sont pas tant casse-pieds… qu'encombrants, malcommodes. J'ai donc changé le titre pour *L'Indien malcommode. Une histoire insolite des Autochtones d'Amérique du Nord.* Ma conjointe, Helen Hoy, qui est professeure de littérature anglaise à l'Université de Guelph, est alors intervenue : le mot *histoire* était peut-être excessif pour le livre que j'avais en tête. Notre fils Benjamin, qui achève son doctorat en histoire à Stanford, était d'accord. Si je qualifiais mon livre d'« histoire », je serais contraint de m'astreindre aux rigueurs de l'érudition et d'obéir à une chronologie organisée, joliment définie.

Bon, je ne suis pas de ceux qui pensent que les chronologies sont embêtantes, mais je suis comme qui dirait de l'école historiographique d'Ezra Pound. Sans pour autant souscrire à ses convictions politiques, je suis d'accord avec lui quand il dit : « Notre connaissance du passé ne doit RIEN à la séquence chronologique. C'est peut-être commode d'avoir tout ce savoir anesthésié bien étalé sur la table, avec des dates collées ici et là, mais ce que nous savons, nous l'apprenons par cascades et spirales qui s'échappent de nous et de notre époque. » Il n'y a rien comme citer un homme illustre pour échapper à une corvée. Cela dit, il y a *pas mal* d'histoire dans *L'Indien malcommode*. Seulement, je ne suis pas le genre d'historien que vous pensez. Ça ne paraît peut-être pas à première vue, mais j'ai le plus grand respect pour cette discipline qu'on appelle l'histoire. J'ai étudié l'histoire quand j'ai fait mon doctorat en études anglaises et américaines à l'Université de l'Utah. J'ai même travaillé à l'American West Center sur ce campus, où Floyd O'Neil et S. Lyman Tyler tenaient la barre du navire. Au fil des ans, j'y ai fait la connaissance d'autres historiens, comme Brian Dippie, Richard White, Patricia Limerick, Jean O'Brien, Vine Deloria fils, Francis Paul Prucha, David Edmunds, Olive Dickason, Jace Weaver, Donald Smith, Alvin Josephy, Ken Coates et Arrell Morgan Gibson – et il nous arrivait d'avoir des conversations passionnantes sur... l'histoire. Au souvenir de ces entretiens et du fait de mon respect pour l'histoire, j'ai épicé mon argumentaire de ces éléments qu'on appelle des « faits », même si nous devrions tous savoir maintenant que les faits n'ont pas le pouvoir rédempteur qu'on leur prête.

À vrai dire, moi, je préfère la fiction. Je n'aime pas la manière dont les faits cherchent à s'imposer à mon esprit, je préfère fabriquer mon propre monde. La fiction est plus malléable que l'histoire. Les commencements sont plus intéressants, les personnages plus obligeants, les fins mieux adaptées à nos attentes au regard de la morale et de la justice. Ce qui ne revient pas à dire que la fiction est enlevante et l'histoire assommante. Il y a des récits historiques qui sont tout aussi enchanteurs qu'une satire de Stephen Leacock ou tout aussi glaçants qu'un thriller de Stephen King.

Il n'en reste pas moins que, à mes yeux, écrire un roman, c'est comme tartiner de beurre une tranche de pain frais, tandis que composer un récit historique, c'est rassembler un troupeau de porcs-épics en s'aidant de ses coudes. En conséquence, même si *L'Indien malcommode* regorge d'histoire, la base du récit est une série de conversations et de querelles que j'ai eues avec moi-même et avec d'autres pendant presque toute ma vie adulte; et s'il y a une méthodologie dans mon approche, elle tient plus de la technique romanesque que de l'historiographie. Un bon historien tient son parti pris en laisse. Un bon historien n'abuse pas de l'anecdote personnelle. Un bon historien référence le moindre propos à grand renfort de notes infrapaginales.

Pas moi.

Puisque j'ai l'air de m'excuser d'exister, j'imagine que, tant qu'à y être, je devrais demander pardon d'avance à ceux que mes idées risquent de heurter. Mais j'espère que vous êtes d'accord avec moi pour dire que toute discussion sur les Indiens d'Amérique du Nord suscite invariablement certaines aigreurs. De la tristesse aussi. Sans oublier quelques lueurs d'ironie et d'humour.

Quand j'étais petit, les Indiens étaient des Indiens. Parfois, ces Indiens étaient des Mohawks, des Cherokees, ou alors des Cris, des Pieds-Noirs, des Tlingits ou des Séminoles. Mais c'étaient surtout des Indiens. On reproche à Colomb de nous avoir accolé ce nom, mais il ne voulait pas mal faire. Il cherchait l'Inde et croyait l'avoir trouvée. Il se trompait, bien sûr, et au fil du temps des gens et des institutions ont essayé de corriger son erreur. Les Indiens sont alors devenus des Amérindiens, puis des Aborigènes, puis des peuples indigènes et, enfin, des Indiens d'Amérique. Dernièrement, les Indiens sont passés au rang de Premières Nations au Canada et d'Autochtones américains aux États-Unis, mais le fait est qu'il n'y a jamais eu de gentilé exact parce qu'au départ il n'y avait pas de collectivité comme telle. Je ne vais pas me faire l'avocat d'un nom unique. Pour moi, tous ces noms se valent. Aujourd'hui, l'expression « Premières Nations » est le vocable en vogue au Canada, et chez nos voisins du Sud la mode est aux « Autochtones américains ». J'aime les deux termes ; mais, du fait de toutes les erreurs et de tous les problèmes dont il est chargé – surtout au Canada –, le mot « Indien » demeure, à mes yeux du moins, le défaut nord-américain par excellence.

Puisque j'en suis aux questions de terminologie et de nomenclature, je devrais parler des Métis. Les Métis constituent l'un des trois groupes autochtones dont l'existence est officiellement reconnue au Canada ; les deux autres sont les Indiens (autrement appelés « Premières Nations ») et les Inuits. Les Métis sont des sang-mêlé, pour la plupart d'ascendance indienne et anglaise, ou indienne et française. Ils n'ont pas de statut en vertu de la Loi sur les Indiens, mais ils occupent des colonies ou des foyers en Ontario, au Manitoba, en Saskatchewan et en Alberta. Bon nombre de ces communautés ont une culture distincte de celle de leurs voisins blancs et indiens ; les Métis parlent aussi une langue à eux, le michif, qui est fait d'éléments tirés du français et des langues autochtones.

La terminologie nous joue souvent des tours. Je veux bien parler de « réserves » pour les communautés autochtones aux États-Unis et au Canada, ou de « tribus » aux États-Unis et de « bandes » au Canada. Mais dans certains cas, quand je parle des deux côtés de la frontière, j'emploie à ma convenance « réserve », « bande », « tribu » ou « nation » selon le rythme ou la syntaxe de la phrase. En fait, je préfère dire « nation », ou employer le gentilé de la bande ou de la tribu, ce que j'essaie de faire le plus souvent possible.

Au tour des Blancs, maintenant. Pas facile, celle-là. Un de mes amis qui est japonais appelle les Anglais les « Caucasoïdes cinglés » ; un autre ami m'a dit que si j'allais employer le terme « Indien », je devrais appeler tous les autres des « cow-boys ». Deux appellations comiques, mais il y a des limites à la rigolade. Le terme « Blanc » conserve toute son utilité. Les Autochtones l'emploient depuis toujours, parfois pour décrire ces gens, parfois pour signifier autre chose. Entendons-nous donc pour dire que, dans ce livre, le terme est neutre et désigne une collectivité qui est aussi diverse et indéfinissable que ceux qu'on appelle les « Indiens ».

Il y a une erreur dans mon livre que je n'ai pas cru bon de corriger. Le « Bureau des affaires indiennes » désigne correctement l'agence américaine qui est chargée de voir aux affaires propres aux Indiens dans ce pays ; au Canada, je continue d'employer « ministère des Affaires indiennes », même si ce ministère s'appelle maintenant le « ministère des Affaires autochtones et du Développement du Nord canadien ». Il se trouve simplement que l'ancienne appellation me plaît et que je trouve qu'elle fait moins malhonnête.

Tout compte fait, c'est moins le mot juste qui me préoccupe que l'ambition que j'ai de composer un texte cohérent et accessible.

L'une des difficultés qu'il y a à raconter l'histoire des Indiens d'Amérique du Nord dans un volume aussi modeste que celui-ci tient au fait que raconter cette histoire est tout bonnement impossible. J'aurais peut-être dû intituler mon livre *L'Indien malcommode. Un portrait incomplet des Indiens d'Amérique du Nord*. Parce que j'en ai moins mis dans ce livre que je n'en ai laissé de côté. Ainsi, je ne parle pas des explorateurs européens et de leurs premiers rapports avec les Autochtones. Je n'ai pas écrit grand-chose sur les Métis du Canada et, exception faite de l'Accord sur les revendications territoriales du Nunavut, on ne trouvera pas un mot sur les Inuits. C'est tout juste si j'effleure les débuts de la colonisation et les conflits qui se sont ensuivis. Je consacre de longs passages aux Autochtones au cinéma, parce que le cinéma, sous toutes ses formes, a été le seul lieu où la plupart des Nord-Américains ont vu des Indiens. Je parle un peu des organisations de résistance et des moments qui les ont marquées, mais il n'y a pas une ligne sur le meurtre d'Anna Mae Aquash ou la parodie de justice que furent le procès et l'emprisonnement de Leonard Peltier.

Je ne parle pas non plus des femmes autochtones, par exemple Brenda Wolfe, Georgina Papin et Mona Wilson, que l'éleveur de porcs Robert « Willie » Pickton a assassinées sur sa ferme de Colombie-Britannique, ou de celles qui ont disparu à Vancouver ou sur la route qui mène de Prince Rupert à Prince George. Rien non plus sur le sculpteur ditidaht John T. Williams, qui s'est fait abattre à Seattle en 2010 par un policier à la gâchette nerveuse.

S'il m'arrive de m'arrêter au passé, éloigné ou immédiat, je situe néanmoins mon récit dans le présent, afin de traiter de mes contemporains et des événements récents. Je ne devrais peut-être pas. Le présent a tendance à être trop frais à notre mémoire et à s'avérer trop mouvant pour qu'on puisse affirmer quoi que ce soit avec certitude. Tout de même, comme je le fais valoir dans mon livre, quand il s'agit de relations entre Autochtones et non-Autochtones, il n'y a pas beaucoup de différence entre le passé et le présent. Nous n'en sommes plus aux charges de cavalerie, sabre au clair, et l'Amérique du Nord dissimule mieux aujourd'hui son air de supériorité et son dédain ; mais les attitudes à l'égard des Autochtones présentent encore au XXIe siècle des similitudes remarquables avec celles des siècles précédents.

Enfin, nul doute qu'on va se demander pourquoi j'ai

décidé de traiter du Canada et des États-Unis simultanément, alors que si j'avais choisi l'un ou l'autre cela aurait donné une conversation moins contraignante et mieux circonscrite. La réponse à cette question est quelque peu compliquée par la perspective. D'accord, la frontière qui sépare les deux pays est une réalité politique, et cette démarcation pèse sur les bandes et les tribus de diverses manières ; mais il m'aurait été impossible de parler d'un pays sans parler de l'autre. Pour la plupart des Autochtones, cette frontière n'existe pas. C'est une illusion qui appartient à l'imaginaire d'un autre. Des personnages historiques comme le chef Joseph, Sitting Bull et Louis Riel passaient allègrement d'un pays à l'autre, et s'ils comprenaient l'importance de la frontière pour l'homme blanc, rien n'indique qu'ils croyaient en sa légitimité.

Je me fais arrêter chaque fois que je traverse la frontière, mais l'imaginaire va et vient comme il lui plaît.

UN

Oublions Colomb

Des flancs du navire de Christophe
Surgit la racaille
Voyez-la qui s'égaille
Arrache les peaux des bêtes
Tue nos bisons
S'entre-tue
[...]
Pionniers et trafiquants
Nous comblent de présents.
Petite vérole, whisky,
Rice Krispies.
La civilisation a atteint
la terre promise.

JEANNETTE ARMSTRONG,
« History Lesson »

Quand j'ai annoncé à ma famille que j'allais écrire un livre sur les Indiens d'Amérique du Nord, Helen a dit : « Surtout, ne commence pas avec Colomb. » C'est une femme de bon conseil. Je l'écoute religieusement.

En octobre 1492, Christophe Colomb a touché terre quelque part dans les Caraïbes, une région du globe inconnue des Européens, et c'est pour ça qu'on raconte depuis ce temps qu'il a découvert l'Amérique. Si vous êtes le genre de personne que l'humour incommode, vous allez dire que Colomb n'a rien découvert du tout, qu'il s'est simplement échoué sur une terre inattendue, habitée par une myriade de nations. Mais c'est lui qu'on félicite. Et pourquoi pas? C'est l'histoire qui distribue les médailles, non? Si Colomb ne s'était pas présenté au podium, un autre que lui y serait monté.

On *aurait pu* honorer les Vikings. Ils ont débarqué sur la côte est de l'Amérique du Nord bien avant Colomb. Il existe aussi des preuves qui suggèrent que les Asiatiques avaient caressé la côte ouest.

Mais voyons les choses en face, l'histoire de Colomb est bien meilleure. Trois petits navires délabrés zigzaguant sur l'Atlantique, le brave capitaine conservant deux journaux de bord pour dissimuler à son équipage à quel point l'expédition avait dérivé loin du monde connu ; puis le grand homme lui-même marchant jusqu'au rivage, trempé de sueur, avec une lettre d'introduction logée dans sa tunique pour l'empereur des Indes de la part du roi et de la reine d'Espagne.

On ne bouge plus : clic !

Et n'oublions pas le temps ensoleillé, les plages sablonneuses, les lagons aux eaux azurées et les sympathiques indigènes.

Nous sommes nombreux à penser que l'histoire, c'est le passé. Faux. L'histoire, ce sont les histoires que nous racontons sur le passé. Et c'est tout. Des histoires. La définition habituelle donne à croire que la narration de l'histoire est neutre. Anodine.

Et bien sûr, c'est tout le contraire.

L'histoire est peut-être la série d'histoires que nous racontons sur le passé, mais ces histoires ne sont pas que des histoires. Elles ne sont pas choisies au hasard. En gros, les histoires nous parlent des grands hommes et des hauts faits. De temps à autre, on mentionne quelques femmes célèbres, non pas parce qu'il s'agit de reconnaître la contribution capitale des femmes, mais par mauvaise conscience.

Pourtant, la mauvaise conscience, ça ne nous vient pas facilement.

Quand on imagine l'histoire, on pense à quelque structure grandiose, à une chronique nationale, à un récit tissé serré d'événements et d'interprétations qui font l'unanimité, à un fagot d'« authenticités » et de « vérités » attachées en un récit souple mais prudent qui nous explique comment nous sommes passés de là à ici. C'est un rapport que nous avons avec nous-mêmes, une histoire d'amour que nous célébrons à coups de drapeaux et d'hymnes nationaux, de festivals et de canonnades.

Bon, je n'aurais peut-être pas dû ajouter *canonnade,* cela donne à croire que j'en veux à l'histoire. Mais ce n'est pas le cas. J'ai simplement du mal à comprendre comment on choisit les histoires qui deviennent la matière de l'histoire et celles qu'on met de côté.

Reprenons : en 1492, Colomb s'est embarqué sur la mer océane…

Réflexion faite, ne commençons pas avec Colomb. Helen avait raison. Oublions Colomb. Vous savez, maintenant que je le dis à voix haute, ça me plaît. Oublions Colomb.

Essayez, vous aussi. Répétez après moi : oublions Colomb.

Commençons plutôt à Almo, en Idaho. Je n'y ai jamais mis les pieds, et j'imagine que vous non plus. Je peux vous dire avec certitude que Christophe Colomb n'a pas découvert ce lieu. Jacques Cartier non plus, ni Samuel de Champlain, David Thompson ou Hernán Cortés. Sacajawea, traînant avec elle Lewis et Clark, est peut-être passée dans le coin, mais étant donné qu'Almo n'existait pas au début du XIXe siècle, l'expédition n'aurait pas pu y faire halte même si ses membres l'avaient voulu.

Almo est un bled d'environ 200 âmes niché dans le comté de Cassia, dans la région centre-sud de l'Idaho. Pour autant que je sache, le lieu n'a rien de notoire, si ce n'est qu'il fut jadis le théâtre d'un massacre perpétré par les Indiens.

Une plaque y dit ceci : « À la mémoire de ceux qui perdirent la vie dans l'horrible massacre commis par les Indiens en 1861. Trois cents immigrants en route vers l'ouest. Cinq seulement en réchappèrent. Les Fils et filles des pionniers de l'Idaho, 1938. »

Deux cent quatre-vingt-quinze morts. Tout un massacre, en effet. Les Indiens tuaient rarement autant de Blancs d'un coup. D'accord, lors du massacre de Fort Mims, en 1813, dans ce qui est aujourd'hui l'Alabama, les Bâtons-Rouges de la tribu des Creeks supprimèrent environ 400 Blancs, mais c'est la plus grande tuerie commise par des Indiens que j'aie pu trouver. Lors du massacre de Lachine, sur l'île de Montréal, en 1689, environ 90 colons périrent, et l'on en dénombra 42 à Lachenaie. En 1832, 18 Blancs furent tués à Indian Creek près d'Ottawa, dans l'Illinois, alors qu'ils étaient 19 lors du massacre de Ward en 1854, sur la piste de l'Oregon, dans la région ouest de l'Idaho. Le massacre d'Utter à Henderson Flat, en 1860, près de la rivière Snake en Idaho, fit 25 victimes. Celui de Meeker, dans l'ouest du Colorado, 11 morts. La tuerie de Fort Parker au Texas, en 1836, 6 morts.

Il est vrai qu'en 1835, au sud de la ville actuelle de Bushnell, en Floride, les Indiens tuèrent 108 Blancs, mais étant donné qu'il s'agissait exclusivement de soldats en armes venus chercher la bagarre et non de civils qui ne voulaient pas d'histoires, je ne compte pas cet événement parmi les massacres.

Je précise que ce ne sont pas mes chiffres à moi. Je les tiens du livre de William M. Osborn, *The Wild Frontier,* où l'auteur a cherché à documenter tous les massacres qui ont eu lieu en

Amérique du Nord. Ces chiffres ne sont pas exacts non plus, évidemment. Ce sont des approximations basées sur les informations historiques dont Osborn disposait. Tout de même, il est bon que quelqu'un ait pris la peine de compiler une telle liste, que je peux citer sans avoir fait moi-même la moindre recherche.

Je dois signaler que les Indiens n'ont pas été les seuls à se livrer à de telles boucheries. Reconnaissons les mérites de chacun : les Blancs ont massacré pas mal d'Indiens eux aussi. En 1598, dans ce qui constitue aujourd'hui le Nouveau-Mexique, Juan de Oñate et ses soldats tuèrent plus de 800 Acomas et tranchèrent le pied gauche de tous les hommes de plus de vingt-cinq ans. En 1637, John Underhill commandait une troupe qui tua entre 600 et 700 Pequots près de la rivière Mystic, au Connecticut. En 1871, environ 140 Apaches pinals et aravaipas furent tués à Camp Grant, en Arizona. Lors du massacre de Bear River en 1863, dans l'Idaho d'aujourd'hui, 250 Shoshones du Nord-Ouest périrent ; de son côté, le général Henry Atkinson passa au fil de l'épée quelque 150 Sauks et Renards à l'embouchure de la rivière Bad Axe, au Wisconsin, en 1832. Et bien sûr, n'oublions pas le célèbre massacre de Sand Creek au Colorado, en 1864, où 200 Cheyennes pacifiques furent assassinés par des justiciers qui tiraient sur tout ce qui bougeait ; ni celui, encore plus tristement célèbre, de Wounded Knee, en 1890, où plus de 200 Lakotas perdirent la vie.

Bien sûr, ces dénombrements de cadavres ne nous disent pas grand-chose sur ces actes barbares ; mais ce que nous disent les chiffres – si on les prend pour argent comptant –, c'est que les Blancs étaient autrement plus doués pour le meurtre que les Indiens. Ainsi, le massacre d'Almo de 1861 par les Shoshones-Bannocks devrait figurer en tête de liste dans les annales criminelles des Indiens. Après Fort Mims,

l'hécatombe d'Almo serait la deuxième en importance parmi les massacres de Blancs commis par des Indiens.   .
Trois cents colons dans un convoi de chariots. Deux cent quatre-vingt-quinze tués. Cinq survivants seulement. Voilà une belle histoire. Le seul problème : c'est une pure invention. On se dit que quelque chose a bien dû se passer à Almo pour qu'on en parle encore : je ne sais pas, moi, une tuerie de moindre envergure ou quelque affrontement mortel dont on aurait plus tard tiré une épopée douloureuse.
Non, monsieur. Non, madame.

Le fait est que quelqu'un a imaginé cette histoire, qu'il l'a racontée à quelqu'un d'autre, et que dans le temps de le dire le massacre d'Almo est devenu un événement historique.

On trouve le meilleur compte rendu et la meilleure analyse du massacre d'Almo dans l'article de Brigham Madsen paru dans *Idaho Yesterdays*, « The "Almo Massacre" Revisited ». Madsen était professeur d'histoire à l'Université de l'Utah quand j'y faisais mon doctorat. Un homme intelligent, spirituel, aimable, qui m'a confié un jour que l'on n'aimait pas les historiens parce que leurs recherches ont tendance à dynamiter les mythes. Je connaissais l'homme, et je l'aimais. Je joue donc cartes sur table en disant que j'ai un faible pour ses travaux.

Mais que j'aie un faible ou pas, la recherche de Madsen tranche la question. Pas de massacre. Comme il l'écrit, toute attaque des Indiens faisait alors parler d'elle. Les journaux de l'époque – le *Deseret News* de Salt Lake City, le *Sacramento Daily Union*, le *San Francisco Examiner* – suivaient de près les mouvements des Indiens sur la piste de l'Oregon et celle de la Californie, mais aucun n'a parlé d'Almo. Pareil événement aurait été noté aussi par les agents du Service indien et l'armée, mais rien de ce côté non plus : Madsen n'a trouvé aucune référence à ce massacre aux Archives nationales ou dans les dossiers du Bureau des affaires indiennes que l'on conservait pour les divers États et territoires de l'Union. Nulle mention non plus dans les chroniques des premiers jours de l'Idaho.

On penserait que le détachement accouru à la rescousse des victimes, qui constata le carnage et enterra les corps des colons massacrés, ou les cinq survivants du massacre auraient signalé cette tuerie aux autorités. Bon, d'accord, un des survivants était un bébé, mais il restait encore pas mal de monde pour sonner l'alarme.

Le vide total, vous dis-je.

En fait, il n'y eut aucune mention du massacre avant encore soixante-six ans, quand le drame fut raconté pour la première fois dans le livre de Charles S. Walgamott paru en 1926, *Reminiscences of Early Days : A Series of Historical Sketches and Happenings in the Early Days of Snake River Valley*. Walgamott disait tenir cette histoire de W. M. E. Johnston ; et c'est en effet une histoire bien cruelle, un mélodrame classique avec des « Indiens assoiffés de sang » et une courageuse femme de race blanche qui rampe vers un abri en tenant entre ses dents les langes du bébé qu'elle nourrissait.

Comme dans un vrai film western.

Si la plaque commémorative installée à Almo en 1938 a été mise en place dans le cadre de la Fête des explorateurs, événement qui visait à célébrer l'histoire de l'Idaho et à encourager le tourisme dans la région, c'est probablement une pure coïncidence. Chose certaine, le fait que cette histoire soit fausse en toutes choses n'a nullement dérangé les Fils et filles des pionniers de l'Idaho, qui délièrent leur bourse pour la plaque, et ça ne les dérange toujours pas aujourd'hui. Même après que l'histoire du massacre fut discréditée, la Ville refusa de retirer la plaque, défendant le mensonge parce qu'il faisait partie de la culture et de l'histoire de la région. Oui, le mensonge, vous avez bien lu.

Mais il ne faut pas trop en vouloir aux braves gens d'Almo d'avoir converti le conte en fait historique. Il y a des bobards beaucoup plus gros que ça qui circulent en toute impunité. Ma rengaine favorite, c'est celle qui met en scène Pocahontas et le capitaine John Smith. Le récit original, qui est de la plume de Smith, disait que celui-ci avait été capturé par les Powhatans en 1607, peu après avoir débarqué dans ce qui allait devenir la Virginie. Il aurait été emmené dans l'un des grands villages, et au moment où les Indiens s'apprêtaient à l'immoler, il fut sauvé par la fille du cacique local, une jeune femme que nous connaissons tous sous le nom de Pocahontas.

L'histoire est jolie. Et ce n'était pas la première fois en 1607 que Smith la racontait. Avant de venir en Amérique, il avait été mercenaire, il s'était retrouvé dans plus d'un mauvais pas, et si l'on en croit le courageux capitaine, il avait été sauvé bien des fois par d'autres jolies femmes. Smith en mentionne trois dans ses écrits : lady Tragabigzanda en Turquie, lady Callamata en Russie et madame Chanoyes en France, qui le « secoururent » toutes dans ses épreuves et tribulations de jeune mercenaire.

Le gars avait une veine indécrottable.

Bien sûr, ces histoires de héros sauvés par de beaux brins de filles appartiennent au répertoire classique et font recette depuis des siècles. Personnellement, je ne crois pas que Smith ait connu Pocahontas. Je ne crois pas un instant qu'elle l'ait sauvé ou qu'ils aient eu quelque histoire d'amour. Il n'en parle pas avant que Pocahontas ne se rende en Angleterre en 1616. Elle était alors une authentique princesse amérindienne et avait acquis ainsi une certaine notoriété, et j'imagine que Smith, désireux de se chauffer une fois de plus aux feux de la gloire, a ressorti cette histoire de ses tiroirs, l'a dépoussiérée et a inséré le nom de Pocahontas à la bonne place.

Helen est friande de détails, et elle a la passion des notes infrapaginales. Moi, non. Mais comme je l'aime, j'essaie de lui plaire. Donc voici les faits, tels qu'ils nous sont parvenus à ce jour. Smith débarque bel et bien en Virginie en 1607. Il est probablement fait prisonnier par les Powhatans. On se fiche de savoir s'ils ont voulu le tuer ou non. Le fait est qu'ils n'en ont rien fait. Il rentre dans la colonie en un morceau, est blessé dans une explosion causée par de la poudre à canon, et repart pour l'Angleterre en 1609. A-t-il connu Pocahontas? Rien n'indique que ce soit le cas. A-t-il eu des rapports avec elle comme l'affirment les types de Disney dans leur film à l'eau de rose? Eh bien, à l'époque des faits allégués, Smith aurait eu vingt-sept ans, et Pocahontas environ dix ans, peut-être douze. Possible, mais non probable.

Tout de même, l'histoire, aussi fausse qu'elle soit selon moi, était trop belle pour qu'on ne la raconte pas à l'Amérique du Nord. Et c'est ainsi que nous avons colporté cette fable – avec tout l'érotisme et l'exotisme qu'elle charrie, son héros blanc et la jeune vierge au teint cuivré – sur tout le continent, pendant des siècles et des siècles.

Il existe une comédie musicale intitulée *Po-ca-hon-tas, or the Gentle Savage*, créée par John Brougham en 1885; un film tourné en 1924 par Bryan Foy et intitulé *Pocahontas and John Smith*; un cheval de course appelé Pocahontas; un train *Pocahontas* reliant, dans les années 1950 et 1960, Norfolk, en Virginie, et Cincinnati, en Ohio, de la ligne Norfolk and Western Railway; une mine de charbon Pocahontas à Tazewell, en Virginie occidentale; un jeu vidéo *Pocahontas*; ainsi que des villes baptisées Pocahontas en Arkansas, en Illinois, en Iowa, au Missouri et en Virginie.

Il y a un bourg en Alberta, un peu au nord de Jasper, qui s'appelle Pocahontas, où l'on peut louer sa propre cabane (avec cuisinette) dans le tréfonds de la nature, se détendre grâce aux sources thermales Miette et déguster un bon repas au café Poco. Je ne sais pas ce que vous en pensez, mais moi, je ne mourrai pas sans y être allé.

L'ironie du sort, c'est qu'il y a des tas d'histoires qui sont tout aussi intéressantes que celle de Pocahontas et qui renferment plus de vérité que le massacre d'Almo. La rébellion de 1885, avec Louis Riel en vedette, en est un bon exemple, comme la bataille de la Little Bighorn, avec George Armstrong Custer. Ces deux événements constituent des moments importants dans la définition de l'identité nationale au Canada et aux États-Unis, même s'ils ne partagent pas la même notoriété. Partout au Canada, on connaît le caractère historique de la rébellion de 1885 et le nom de Louis Riel, mais ni l'événement ni l'homme n'ont la moindre résonance aux États-Unis. Je dirais même qu'ils sont parfaitement inconnus, sauf que j'ai rencontré quelqu'un à San Francisco il y a une douzaine d'années qui avait entendu parler de Batoche et pouvait employer dans la même phrase « Duck Lake » et « Gabriel Dumont ». Par contre, le nom de Custer et la légende de Little Bighorn sont bien connus dans les deux pays, même si cette bataille du Montana est loin d'avoir pour les Canadiens la même importance que la lutte des Métis pour leur indépendance. Dans un sens, ce n'est pas la faute de l'histoire. Si l'étoile de Custer brûle d'un feu aussi vif, la faute en est à l'indignation que ressentit l'Amérique au XIXe siècle et à la machine d'Hollywood du XXe siècle.

Quoi qu'il en soit, ces deux événements nous ont donné des personnages historiques. Les qualifier de « héros », c'est peut-être un peu fort, car, même si Riel et Custer sont des personnages marquants et hors série, ils traînent aussi des réputations peu enviables. Oui, Riel a négocié l'entrée du Manitoba dans la Confédération canadienne, mais l'homme était aussi visiblement atteint de folie messianique. Custer s'est peut-être couvert de gloire comme officier pendant la guerre de Sécession, et il était sur place quand le général Robert E. Lee a capitulé, mais il était également d'une arrogance légendaire et il a commis une erreur fatale en livrant bataille à des forces supérieures. L'un était un Métis, l'autre un Blanc. Custer est mort au champ d'honneur de blessures après lesquelles il avait couru, pour ainsi dire, alors que Riel a été pendu pour trahison sur les instances du premier ministre John A. Macdonald.

Dans *Prairie Fire*, leur livre sur la rébellion du Nord-Ouest paru en 1984, Bob Beal et Rod Macleod avancent que, « lorsque la plupart des Canadiens songent à la Rébellion du Nord-Ouest de 1885, ils imaginent un Louis Riel juste et résolu menant au combat, pour la dernière fois, une bande de Métis mécontents, dans une charge désespérée contre le gouvernement qui les maltraitait ». Je ne suis pas en désaccord avec cette image, mais la plupart des Canadiens, tout comme leurs homologues américains, ont une piètre connaissance de leur histoire. Les dates, les personnages, les grandes et petites nuances des événements ont tous été réduits à la forme et au contenu de la bande dessinée de luxe. Je ne leur en fais pas grief. C'est comme ça parce que les gens ont autre chose à faire et ne s'intéressent généralement au passé que pendant leurs vacances. Étant donné notre emploi du temps chargé, le moins que je puisse faire, c'est de vous brosser le contexte historique ; ainsi, personne ne se sentira oublié quand nous allons entrer dans la partie compliquée.

La bataille de la Little Bighorn. Ou la bataille de Greasy Grass (« l'Herbe visqueuse »), comme on la connaît aussi. Le 7e de cavalerie, commandé par George Armstrong Custer, contre les Lakotas et les Cheyennes du Nord, conduits par Crazy Horse, Sitting Bull, Gall et compagnie. Cinq compagnies sous le commandement de Custer – 258 soldats – furent oblitérées, avec 7 civils et 3 éclaireurs arikaras.

On ne dit jamais combien d'hommes les Cheyennes du Nord et les Lakotas ont perdus. Cela dit, ce ne fut pas la pire défaite que les forces autochtones infligèrent à l'armée américaine. En 1791, à la bataille de la Wabash, Little Turtle, chef des Miamis, Blue Jacket, chef des Shawnis, et Buckongahelas, chef des Delaware, lancèrent leurs guerriers contre une armée d'environ 1 000 hommes, commandée par le général Arthur St. Clair. Plus de la moitié des soldats de St. Clair perdirent la vie, les autres furent blessés. Seulement 48 hommes s'en sortirent indemnes.

Mais la bataille de la Wabash n'entra pas dans la conscience collective de la même manière que celle de la Little Bighorn. Il s'agissait de défaites écrasantes dans les deux cas, mais on donna à la seconde l'accent de la tragédie romantique. Ce genre de musique plaît davantage. Arthur St. Clair était un militaire besogneux mais efficace, qui fut tout simplement déjoué par Little Turtle, alors que la légende de Custer résultait, dans une large mesure, d'une convergence de l'intérêt politique et de la fierté nationale. Il avait été défait alors que l'Amérique fêtait ses cent ans, et la nouvelle de la déroute gâchait la fête.

Et comme nous avons raconté l'histoire de la défaite de Custer maintes et maintes fois, et de tant de manières, son heure de gloire dans la plaine du Montana est devenue une sorte de métaphore des actions héroïques mal inspirées, qui échouent.

Le dernier combat de Custer.

Bien sûr, c'est une métaphore qui ne sert plus beaucoup. Dans notre monde bien protégé et si moderne, il n'y a plus de fautifs, plus de fautes non plus. Des incursions ruineuses comme celles de Cuba, du Vietnam, de l'Irak et de l'Afghanistan ne sont plus le fait d'un seul responsable. Par un tour de passe-passe bien pensé, notre propagande donne à croire que les gens et les pays que nous attaquons ont provoqué notre agression.

Si vous ne voulez lire qu'un seul livre sur la bataille de la Little Bighorn, je vous recommande *Son of the Morning Star* d'Evan Connell. L'auteur ne fait grâce à personne, Peau-Rouge ou visage pâle. Il a compris, lui, que l'enjeu de la bataille n'était pas la fierté nationale d'une nation émergente ou la recherche de la gloire personnelle. Il s'agissait seulement de tuer son prochain. Il a compris que, dès que commence la tuerie, que ce soit dans la plaine du Montana ou le désert de l'Irak, tout le monde se retrouve avec du sang sur les mains.

Mais si vous avez le temps d'en lire un autre, je vous recommande *Custer's Last Stand : The Anatomy of an American Myth* de Brian Dippie, où l'auteur explique en détail comment le mythe de Custer a été créé et, chose encore plus importante, comment il a été entretenu.

Presque tout de suite après qu'on eut appris que Custer s'était fait écrabouiller au Montana, la classe artistique de l'Amérique s'est mise au travail. Henry Wadsworth Longfellow, Walt Whitman, Frederick Whittaker et consorts arrachèrent Custer à la boue du Montana, le hissèrent sur leurs épaules de rimeurs et chantèrent sa louange en vers libres et en couplets héroïques d'un océan à l'autre. Au même instant, les peintres sortirent leurs toiles, leurs couleurs et leurs pinceaux pour faire et refaire sa légende en images. Mes trois tableaux favoris sont le *Custer's Last Rally* de John Mulvany, une œuvre de 1881, le *Custer's Last Fight* de Cassilly Adams (1884), qui inspira la lithographie mieux connue d'Otto Becker qui fut commandée en 1896 par le brasseur Anheuser-Busch, et la peinture de 1889 d'E. S. Paxson, *Custer's Last Stand*, qui contient tant de personnages que la toile ressemble à une version cow-boys et Indiens d'*Où est Charlie*. Bon, j'exagère, Paxson a peint un drapeau jaune juste au-dessus de Custer, ce qui aide à le repérer.

Dans les trois peintures et la lithographie, Custer se tient debout, bien droit, au milieu d'une bande de soldats et d'Indiens qui s'entretuent, avec son pistolet qui fait pow-pow, son sabre qui fait schlick-schlack, et c'est ainsi qu'il se fraie un chemin dans l'histoire. Et dans les histoires, du genre de celles qu'on se raconte. Bien sûr, aucun de ces tableaux ne décrit exactement ce qui s'est passé pour vrai. Toute exactitude était *impossible*. Il n'y avait personne sur le champ de bataille qui soit équipé d'un appareil photo ou d'un cellulaire. Les scènes dépeintes sont toutes des approximations au service de l'héroïsme et de la gloire. Mais tous les tableaux racontent que Custer est resté debout jusqu'à la fin et qu'il est mort bottes aux pieds, faisant feu tout autour, alors qu'en fait il a peut-être détalé comme un lapin, rampant dans les coulées alors que sa troupe tâchait de tenir le coup. Ou il a peut-être été fauché par la première volée de balles et n'était plus qu'un cadavre parmi d'autres pourrissant dans la plaine au plus fort de la bataille.

L'usure du temps n'a guère entamé le mythe. Des artistes contemporains comme Mark Churms, Alton Tobey, Thom Ross et William Reusswig ont continué de dépeindre un Custer défiant, héroïque. La ville d'Evanston, en Illinois, organise annuellement un festival des arts ayant pour thème « Le dernier combat de Custer ». Et l'on monte chaque année une reconstitution de la bataille à Hardin, au Montana, pendant les Journées Little Bighorn, où l'on peut voir tout le drame se dérouler sur l'horizon, pour ensuite aller sympathiser avec les acteurs et l'équipe de production.

Autrement dit, on n'a pas besoin de la vérité. La légende

nous suffit. Et même si nous pouvions savoir ce qui s'est passé en cette journée de juin 1876, la vérité ne nous libérerait pas. C'est comme pour John Smith et Pocahontas : on aime trop l'histoire du dernier combat de Custer pour s'en passer.

J'ai parlé de ces histoires dans mes conférences et mes cours, et le désir collectif de croire que John Smith et Pocahontas ont réellement été amants, et que Custer est mort en se battant comme un lion, est palpable.

Bon, d'accord, disons qu'ils étaient amants. Et peut-être qu'il a été courageux, oui.

L'histoire de Louis Riel est un peu plus longue. Elle commence officiellement en 1869, par ce qu'on appelle aujourd'hui la « rébellion de la rivière Rouge » ou la « résistance de la rivière Rouge », et elle s'achève avec la rébellion du Nord-Ouest en 1885. En 1869, le Canada acheta la Terre de Rupert à la Compagnie de la Baie d'Hudson. Toute une acquisition immobilière : près de 3,9 millions de kilomètres carrés avec York Factory pour capitale, englobant toute la baie d'Hudson, tout le Manitoba, de grands pans de la Saskatchewan, de l'Alberta, du Québec et de l'Ontario, avec de petits bouts du Minnesota, du Montana et des deux Dakotas. Les Américains avaient conclu une transaction semblable en 1803 lors de la vente de la Louisiane par la France de Napoléon : 828 000 milles carrés, qui allaient un jour constituer quatorze États et des parties de deux provinces canadiennes, pour 15 millions de dollars. La Terre de Rupert, qui était plus vaste mais plus désolée, coûta au gouvernement du Canada près de 300 000 livres, ce qui en faisait, kilomètre carré pour mille carré, un achat plus avantageux.

Le problème, c'est que la Compagnie de la Baie d'Hudson ne possédait pas la terre qu'elle vendit au gouvernement canadien, pas plus que la France ne possédait la terre qu'elle avait vendue aux Américains. Elles n'en avaient même pas la maîtrise. Ces achats n'étaient que promesses sur papier, rêves en couleurs en prime. Non pas que cela ait dérangé les gouvernements. Dès que le Canada eut acquis la Terre de Rupert, Ottawa y nomma comme gouverneur William McDougall, un monsieur qui n'était pas précisément francophile. En août 1869, McDougall lança ses arpenteurs dans tout le territoire pour tailler la terre en jolis blocs bien carrés qui ne tenaient aucun compte du système seigneurial que les Métis avaient adopté, qui faisait en sorte que les terres étaient séparées en longues bandes étroites partant des cours d'eau. Ce fut l'épreuve de force, et en novembre, les Métis contraignirent les arpenteurs à battre en retraite.

De cet affrontement, et des désagréments constants nés des intérêts concurrents de la France et de l'Angleterre, émergea Louis Riel. Celui-ci mena le combat pour une patrie métisse. Il contribua à la formation d'un gouvernement provisoire pour le territoire et essaya, avec d'autres, de négocier pacifiquement la question de savoir qui contrôlerait quoi. Tout compte fait, les choses allaient rondement, jusqu'en février 1870, quand Charles Boulton, John Schultz, Charles Mair et Thomas Scott voulurent renverser le gouvernement provisoire du Manitoba par la force des armes. La tentative avorta, et Boulton et Scott furent arrêtés, pendant que Mair et Schultz filaient vers Toronto. Riel pardonna à Boulton, mais, dans un mouvement mal inspiré, fit exécuter Scott. Il fallait s'y attendre : l'exécution déclencha une explosion de haine antimétisse, anticatholique et antifrançaise, et Riel fut contraint de fuir le Canada et de trouver refuge aux États-Unis.

En 1885, le Canada était une confédération depuis dix-huit ans et ne maîtrisait toujours pas les contentieux nationaux qui surgissaient de temps à autre, notamment dans les relations Anglais-Français et Indiens-Blancs, questions qui continuent de gêner les facteurs en chef au pouvoir aujourd'hui. De nombreux Métis avaient quitté le Manitoba pour la Saskatchewan et fondé une colonie imposante à Batoche, sur la rivière Saskatchewan Sud. Il était désormais évident que le Dominion du Canada – c'est ainsi que se nommait ce pays fraîchement né – n'avait aucune envie de négocier avec les Métis ou d'écouter leurs revendications.

C'est cette année-là que Riel rentra au Canada pour prendre la tête de la rébellion du Nord-Ouest.

D'avril à juin 1885, les Métis affrontèrent les forces gouvernementales à quelques reprises, la principale bataille se déroulant à Batoche. C'est là que Riel, Dumont et les Métis livrèrent leur dernier combat. Pendant trois jours, ils tinrent bon contre des forces supérieures en nombre, jusqu'à ce qu'ils manquent de munitions. Riel se rendit, et Dumont, accompagné d'une troupe nombreuse, décampa au Montana.

Sur les instances du premier ministre John A. Macdonald – « même si tous les chiens du Québec aboient pour lui » –, Riel fut pendu pour trahison, et le Canada anglais s'en félicita, sûr qu'il était d'avoir réglé une fois pour toutes la question métisse. Cette arrogance nationale très XIXe siècle rappelle un moment de l'invasion américaine de l'Irak, alors qu'on voyait le président George W. Bush sur le pont du porte-avions *Abraham Lincoln* en mai 2003, sous une bannière clamant joyeusement au monde entier : « Mission accomplie. »

Louis Riel. George Custer. Tant d'histoires. Et ces noms sont tout ce qui nous reste de ces deux hommes. Oui, il y en a d'autres – Gabriel Dumont, Crazy Horse, Sitting Bull – qui peuvent déclencher un éclat synaptique dans le cerveau du citoyen moyen. Dumont, qui était un grand stratège et un chef plus doué que Riel, emmerda royalement le Canada anglo-protestant jusqu'à la fin de ses jours, mais comme il ne connut pas une mort héroïque ou tragique, sa valeur iconique est limitée.

Crazy Horse fut poignardé à mort par des soldats au Camp Robinson, et Sitting Bull fut abattu par la police à l'agence de Standing Rock, dans le Dakota du Nord. Ce qui aurait dû valoir une auréole quelconque aux deux hommes. Mais leur mort survint à des moments éloignés de cet événement charnière sur la plaine onduleuse surplombant le ruisseau de Greasy Grass, et étant donné qu'ils ne moururent pas avec Custer – dans le feu de l'action, pour ainsi dire –, leur valeur a baissé, sauf que les deux sont entrés dans l'imaginaire de l'Ouest et font encore aujourd'hui l'objet de nouvelles biographies.

Je suis peut-être trop dur. Tout de même, hormis les spécialistes de Custer et de Riel, je ne connais personne, même pas moi, qui sache les noms des Indiens ou des soldats qui sont morts avec Custer en cette journée de juin au Montana, ou les noms des Métis qui combattirent avec Dumont, ou les noms des Blancs qui marchèrent avec Middleton à Batoche. Cela n'a rien de surprenant, j'imagine. J'ai visité le monument des anciens combattants du Vietnam à Washington, et j'ai lu les noms sur ce bloc froid de granit noir ; je ne me souviens d'aucun d'entre eux. Tout ce que je sais, c'est que le nom de mon frère n'y figure pas.

Tout de même, je proteste, inefficacement et non sans bassesse, je le reconnais, contre le fait que Crazy Horse, Sitting Bull et Dumont se sont vus impartir des rôles mineurs dans « l'histoire publique » de l'Amérique du Nord, alors que George Armstrong Custer figure en bonne place dans les manuels d'histoire rien que parce qu'il a commis une erreur de débutant dans une décision militaire et s'est ainsi fait occire. Mais ce n'est peut-être pas la vraie raison de sa gloire. La vraie raison, c'est peut-être que lui était blanc et les autres non.

Est-ce que j'entends par là que la race est un critère dans la facture de l'histoire nord-américaine? Mais non, pas du tout. Qu'allez-vous croire là? Mais Riel? Il n'était pas blanc, lui. Si la race était le seul ticket d'entrée dans l'histoire, le général Middleton aurait toute la gloire, son nom flotterait au-dessus de Batoche. Après tout, il a vaincu Riel et Dumont, il a dispersé les Métis. Donc, j'imagine que je me trompe quand je parle du rôle de la race dans la construction de l'histoire. Je tâcherai de ne plus dire ça à l'avenir.

Je dois m'arrêter un moment ici parce qu'il m'est venu une réflexion amusante, mais qui n'a rien de très original. Un des problèmes qui se présentent, quand on essaie de comprendre l'histoire indienne, c'est qu'on pense qu'on n'a pas tous les éléments en main. Nous nous faisons une idée du xixe siècle, par exemple, qui rappelle ces casse-tête de 1 000 morceaux qu'on achète à l'Armée du Salut et dont on découvre à la maison qu'il manque le tiers des pièces. Alors qu'aujourd'hui, avec la capacité que nous avons d'enregistrer tous les détails, tout ce qui est notable est noté. Si le xxie siècle était un casse-tête, on se retrouverait avec plus de pièces qu'on ne pourrait en placer.

Trop ou pas assez d'informations, peu importe; ce que l'histoire nous encourage à faire, c'est de nous rappeler les entraves que posaient les Autochtones à la marche vers l'Ouest de la migration européenne, et ce, même s'ils ont souvent facilité la tâche aux colons, enseignant aux Européens comment naviguer dans le réseau de rivières voué au trafic, leur faisant faire le tour du propriétaire et les présentant à la famille et aux amis. Je ne dis pas ça parce que je pense que de tels encouragements étaient une bonne chose en soi. Je le mentionne parce que l'histoire populaire traitant de cette période tend à oublier cette entraide et à souligner plutôt les ennuis que les Indiens causaient. Pire, quand surgissent les noms d'Autochtones qui ont en effet *aidé* les Européens ou ont *essayé de combler* le fossé entre les deux groupes, on ne les félicite jamais. Dans de nombreux cas, comme celui de Sacajawea, on a tendance à considérer cette collaboration d'un œil suspect et à s'interroger sur leurs motivations et leur moralité.

Je suppose qu'un grand nombre de ces intermédiaires étaient des femmes, et si c'est bien le cas, on a la réponse à la question implicite de la motivation et de la moralité. Helen, qui est sensible à la manière dont on a traité les femmes dans l'histoire, m'a rappelé que presque tous, sinon tous les explorateurs, soldats, trappeurs, cartographes et trafiquants européens étaient des hommes, et que transiger avec une femme avec qui on peut coucher présentait plus d'attraits que de faire affaire avec un Indien qu'on serait peut-être obligé de tuer un jour. Bien sûr, il se peut qu'il y ait eu des explorateurs gais, mais s'il y en a eu, l'histoire les a enterrés aux côtés des personnages également oubliés que sont Washakie, Standing Bear, Ely Parker, Carlos Montezuma, Osceola et Jane Schoolcraft.

C'est juste qu'on ne les trouvera pas dans le même tombeau.

La triste vérité, c'est que dans la sphère publique, dans la conscience collective, l'histoire des Indiens d'Amérique du Nord a été largement oubliée ; il ne nous reste plus qu'une collection d'artefacts et, encore plus, des sujets d'amusement. Au titre des artefacts, l'histoire autochtone fait penser à une chasse aux fossiles où l'on découvre un crâne à Almo, en Idaho, l'os d'une cuisse dans la plaine du Montana, une dent près du village powhatan en Virginie, puis où l'on essaie, supposant que tout cela vienne du même animal, d'imaginer la taille et la forme de la bête. Au titre des amusements, l'histoire autochtone est un savant mélange de crainte et de mépris, d'aventures galantes et de courbettes, de faits et de fantasmes, tissés en une série de spectacles en technicolor et en 3D, avec en prime la boisson gazeuse, les bonbons et le pop-corn.

Non, mais c'est vrai, quoi! Pourquoi se taper tout le grand livre de l'histoire autochtone quand il suffit de regarder le film?

DEUX

La fin de la piste

*L'Indien est un démon, une simulation moderniste
de l'Autre dans la cause malfaisante qui oppose
sauvagerie et civilisation.*

GERALD VIZENOR, *Fugitive Poses*

Quand mon frère et moi étions enfants, nous nous déguisions pour jouer aux cow-boys et aux Indiens avec les autres enfants du coin. J'ai une photo de Chris et moi avec nos vestes et nos jambières de cuir, nos chapeaux de cow-boy, la mine laconique et patibulaire, comme les vrais cow-boys. Pour un petit gars de neuf ans, j'étais pas mal dans mon costume western. Je tenais un fusil et j'avais deux six-coups à ma ceinture, il ne pouvait donc pas y avoir d'erreur sur mon identité. Maintenant que j'y pense, aucun d'entre nous ne voulait faire l'Indien. Pas mon frère. Pas mes cousins. Pas même les filles du quartier, qui ne faisaient généralement pas de chichis à propos de ce genre de chose.

Cela dit, je dois reconnaître qu'un ami à moi, l'historien canadien Brian Dippie, aimait se déguiser en Indien. Il m'a envoyé des photos de lui jeune homme, torse nu et portant une coiffe de chef, avec son tambour et son tomahawk, imitant son héros, Straight Arrow, le personnage popularisé par l'émission de radio du même nom qui a été diffusée de 1949 à 1952.

Straight Arrow, comme s'en souviendront certains, était un Comanche devenu orphelin et élevé par une famille blanche. Arrivé à l'âge adulte, il passait pour un homme blanc du nom de Steve Adams, mais dès que « des dangers menaçaient des innocents, que des malfaiteurs complotaient contre la justice », Adams se précipitait dans sa caverne secrète en or, revêtait son costume « traditionnel » de Comanche, s'emparait de son arc et de ses flèches d'or, enfourchait son étalon blond Palomino, Furie, et partait au galop jouer les redresseurs de torts.

À l'époque, c'était la seule émission, à ma connaissance, qui mettait en scène un héros indien, un héros qui se faisait passer pour un Blanc afin de masquer son identité indienne secrète. C'était peut-être ça : peut-être que je m'habillais en cow-boy pour dissimuler mon identité secrète. Sauf que si c'était bien mon intention, le résultat était nul.

Mes deux six-coups ont disparu il y a longtemps, mais j'ai encore la veste et les jambières. Je me souviens qu'une année, à l'Halloween, quand mon Benjamin avait dix-huit ans, il m'a demandé s'il pouvait revêtir mon vieux costume pour aller à une fête. Les jambières étaient bien trop serrées et la veste était trop petite, mais j'ai ressenti une certaine nostalgie à voir mon fils partir sous la neige avec mon accoutrement. Un Indien déguisé en cow-boy. Peut-être que mes petits-enfants, quand ils en auront l'âge, voudront renouer avec cette tradition. Je devrais demander à Dippie s'il a encore son costume de Straight Arrow.

Je ne crois pas que les enfants des XVIIe et XVIIIe siècles en Amérique du Nord jouaient aux Indiens comme nous, même si leurs parents trouvaient les Autochtones plutôt intéressants. Dès que furent fondées des colonies à Plymouth, à Jamestown, en Acadie et au Québec, et que les gens ont commencé à avoir du temps libre pour des activités plus

contemplatives et esthétiques, les Indiens ont fait leur apparition dans la littérature, les arts et la culture populaire.

Au début de la colonisation, les Indiens jouaient un rôle
névralgique dans la vie quotidienne. Même si les maladies
avaient décimé les populations du littoral atlantique, les
Indiens demeuraient une force militaire avec laquelle il fallait
composer, et ils occupaient aussi une place importante dans
l'économie coloniale. Les Autochtones n'avaient pas encore
été refoulés vers l'ouest, ils n'avaient pas encore été parqués
dans les réserves non plus. Chaque chose en son temps. Dans
les débuts, il était plus difficile de passer outre l'Indien.

Les explorateurs qui traitèrent avec les Indiens dans ces
premières années avaient tendance à voir d'un bon œil les
relations entre l'Indien et le Blanc. Les colons, qui devaient
vivre dans le voisinage des Autochtones, étaient plus enclins à
noter le côté sombre du caractère indien. Mus par cet impératif divin qui les conduisait à vouloir dominer la terre, ils
étaient sans aucun doute agacés de voir les espaces vierges
qu'ils avaient imaginés, les grandes terres sauvages qu'on leur
avait promises, déjà occupés ; et ayant pour éclairage le christianisme du XVIIe siècle, la plupart ne voyaient que la dichotomie basique qui définissait leur monde, un monde qui était
ou lumière ou ténèbres, bon ou mauvais, civilisé ou sauvage.

Un monde où l'on était ou bien cow-boy, ou bien Indien.

Étrangers dans un pays étrange, les squatters européens
se forgèrent rapidement une vision du monde toute simple
qui faisait abstraction de l'humanité de l'Indien et réduisait
celui-ci à l'instrument de la colère divine. Dans un amalgame
élégant de désir et de doctrine, le colonisateur vit dans les
attaques des Indiens non pas une conséquence de l'arrogance
coloniale ou l'effet malheureux d'un malentendu réciproque,
mais le moyen que prenait Dieu pour se faire écouter de son
peuple élu. Les déprédations des Indiens servaient à mettre à

l'épreuve les forces du colon et à lui tremper l'âme. Vous passez ou vous échouez. Pas de seconde chance. Échec : la porte.

Les puritains anglais se firent les apologistes déclarés de l'irritation divine, mais l'idée de souffrance thérapeutique n'était pas le fait exclusif du puritanisme. Toutes les nuances du christianisme au XVIIe siècle mettaient en vedette une divinité dont les professions d'amour sentaient le coup de pied au derrière. Alors que les Indiens appréciaient les biens de la civilisation – chaudrons de fer, couvertures, arquebuses –, ils goûtaient moins les bienfaits du protestantisme et du catholicisme, par exemple l'idée du péché originel ou de la damnation universelle, l'expiation, la sublimation. Les Européens en furent interloqués, vexés, offensés : ainsi, ces Autochtones avaient le culot de prendre leurs joujoux, mais ne voulaient pas des biens spirituels qui venaient en prime. Comme si l'amour de Dieu venait avec une garantie de remboursement.

Tout de même, les colons qui avaient été froissés par tant de dédain pouvaient toujours se consoler en se disant que les Blancs, qui avaient trouvé le chemin de l'Amérique du Nord, occupaient une place de choix dans les grands desseins de Dieu. Et que les Indiens, qui étaient ici depuis toujours, ne figuraient pas sur la liste des invités.

On peut trouver, dans les frictions que génèrent la proximité et la concurrence, une explication plus concrète de la raison pour laquelle les explorateurs étaient plus généreux que les colons envers l'Indien. Les explorateurs, dont la curiosité était stimulée par la vie exaltante qu'ils menaient, allaient et venaient sans jamais rester assez longtemps pour gêner qui que ce soit, tandis que les colons, qui débarquaient du bateau et voyaient leurs pieux préjugés se buter à un « désert hurlant », habité par de « misérables assassins » et des « chiens de l'enfer », n'étaient pas aussi enthousiastes. Dans les premiers jours, il y eut certainement des efforts concertés pour oublier les différences des uns et des autres, et il est sûr que les colons savaient comment partager. L'ennui, c'est qu'ils ne voulaient pas partager avec les Indiens.

Des premières années du XVIIe siècle jusqu'à la fin du XIXe, Indiens et Européens refusèrent de « partager » ceci ou cela partout en Amérique du Nord. De 1622 à 1644, la Confédération des Powhatans a combattu les colons de Virginie. Le Connecticut et le Rhode Island furent le théâtre de la guerre des Pequots, alors que le Massachusetts et le Rhode Island furent submergés par la guerre du roi Philip. La guerre de Sept Ans, qui débuta officiellement en 1754 et s'acheva en 1763, embrasa tout le territoire situé entre la Nouvelle-Écosse et la Virginie, les nations algonquines luttant aux côtés des Français et les nations iroquoises s'étant alliées aux Britanniques. La guerre des Tuscaroras éclata en Caroline du Nord en 1711, et la guerre des Yamassis fut déclenchée en Caroline du Sud en 1715 et dura trois ans. Pontiac prit la tête d'une alliance pour chasser les Britanniques de la vallée de l'Ohio en 1763, conflit qui se poursuivit par intermittence jusqu'en 1774. On préfère parler dans ce cas de la « guerre de Lord Dunmore ». Il y eut d'autres flambées de violence en Ohio et en Indiana en 1790, et celles-ci durèrent jusqu'en 1794.

Après, il y eut la bataille de Tippecanoe, au confluent des rivières Wabash et Tippecanoe, en 1811, la guerre des Creeks en Géorgie et en Alabama en 1814, la première guerre des Séminoles en Floride en 1817-1818, la guerre de Black Hawk dans le nord de l'Illinois et le sud-ouest du Wisconsin en 1832, la deuxième guerre des Séminoles dans les Everglades de Floride de 1835 à 1842, les conflits persistants avec les Navajos en Arizona et au Nouveau-Mexique de 1849 à 1863, puis les guerres des Sioux au Wyoming, au Minnesota et dans le Dakota du Sud de 1854 à 1856.

Attendez, je n'ai pas fini : la guerre des Rogue River en

Oregon en 1855-1856, la troisième guerre des Séminoles, dans les Everglades toujours, de 1855 à 1858, les accrochages avec les Apaches au Nouveau-Mexique, en Arizona, au Texas et au Mexique de 1861 à 1900, les guerres des Utes en Utah en 1865-1868 et plus tard, en 1879, la guerre des Modocs dans le nord de la Californie et le sud de l'Oregon en 1872-1873, la guerre de la rivière Rouge dans le nord-ouest du Texas en 1874-1875, la bataille de Rosebud dans le sud du Montana en 1876, la guerre des Nez-Percés en Oregon, en Idaho et au Montana en 1877, et le massacre de Wounded Knee dans le Dakota du Sud en 1890.

Il ne faut pas s'imaginer à partir de là que les intervalles entre ces guerres étaient des îlots de paix. Dès les débuts de la colonisation européenne de l'Amérique du Nord, les relations entre Indiens et Blancs furent émaillées de désagréments, suivis d'éruptions. Il y eut des accords de paix, oui. Des traités furent signés aussi. Mais la tentation de reprendre les combats était toujours trop forte.

En décembre 1895, près de cinq ans après le massacre de Wounded Knee, un article publié à l'origine dans la *Westminster Review* en Angleterre fut repris par le *New York Times*: on y comparait le traitement des Indiens au Canada et celui de leurs homologues américains. « Il en ressort manifestement que le Canada n'a jamais combattu les Indiens, disait l'article, et le Dominion n'est pas sur le point de s'engager dans cette voie non plus. Jamais le Canada n'a fait la guerre aux Indiens. »

Ce qui est exact, si l'on exclut la rivière Rouge, Duck Lake, Frog Lake, Batoche, Frenchman's Bluff, Cut Knife et Loon Lake, qui n'étaient pas vraiment des conflits avec les Indiens puisque l'ennemi ici était le Métis. Et si la comparaison est juste sur le plan technique, elle sert aussi à dissimuler l'agression et à donner l'illusion que la conciliation et la tolérance étaient les pierres angulaires de la politique autochtone du Canada.

J'aurais pu mentionner bien sûr la guerre du canyon du Fraser de 1858, en Colombie-Britannique. Lors de la ruée vers l'or dans le canyon du Fraser, un groupe de mineurs viola une femme nlaka'pamux, et les Nlaka'pamux la vengèrent en tuant les mineurs et en les jetant dans la rivière, où leurs corps décapités se mirent à flotter dans un remous près de la bourgade de Yale. La panique s'installa, et six régiments de gueux furent mis sur pied. L'avis des commandants était partagé. Un groupe, les Piquiers de New York du capitaine Snyder, voulait une guerre de pacification, alors qu'un autre groupe, la compagnie Whatcom, commandée par le capitaine Graham, plaidait pour une guerre d'extermination.

Distinction intéressante. Moi qui croyais que la guerre n'était toujours que la guerre.

Les régiments s'engagèrent dans le canyon, prenant part à des escarmouches ici et là, mais il n'y eut pas de bataille rangée. La compagnie Whatcom subit les pertes les plus lourdes, ses soldats s'étant entretués lors d'un engagement nocturne. On raconte qu'un fusil était tombé et que le coup était parti tout seul ; les soldats, n'y voyant goutte, s'étaient mis à se tirer dessus, jusqu'à ce qu'il ne reste plus personne debout.

Pour finir, les Nlaka'pamux et les mineurs signèrent une série de six traités, connus sous le nom de « traités Snyder », dont il ne reste aucun vestige aujourd'hui. Mais tous ces affrontements eurent lieu avant que la Colombie-Britannique fasse officiellement partie du Canada, donc j'imagine qu'ils ne comptent pas.

L'auteur de l'article de la *Westminster Review* poursuit en expliquant pourquoi le Canada n'a pas connu d'insurrections indiennes ou de massacres. « Le Canada est trop pauvre pour rechercher la gloire en massacrant les indigènes nés sur son sol, et trop fier aussi pour salir son nom ainsi ou ternir la gloire de ses armes. Comparons sa conduite, dit l'auteur, avec celle du gouvernement des États-Unis, dont la lutte à ses hommes rouges tient lieu de politique. Le petit épisode de l'an dernier, qui a commencé avec le vent de folie du Messie et qui s'est soldé par la tragédie de l'agence de Pine Ridge, n'a duré que quelques semaines, mais a coûté au trésor public 2 millions de dollars, sans parler des pertes humaines et de l'inquiétude ressentie par tous les Autochtones du pays.» Nés sur *son* sol? *Ses* hommes rouges? Attitude plutôt possessive, non? Comme si les deux pays nous avaient acquis au supermarché en profitant de quelque solde géant.

Aussi bien parler maintenant de race. C'est une notion qui remonte à l'Antiquité égyptienne – le *Livre des portes* distinguait les «Égyptiens», les «Asiatiques», les «Libyens» et les «Nubiens» – et à la Bible, où les trois fils de Noé, Shem, Ham et Japhet, auraient donné naissance aux Sémites, aux Hamites et aux Japhétites, les trois races dont seraient issus les peuples asiatiques, africains et indo-européens. Johann Friedrich Blumenbach, médecin et anthropologue allemand, désigne dans *De l'Unité du genre humain et de ses variétés* (1775) cinq classifications raciales : Caucasoïdes, Mongoloïdes, Éthiopiens, Indiens d'Amérique et Malais. Charles Darwin, dans *L'Origine de l'homme* (1871), un livre que tout le monde aime mais que peu de gens ont lu, fait valoir la supériorité de l'Européen sur toutes les autres races, idée capitale dans la légitimation du trafic d'esclaves afro-atlantique. L'eugénisme, sous-produit naturel de l'étude des races, fut une idée très populaire au début du XXe siècle, avant que Hitler et le régime nazi ne viennent tout gâcher.

Chose certaine, c'est la race que James Fenimore Cooper avait à l'esprit au moment d'écrire son roman *Le Chasseur de daims*, paru en 1841, où il mentionne l'idée de «dons».

« Dieu, nous dit Cooper, a fait des dons à chaque race. Les dons de l'homme blanc sont christianisés alors que ceux du Peau-Rouge sont plus indiqués pour la vie sauvage. » Mais il ne s'agissait pas ici de la dichotomie ancienne ville/campagne, cultivé/sauvage. Ce dont parlait Cooper, c'est de la division de l'*homo sapiens* en catégories revêtues d'attributs clairs et sobres. Cooper admettait que l'Indien avait une âme au même titre que le Blanc, et que l'un et l'autre seraient jugés par Dieu selon la manière dont chaque race s'était accommodée de ses « dons ». Cette « générosité » confère à Cooper une allure presque moderne et progressiste, jusqu'à ce qu'on découvre ce qu'il donnait à entendre par « dons », à savoir que le Blanc avait un cortex préfrontal et l'Indien non.

Bien sûr, Cooper admettait que l'Indien se tirait mieux d'affaire que le Blanc dans les grands espaces sauvages, que ce dernier était plus habile que l'Indien à manier l'arme à feu étant donné qu'il s'agissait d'une technologie européenne, mais ce qu'il affirme sans ambages dans toutes ses descriptions, c'est que le Blanc est humain alors que l'Indien n'a pas achevé son ascension dans l'échelle évolutionnaire.

« Le blanc est la couleur parfaite, dit un personnage du roman, et voilà pourquoi le Blanc est supérieur ; vient ensuite le Noir, et s'il vit dans le voisinage du Blanc, il est tolérable, et l'on peut en tirer quelque chose ; le rouge arrive en dernier, ce qui prouve que Celui qui a créé l'homme rouge a toujours vu en lui un être à moitié humain. »

Je ne m'en prends pas aux Cooper de l'époque. L'écrivain n'avait pas inventé ces idées-là. Il les avait avalées avec le lait maternel qu'il avait tété. Comme d'autres auteurs avant et après lui, Cooper ne faisait que rappeler à ses lecteurs que la race était une sanction divine, une certitude scientifique et un impératif économique.

Bien sûr, c'est le besoin de la race qui précède la race. Mais oublions cela un instant, voulez-vous ?

Alors que le gros de la littérature des débuts tendait à dépeindre l'Indien comme un vaurien hargneux et un indécrottable païen, des œuvres littéraires du XIXe siècle, par exemple la pièce de John Augustus Stone *Metamora* (1829), le poème de John Richardson *Tecumseh* (1886) et le roman de Lydia Marie Child *Hobomok* (1824), tournaient le dos à ces images et repensaient l'Indien en personnage romantique, un héros noble, honnête, qui n'a qu'une parole. Mais attention, hein, pas plus d'un à la fois. Un Indien par pièce. Un Indien par poème. Un Indien par roman. Du sexe fort, presque sans exception. Tous condamnés à mort, agonisants ou déjà morts. Tout compte fait, ni l'Indien des bois ni l'Indien de papier n'ont modifié la dynamique du racisme.

Puis vinrent les peintres : George Catlin, Charles Bird King et Paul Kane, pour ne nommer que ceux-là. En 1830, Catlin se mit à parcourir l'Ouest et à peindre les Indiens qu'il croisait le long du Mississippi et de la rivière Missouri. Charles Bird King était pour sa part essentiellement un peintre d'atelier, et il ne mit jamais les pieds dans l'Ouest, préférant peindre les portraits des membres des délégations indiennes qui venaient à Washington. Paul Kane, Canadien d'origine irlandaise, était basé à Toronto et, comme Catlin, il alla sur le terrain, parcourut le Nord-Ouest canadien et les Rocheuses, peignant les Indiens qu'il rencontrait dans ses voyages.

Prenez le tableau qu'a fait Catlin de Mah-to-toh-pe en 1833, le portrait de l'Indien pawnee Petalesharo par King en 1822, et le dramatique *Assiniboines à la chasse au bison* de Kane (vers 1851-1856) : vous allez constater dans les œuvres de ces artistes certaines images et idées qui allaient plus tard servir de prototypes pour les D. W. Griffith, Bruce Beresford, John Ford, Kevin Costner et James Cameron de ce monde.

Également visuels mais exerçant une influence encore plus grande furent les Wild West Shows. Buffalo Bill Cody lança son célèbre Wild West Show en 1883, avec des Blancs qui jouaient les Indiens en se grimant le visage de rouge. Vers la fin des années 1880, American Horse, Jack Red Cloud et Red Shirt – de vrais Indiens – étaient du Congress of Rough Riders de Cody. Sitting Bull se joignit à Buffalo Bill en 1885. Le général métis Gabriel Dumont, qui avait fui aux États-Unis après la défaite de Batoche et l'exécution de son ami Louis Riel, fut engagé par Cody en 1886. Des chefs indiens comme Red Cloud parurent avec le colonel Frederick T. Cummins dans son Exposition panaméricaine à Buffalo, dans l'État de New York, alors que le chef Joseph et Geronimo figurèrent dans l'Exposition du Congrès indien et de la vie dans les Plaines lorsqu'elle ouvrit ses portes au Madison Square Garden en 1903.

Est-ce que des hommes comme Sitting Bull, Dumont et Geronimo aimaient ces spectacles? Peut-être. Sitting Bull et Dumont ne restèrent avec Buffalo Bill que quelques mois. Geronimo, par contre, fut plus actif, collaborant avec Buffalo Bill, le colonel Cummins et Pawnee Bill, et il fit aussi un bref séjour chez les frères Miller, au Ranch 101, en Oklahoma. On pensera ce qu'on voudra de ces spectacles itinérants, ils valaient sans doute mieux que d'être emprisonné dans une réserve ou un bagne. Il faut bien savoir que bon nombre des participants étaient considérés comme des individus dangereux en Amérique du Nord. Après tout, la bataille de Little Bighorn et celle de Wounded Knee étaient encore fraîches dans les mémoires, et, au tournant du siècle, personne ne pouvait jurer de l'avenir.

D'un côté, faire figurer des Indiens dans le Wild West Show comportait un certain mercantilisme. Les Indiens étaient ces personnages mal connus et effarants qui attiraient les foules, et les maîtres d'œuvre de ces spectacles à grand déploiement le savaient. En revanche, les artistes autochtones étaient généralement bien traités. Ils étaient payés et nourris. Et ils avaient le loisir de voyager en Europe avec la troupe et de voir du pays (si l'on est optimiste), ou (si l'on est satirique) de remonter aux sources de leur oppression.

De tous les spectacles mettant en vedette Indiens et cowboys, le Wild West Show de Cody était le plus grandiose, le plus connu et celui qui a duré le plus longtemps, mais il y en eut bien d'autres. Le docteur W. F. Carver, Luella Forepaugh-Fish, les frères McLoughlin, Tiger Bill, les sœurs Kemp, Buckskin Joe, Montana Frank, Texas Jack, California Frank, les frères Irwin, Tim McCoy ont tous mis en scène des spectacles où les Indiens jouaient un rôle de premier plan. Les Indiens faisaient beaucoup plus que de la figuration dans les représentations du Wild West et les expositions : ils constituaient un attrait essentiel du spectacle western, du mythe de l'Ouest. Sans exagérer, on pouvait dire : « Pas d'Indiens, pas de spectacle. »

Les tableaux vivants des Wild West Shows, ainsi que quatre siècles de descriptions visuelles et écrites des peuples indiens, se coagulèrent dans l'image indienne la plus célèbre du xxᵉ siècle : la sculpture de James Earle Fraser intitulée *La Fin de la piste* (1915). C'est au même Fraser que l'on doit la tête d'Indien qui figurait sur la pièce de cinq cents frappée par le gouvernement américain de 1913 à 1938, mais dans l'iconographie indienne *La Fin de la piste* est son chef-d'œuvre.

J'ignore combien de gens connaissent la sculpture elle-même ou son histoire, mais presque tout le monde a en mémoire cette image d'un Indien accablé qui tient sa lance, affaissé sur son cheval tout aussi accablé. On semble suggérer ici que le cavalier et sa monture ont manqué de temps et d'espace, et sont sur le chemin de l'oubli. C'est peut-être mon trop-plein d'imagination qui me joue des tours, mais on dirait que le cheval est poussé par derrière, et qu'une force invisible tente de jeter la bête et le cavalier dans un précipice. Probablement la douce main de la civilisation. Mais si l'on porte un second regard sur la sculpture, on peut aisément penser que le cheval est prêt à se cabrer. Ses pattes de devant sont braquées et celles de derrière sont fermement plantées dans le sol. Et au diable l'expansionnisme américain. Ce canasson-là ne veut pas mourir de quelque belle mort. Cette relecture nous autorise aussi à réimaginer notre Indien triste et à en faire un Indien simplement las, qui, d'un moment à l'autre, ayant refait le plein d'énergie, relèvera la tête, brandira sa lance et s'élancera vers le xxie siècle et l'avenir.

La sculpture originale était faite de plâtre et devait être coulée dans le bronze, à temps pour l'Exposition internationale Panama-Pacifique de San Francisco en 1915 ; mais c'était la guerre, et l'armée ayant priorité sur l'emploi du bronze, la sculpture resta de plâtre. Si vous tenez à voir l'originale, elle a été restaurée et figure en ce moment au Musée national du cow-boy et du patrimoine de l'Ouest à Oklahoma City.

Là où je veux en venir, c'est que *La Fin de la piste* devint l'image la plus évocatrice de l'Indien d'Amérique du Nord. On en voit d'autres versions encore partout aujourd'hui. L'image elle-même et ses variantes figurent sur des flancs de motels, des écuries, des restaurants, des terrains où l'on vend des voitures usagées, des maisons de retraite. Quand j'ai emmené deux de mes trois enfants dans l'Ouest voir l'endroit où les Lakotas et les Cheyennes avaient défait Custer, je me suis arrêté à une halte routière dans le Wyoming, et à l'arrière de l'abri, il y avait une reproduction de *La Fin de la piste*.

Hollywood a toujours aimé les Indiens, et j'ai toujours cru que *La Fin de la piste,* tant par son sujet que par son contenu, aurait été un excellent logo pour l'industrie cinématographique. En 1890, quand Thomas Edison s'est mis à fabriquer des images pour son kinétoscope – le premier appareil servant à montrer des images en séquence –, il choisit d'abord des images de villages pueblos. De 1894 à 1930, Hollywood tourna plus de cent films mettant en vedette de « vrais » Indiens et une culture indigène « authentique ». C'était l'époque du film muet et du court métrage. Après 1930 et l'avènement du parlant, dès lors qu'on pouvait *entendre* le crépitement des fusils, le bruit assourdissant des sabots dans la plaine et le cri des guerriers grimés qui vous glaçait le sang, Hollywood accoucha de 300 films de plus ; ce qui veut dire que, dans les cent seize ans entre 1894 et 2010, le cinéma américain a tourné en moyenne 3,5 films par année sur ce sujet. Des films avec quelque figure indienne dans le portrait. Ce qui confirme plus ou moins les soupçons du cinéaste autochtone Chris Eyre, qui dit que « les Indiens sont le sujet le plus ancien du cinéma ».

Les Indiens étaient faits pour le cinéma. Les Indiens étaient exotiques et érotiques. Toutes ces plumes, tous ces visages peints, les plastrons, les colliers d'ossements, les pagnes aguichants, sans parler des arcs, des flèches et des lances, les cris de guerre, les chevaux galopants, les regards froids et les grognements menaçants. Nous chassions le bison, combattions la cavalerie, encerclions des convois de chariots, capturions des femmes blanches, scalpions des colons et combattions de nouveau la cavalerie. Et n'oubliez pas les tambours et les danses sauvages, dont nous sortions tout couverts de sueur et d'écume avant d'enfourcher nos montures pour aller combattre la cavalerie, toujours elle.

Le cinéma n'eut qu'à rassembler toutes ces images et à en tirer une série de clichés fonctionnels. Il fit l'économie de toute subtilité ou nuance, et produisit trois types basiques d'Indiens : le sauvage assoiffé de sang, le sauvage noble et le sauvage agonisant. Le sauvage assoiffé de sang était le plus commun. C'est lui qu'on voyait attaquant les convois de colons, incinérant les cabanes des pionniers, cassant la tête des bébés contre des arbres et piégeant cow-boys et soldats dans des canyons. Le sauvage noble, lui, aidait les Blancs dans leur lutte contre les Indiens assoiffés de sang, parlait l'anglais sans accent et comprenait les préceptes de la logique économique de l'offre et de la demande. L'Indien agonisant, par contre, n'était que ça, un Indien agonisant. L'expression le dit bien. Il agonisait. Non pas d'une blessure ou d'une maladie. C'était tout simplement un Indien fini, qui avait passé sa date de péremption, balayé par la vague de l'expansionnisme civilisateur, noyé et largué sur quelque plage pour y pourrir en paix.

Il était permis de mélanger les genres. L'Indien assoiffé de sang pouvait aussi faire l'Indien agonisant. L'Indien agonisant avait généralement quelque chose de noble en lui. Les trois types étaient rarement présents dans un seul Indien, mais on les trouvait aisément dans un même film.

Heureusement, aucun de ces Indiens ne faisait trembler quiconque. Ni le héros blanc en particulier ni l'Amérique du Nord en général. Les trois ne gagnaient jamais rien. Ce qu'on voyait sans cesse au grand écran, c'était l'adhésion implicite et inévitable des peuples autochtones au christianisme et au commerce. Peu importe ce qui arrivait, la question que l'on posait à tout coup était : les Indiens peuvent-ils survivre dans le monde moderne ? Et la réponse, même dans des films sympathiques aux Indiens comme *La Flèche brisée, Little Big Man* et *Danse avec les loups* était toujours : non.

Les premiers réalisateurs d'Hollywood, comme D. W. Griffith, Thomas Ince, Raoul Walsh et Jay Hunt, employaient des acteurs blancs pour jouer les rôles d'Indiens dans leurs mélodrames, mais ils recoururent aussi à un nombre surprenant d'acteurs autochtones. William Eagle Shirt, un Lakota, était un habitué des films de cette période. Elijah Tahamont, un Abénaquis d'Odanak, au Québec, dont le nom de scène était Dark Cloud, joua l'un des premiers rôles (Aigle blanc) dans *The Squaw's Love*, de D. W. Griffith. James Young Deer et sa femme, Lillian St. Cyr (princesse Red Wing), des Ho-Chunks du Nebraska qui travaillèrent avec Griffith dans plusieurs films, possédèrent eux aussi leur propre maison de production, qui tourna plus de trente films. La majorité d'entre eux furent réalisés sur une période de cinq ans, de 1909 à 1914, mais Deer et St. Cyr ont été oubliés, sauf par les mordus de cinéma et les universitaires qui ont pour métier de s'assurer que de tels documents ésotériques demeurent disponibles à l'écrit et à l'écran.

L'emploi de « vrais » Indiens au cinéma n'allait pas sans difficulté. Chauncey Yellow Robe, un Lakota de la réserve de Rosebud, a incarné des Indiens dans bon nombre de films, dont *L'Ennemi silencieux*, un film muet tourné en 1930. Cet homme intelligent avait saisi le problème de l'image et de la dégradation culturelle. Prenant la parole à la troisième conférence annuelle de la Société des Indiens d'Amérique à Denver en 1913, Yellow Robe avança que les Wild West Shows et le cinéma avaient défiguré les Indiens et leur culture.

« Voyez l'Indien, dit Yellow Robe. Il est dépeint sous les traits du degré le plus bas de l'humanité. C'est un sauvage que l'on exhibe dans tous les cinémas du pays. Voyez l'Indien, vêtu de son accoutrement complet, son image gravée sur le billet de cinq dollars qui nous rappelle sa sauvagerie. Dans le port de New York, un monument de l'Indien nous rappelle sa race disparue. L'Indien ne veut pas de tels hommages de marbre, car il n'est pas encore mort. Le nom de l'Indien d'Amérique du Nord ne sera pas oublié tant que couleront les rivières et se dresseront les collines et les montagnes, et s'il est vrai que nous avons évolué, nous n'avons pas disparu pour autant.» Je ne savais pas qu'il y avait un Indien «gravé» sur un billet nord-américain, alors je suis allé vérifier, et je l'ai trouvé. Running Antelope, c'est le nom du personnage. Le billet en question est un certificat d'argent de cinq dollars américains qui fut mis en circulation en 1899 et le resta jusqu'en 1914 : l'Indien fut alors remplacé par Abraham Lincoln. Il y a plusieurs exemples de pièces de monnaie américaines mettant en vedette l'iconographie indienne – la pièce d'or de dix dollars (qui montre en fait la statue de la Liberté avec une coiffe de sachem), qui circula de 1907 à 1933 ; la pièce de cinq cents avec le bison, qui exista de 1913 à 1938 ; et la pièce d'un sou avec la tête d'Indien, qu'on fabriqua de 1859 à 1909 –, mais le certificat d'argent de cinq dollars est à ma connaissance le seul exemple de papier-monnaie américain ayant un Indien pour image centrale.

Le Canada a produit un billet d'un dollar où l'on voit un trafiquant de fourrures et un Indien à bord d'un canot d'écorce. Il fut produit de 1935 à 1939, retiré pendant la Seconde Guerre mondiale, puis remis en circulation de 1946 à 1967. En 1958, la Monnaie royale produisit le dollar à totem, qui causa un scandale parce que la figure centrale était un corbeau ; pour certains groupes indiens, le corbeau est un symbole de mort. Cette pièce devait commémorer la fondation de la Colombie-Britannique et le centenaire de la ruée vers l'or dans cette province, qui ne sont ni l'un ni l'autre des moments glorieux de l'histoire autochtone du Canada ; si bien que le sobriquet dont on l'affubla – le «dollar de la mort» – n'était pas entièrement immérité.

Il y a aussi toute l'imagerie indienne sur les timbres-poste, dont le timbre de quatre cents avec l'«Indien chassant le bison» (1898), le timbre de cinq cents «Pocahontas» (1907), le timbre de six cents du « Chef Joseph » (1908) et le timbre de vingt-cinq cents « Sitting Bull » (1989), tous produits avec les compliments des Postes américaines. Le Canada fut plus lent à suivre le mouvement, émettant le timbre de huit cents avec les « Indiens des Plaines » (1972), le timbre de dix cents montrant les « Indiens iroquoiens » (1976), le timbre de dix-sept cents avec les « Indiens du Canada » (1981) et le timbre de quarante-sept cents mettant en vedette la « Grande Paix » (2001). Un timbre « Chef Tecumseh » sortit également en 2012, à temps pour le bicentenaire de la guerre de 1812.

Petit retour en arrière : plusieurs anecdotes exquises circulent autour du certificat d'argent de cinq dollars avec Running Antelope. La première raconte que, lors de la première pose, on demanda à l'Indien de porter sa coiffe de chef avec toutes les plumes qui venaient avec ; mais celui-ci ayant jugé que c'eût été manqué à sa dignité, il refusa. La deuxième dit que Running Antelope accepta de la porter, mais qu'elle était trop haute et dépassait le cadre du billet. Selon la troisième, Running Antelope se présenta à la pose sans coiffe ; on lui aurait alors tendu une coiffe pawnee, qu'il aurait refusé de porter, les Pawnees et les Lakotas étant alors en froid. Quelle que soit la véritable histoire – à supposer que l'une des trois soit vraie –, le graveur, qui en avait peut-être par-dessus la tête de cet Indien récalcitrant, ou qui pensait savoir mieux que l'Indien à quoi un Indien devait ressembler, « réaménagea » la photo de Running Antelope avec la coiffe pawnee et la colla sur le billet.

Réalité, fiction. Fiction, réalité. Je suis à peu près convaincu que c'est l'image de Running Antelope qu'on voit sur le billet, mais je reconnais que je ne saurais distinguer une coiffe lakota d'une coiffe pawnee. Tout ce que je sais, c'est que la coiffe sur la photo ressemble en tous points à celle que portait Anthony Quinn quand il a incarné le personnage de Crazy Horse dans le film *La Charge fantastique*. Et c'est tout ce qui compte, non? Le certificat avec la photo est en soi un objet magnifique. Je rêvais d'en avoir un pour décorer le mur de mon bureau jusqu'au jour où j'ai découvert que ce billet, s'il est en bon état, peut coûter des milliers de dollars.

Running Antelope était un personnage important chez les Lakotas. Il était le chef des Hunkpapas, un des conseillers de Sitting Bull, et, d'après maints témoignages, un orateur de talent. Mais je me demande pourquoi on n'a pas immortalisé Sitting Bull lui-même, ou Crazy Horse, ou Geronimo, ou le chef Joseph, ou Osceola. Peut-être qu'un Indien, c'était déjà beaucoup.

Personne ne m'a encore demandé quel Indien célèbre j'aimerais voir sur une pièce ou un billet. Le choix serait difficile, mais puisqu'on parle divertissement et cinéma, je choisirais probablement Will Rogers. .

Rogers était un Cherokee qui fit carrière comme cow-boy, artiste de cabaret et acteur de cinéma. Il joua dans les célèbres Ziegfeld Follies et le cirque de Texas Jack, fit un numéro avec Buffalo Bill dans le Wild West Show et fut le maître de cérémonie de la soirée des Oscars en 1934. Il fit ses débuts au cinéma en 1918, dans un film intitulé *Laughing Bill Hyde*; on le vit dans plus de cinquante films au total. Au milieu des années 1930, il était l'acteur le mieux payé et celui qui faisait le plus recette à Hollywood.

Un Indien.

Mais c'est dans le domaine de la critique sociale que Rogers fit sa marque la plus durable. Il était en son temps la voix officieuse et la conscience de l'Amérique. L'homme avait un sens de l'humour en béton. « Un oignon peut faire pleurer les gens, lança-t-il un jour, mais on n'a pas encore trouvé le

légume qui les fera rire.» Au sujet de l'humour et de la politique, Rogers a dit : « Facile de faire de l'humour si vous avez
tout le gouvernement à votre service.» Parlant de diplomatie,
son bon mot fut : « La diplomatie, c'est l'art de dire "joli
chien-chien à sa mémé" pendant qu'on cherche de quoi l'as-
sommer.»

Il a dit aussi : « Il n'existera jamais de civilisation authentique tant qu'on n'aura pas appris à respecter les droits des
autres.» Ce dernier axiome n'est pas particulièrement drôle,
mais justement, Rogers n'était pas toujours drôle. Parfois, il
était tordant.

Rogers a écrit plus de 4 000 chroniques qui étaient
relayées par plus de 600 journaux. Il avait sa propre émission
de radio, a écrit six livres, et a été nommé ambassadeur des
États-Unis pour le monde par la Tribune de la presse nationale. En 1928, cinq ans avant sa mort dans un accident
d'avion, la revue *Life* lança une campagne pour en faire le
candidat du Parti du parler vrai pour la Maison-Blanche.

La couverture de *Life* du 31 mai 1928 montre un fusain de
Rogers avec la légende suivante : « Will Rogers accepte l'inves-
titure.» Rogers signa un texte pour cette édition où il promettait de démissionner si jamais il était élu, promesse qu'il aurait
sûrement tenue contrairement à tant d'autres politiciens.

Rogers ne voulait pas être président, cette perspective lui
faisait sûrement horreur, mais moi, j'aurais voté pour lui. J'ai
toujours aimé Rogers. Nous sommes tous deux cherokees, le
tribalisme joue donc peut-être un peu dans mon affection
pour lui, mais ce que j'admire le plus chez l'homme, c'est son
honnêteté et son intelligence, de même que son esprit si vif
Àet si tranchant qu'il pouvait vous taillader la peau et vous la
recoudre d'un même trait.

Dans les années 1930, il était possiblement l'homme le
plus célèbre d'Amérique, Indiens et Blancs confondus, et

aujourd'hui, c'est à peine si l'on connaît son nom hors de son Oklahoma natal. Mais tout n'est pas perdu. J'imagine que si on lui consacrait un film et qu'on révélait que c'était lui le cerveau derrière la victoire indienne de Little Bighorn, il remonterait aussitôt en haut de l'affiche.

On pourrait peut-être demander à Johnny Depp de jouer le rôle de Rogers.

Bien sûr, Rogers n'était pas à Little Bighorn. Il est né trois ans après, mais si les petits génies de Disney peuvent jeter Pocahontas dans les bras de John Smith, ils n'auront aucun mal à asseoir Rogers sur un cheval Pinto et à le faire courir dans les plaines du Montana aux côtés de Crazy Horse et de Sitting Bull.

Il n'y a qu'un petit problème ici. Dans la cinquantaine de films qu'il a tournés, je ne crois pas que Rogers ait fait l'Indien une seule fois. Je ne me rappelle pas l'avoir déjà vu avec une coiffe de sachem sur la tête ou un tomahawk à la main, mener une charge contre la cavalerie, harceler un troupeau de bisons ou déguerpir à cheval avec une femme blanche en croupe. Ironie du sort, aux yeux de Hollywood, il n'avait pas l'air assez indien pour faire l'Indien au grand écran.

Tout de même, Rogers est un des deux seuls Indiens à avoir son étoile sur le Walk of Fame de Hollywood. En fait, il en a deux, une pour le cinéma, l'autre pour la radio. Il y a aussi une Helen Twelvetrees qui a son étoile sur la « Promenade des célébrités ». Je croyais, du fait de son nom, qu'elle était autochtone. Faux. Iron Eyes Cody a aussi son étoile. Cody, qui se disait cherokee ou cri, mais qui était en fait originaire de Sicile, gagnait une quantité folle d'argent en incarnant des Indiens au cinéma parce qu'il avait l'air plus indien que Rogers. Et tant qu'à vous régaler d'anecdotes absurdes, je signale qu'il y a plus de personnages de dessins animés – Mickey Mouse, Bugs Bunny, Winnie l'Ourson, Blanche-Neige,

Big Bird – et plus de chiens – Strongheart, Lassie, Rintintin – qui ont leur étoile sur le Walk of Fame qu'il n'y a d'Indiens.

Cela dit, d'autres vedettes qui ont leur étoile – par exemple Clint Walker et Cher – se disent en partie d'origine indienne, donc je me trompe peut-être dans mes calculs.

Le Canada est plus pudique sur ce point. Sur l'Allée des célébrités canadiennes, à Toronto, si l'on ne compte que deux Autochtones étoilés – l'artiste inuite Kenojuak Ashevak et la chanteuse et compositrice Buffy Sainte-Marie –, il n'y a pas de chiens ni de personnages de dessins animés.

Pendant que j'y suis, je devrais mentionner le Walk of Western Stars de Santa Clarita à Newhall, en Californie, où l'on trouve un Indien ayant son étoile : l'acteur canadien Graham Greene (qui est oneida). Son étoile est entourée sur le trottoir de la ville par un convoi de chariots pleins de cowboys.

Le seul Indien à part Rogers à avoir son étoile sur le Walk of Fame de Hollywood est Jay Silverheels. Contrairement à Rogers, Silverheels faisait l'Indien au cinéma. Ce Mohawk canadien originaire de la réserve des Six-Nations de la rivière Grand, près de Brantford, en Ontario, dont le vrai nom était Harold J. Smith, fit ses débuts au cinéma comme cascadeur et figurant. Il joua dans des films avec Tyrone Power, Humphrey Bogart, James Stewart, Maureen O'Hara, Anne Bancroft et Bob Hope. Il décrocha un rôle important dans le film *Santee* (1973) mettant en vedette Glenn Ford – Silverheels y interprétait John Crow –, et il fit une brève apparition dans *True Grit* (1969) en condamné sur le point d'être exécuté. Mais le rôle qui fit la célébrité de Silverheels fut celui de Tonto dans l'interminable série télévisée *Le Justicier masqué*. L'émission avait débuté à la radio en 1933 et était passée au petit écran en 1949. Dans la série radio, Tonto était incarné par l'acteur shakespearien d'origine irlandaise John Todd, qui fut le premier à prononcer la fameuse expression « *Kemo Sabe* », qui était censée vouloir dire « ami fidèle ». Au fil des ans, je me suis souvent demandé si Todd essayait plutôt de dire « *que no sabe* », ce qui, en espagnol – avec toutes mes excuses aux grammairiens espagnols –, signifie : « Qu'est-ce qu'il sait ? » Ou, dans une traduction moins littérale : « Il ne connaît rien. » Je peux me tromper, bien sûr : je suis nul en espagnol.

Quand la série fut transposée à la télévision, Todd, qui était chauve et n'avait pas l'air plus indien qu'il le fallait, avec ou sans maquillage, dut céder sa place, et Silverheels décrocha le rôle. Mais on se moquait bien de savoir quel acteur faisait Tonto. Ce Tonto, c'était l'Indien idéal de l'Amérique du Nord. Digne de confiance, loyal, serviable, sympathique, courtois, bon, obéissant, gai, économe, brave, propre et respectueux. Certains lecteurs retrouveront peut-être dans ces mots le code du parfait boy-scout, mais ils décrivent tout aussi bien les faire-valoir indiens.

Tonto était l'Indien que l'Amérique du Nord avait toujours attendu, l'Indien que méritait l'Amérique du Nord. Après tout, les Européens avaient *apporté* la civilisation en Amérique du Nord. Ils en avaient *partagé* les bienfaits avec les peuples autochtones, qui ne s'étaient pas montrés aussi reconnaissants qu'ils auraient dû l'être, et on peut avancer que Tonto était la manière dont l'Amérique du Nord s'y était prise pour se dire merci à elle-même.

Pendant 221 épisodes, les téléspectateurs virent Tonto aux côtés du Justicier masqué, les deux *compañeros* combattant côte à côte le crime ou le mal. Des Indiens aussi, parfois. Vous allez me trouver sentimental, mais cette amitié unissant l'homme au masque et son fidèle ami indien a toujours eu pour moi la couleur d'un lien étroit, ami-ami, frère-frère, États-Unis-Canada.

On en a voulu à Silverheels d'avoir joué un rôle stéréotypé

dans la série du *Justicier masqué*, mais moi, je trouve ce grief bas et mesquin. Silverheels était acteur de son métier, et Tonto n'était qu'un rôle, un bon rôle en plus. Et c'était la première fois qu'on voyait un Blanc et un Indien presque sur un pied d'égalité. Bien sûr, le patron, c'était le masqué, mais Tonto montait à cheval aussi bien, se battait aussi bien, tirait aussi bien, et en plus il avait des talents que l'autre n'avait pas. Oui, on peut lui reprocher le pidgin qu'on lui mettait dans la bouche, et je suis d'avis qu'il aurait pu laisser son bandeau de cuir au rayon des vêtements usagés de la Saint-Vincent-de-Paul. J'admets même avoir été de ceux qui rêvaient de voir Tonto tirer une bonne balle dans la tête du Justicier masqué, pour disparaître ensuite sur son cheval dans le soleil couchant.

Comme l'imagine Lyle Lovett dans sa chanson *If I Had a Boat*, Tonto aurait pu aussi inviter le Justicier masqué à aller se faire voir, tourner le dos à l'Ouest sauvage, s'acheter un bateau et partir à l'aventure à son compte.

Malgré tout, même avec un Indien comme covedette dans une série télévisée, le Justicier masqué ne faisait pas dans le révisionnisme historique. Le personnage de Tonto incarnait tout simplement l'histoire nord-américaine et célébrait la marche du progrès. Cette série démontrait de manière irréfutable que si l'on pressait gentiment l'Indien dans la passoire civilisatrice, il prendrait l'allure et le parler de Tonto. Bon, peut-être qu'il ne parlerait pas exactement comme Tonto, mais il aurait à tout le moins ces manières aimables, conviviales et obséquieuses que l'on apprécie tant chez ceux et celles qui appartiennent à d'autres ethnies.

Deux Indiens à l'étoile tatouée sur le Walk of Fame. Will Rogers, un Indien qui n'avait pas droit à des rôles d'Indien, et Jay Silverheels, un Indien qui ne faisait que des Indiens. Curieux. D'où la sempiternelle question qui fout tout le monde en rogne : qu'est-ce que ça peut bien faire ? Dans le monde du spectacle, qu'est-ce que ça peut bien faire si Branscombe Richmond (un Aléoute) incarnait un Indien (Bobby Sixkiller) dans la série télévisée *Renegade* (1992-1997), alors qu'Oliver Reed (un Anglais) faisait un Indien (Joe Knox) dans *Un cow-boy en colère* (1976) ? Qu'est-ce que ça peut bien faire si Graham Greene (un Oneida) jouait un Indien (Joseph) dans le film *Maverick* (1994), alors que Nick Mancuso (un Italien) faisait un Indien (Horses Ghost) dans *The Legend of Walks Far Woman* (1982) ?

Que diriez-vous d'un remake de *Beau Geste* avec Adam Beach (un Saulteau) dans le rôle de Beau, Raoul Trujillo (un Apache-Ute) jouant John, Nathaniel Arcand (un Cri des Plaines) jouant Digby et Wes Studi (un Cherokee) ou Gary Farmer (un Cayuga) dans le rôle du sergent Markoff ?

Le dramaturge cri Tomson Highway, dans un article intitulé « Should Only Native Actors Have the Right to Play Native Roles ? » (c'est-à-dire : « Est-ce que seuls les acteurs autochtones ont le droit de jouer des Autochtones ? »), publié en 2001 dans la revue canadienne *Prairie Fire,* a fait valoir que réclamer que les rôles d'Autochtones n'aillent qu'aux acteurs autochtones était un bon moyen d'étouffer le théâtre autochtone et d'affamer les dramaturges étant donné qu'il n'y a pas assez d'acteurs autochtones pour monter des pièces dans les diverses villes d'Amérique du Nord au même moment. Highway s'était rendu compte que s'il ne recourait pas à des acteurs non autochtones pour jouer certains rôles, ses pièces ne pourraient jamais être montées nulle part.

Et que dire de ces moments si authentiquement hollywoodiens, par exemple la petite controverse qui a éclaté autour de la distribution du film *Tentation* (2009), de la saga *Twilight,* dans lequel Taylor Lautner incarne Jacob Black, un Indien quileute? Au début du tournage, Lautner était un acteur blanc comme les autres qui avait décroché un rôle d'Indien. Mais après qu'il eut mis la main sur le rôle, il a découvert qu'il était en partie ottawa et potawatomi. La revue *New Tribe* n'avait pas de problème avec ça. Dans l'article « The *Twilight* Craze : The Rise of Native American Actors in Hollywood » (traduisons par : « La folie *Twilight* : la montée des acteurs américains d'origine autochtone à Hollywood »), on avançait que si les acteurs blancs n'obtenaient pas de rôles d'Indiens, « [ils] ne découvriraient jamais la vérité sur leurs origines ». Quel scénario intrigant. Décrochez un rôle d'Indien dans une grande production d'Hollywood, faites une petite recherche généalogique, et hop! vous voilà Indien.

L'article soutient aussi qu'« en dépit de la controverse entourant les pratiques de distribution d'Hollywood, les Américains autochtones commencent enfin à grandir dans leurs rôles et dans les scénarios des films hollywoodiens », et que ce créneau du cinéma est « un moyen pour les non-Autochtones de voir des personnages indigènes présentant plus de vérité que ceux du passé, ce qui aura pour effet de changer à jamais la manière dont on voit les Autochtones au cinéma ».

Justement. On voyait en nous autrefois des sauvages sanguinaires. Maintenant, nous sommes des loups-garous trucideurs de vampires.

Alors, est-ce que l'identité réelle des acteurs compte vraiment? Non, monsieur. Avec une distribution bien typée, un maquillage bien fait, un bon professeur de diction, n'importe qui ou presque peut faire un Indien d'Hollywood. Est-ce que cela nuit à la véracité du film? Pas le moins du monde. Le cinéma n'est pas affaire de véracité, pour commencer. La seule « vérité » que l'on voit à l'écran, c'est l'imaginaire qui y apparaît. On attend trop et trop peu d'Hollywood, et on n'a jamais ce qu'on veut.

Pendant mes études à l'Université de l'Utah, j'ai eu la chance de tourner dans une pub de Noël pour un marchand local d'électroménagers. On avait besoin d'un couple indien, d'un couple latino et d'un couple noir. Alors, nous sommes allés au studio, où on nous a refilé des costumes « authentiques » propres à nos ethnies. Oui, j'avais une veste sans manches en faux cuir, un bandeau et une plume rouge. Le costume latino comportait une jupe et un huipil pour la dame, un sarape et un énorme sombrero pour le monsieur. Le costume traditionnel des Noirs comptait un agbada pour lui et un dashiki pour elle.

Je portais la moustache à l'époque, ce qui me donnait probablement un air plus mexicain qu'indien, alors que le gars qui était censé faire le Latino avait l'air plus indien que mexicain. Il m'a confié qu'il en avait assez de coiffer le sombrero, et il m'a proposé de changer de place avec lui. Comme j'aime bien me compliquer la vie, j'ai pris son sombrero, et lui a mis mon bandeau avec la plume. Les réalisateurs n'ont rien remarqué, ou alors ils s'en foutaient pas mal. « Placez-vous parmi les électroménagers, nous ont-ils ordonné, et souhaitez à tous un joyeux Noël. Mais dans votre langue à vous. » Heureusement pour moi, je savais dire « *Feliz Navidad* », mais je n'avais pas la moindre idée de comment on dit « joyeux Noël » en cherokee. « Invente n'importe quoi », ai-je soufflé à l'emplumé. Ce qu'il a fait. Nous faisions tous semblant.

Depuis, j'ai appris que « *danistayohihv* » veut plus ou moins dire « joyeux Noël » en cherokee. La prochaine fois que je me trouverai dans une situation pareille, je saurai quoi dire.

Tony Hillerman, dont les romans policiers – plusieurs ont été adaptés au cinéma – se déroulent dans une réserve navajo et mettent en vedette Jim Chee et Joe Leaphorn, m'a raconté un jour l'histoire de ce cinéaste qui n'arrivait pas à trouver assez de figurants pour un film qu'il tournait et qui se passait dans la jungle africaine : il a donc engagé un groupe de Navajos, a commandé du maquillage noir et des perruques miteuses, a mis ses figurants dans une pirogue et les a lâchés sur une rivière. Quand les Navajos lui ont demandé ce qu'ils devaient faire, le réalisateur leur a dit de pagayer et de chanter quelque chose qui ressemblait à de l'africain, quelque chose de féroce. Les Navajos ont fait comme si, entonnant des couplets du *Chant de la nuit* qu'on chante normalement dans la tribu lors des cérémonies de guérison, tout en pagayant. Toujours selon Tony, chaque fois que le film passait dans les cinéparcs de la région de Four Corners, les Navajos faisaient des kilomètres en voiture pour aller entendre leurs parents pousser des « chants de guerre africains » au grand écran.

Alors, quel mal y a-t-il à demander à un acteur indien de jouer au médecin, ou à l'avocat, ou au joueur de baseball, ou au sale richard que tout le monde déteste ? Les acteurs noirs jouent toutes sortes de personnages. Will Smith était un pilote de combat dans *Independence Day*, un conseiller matrimonial dans *Hitch, expert en séduction*, un superhéros dans *Hancock*, un homme qui donne des parties de son corps dans *Sept vies* et un avocat dans *Ennemi de l'État*. Denzel Washington était un officier dans *Le Candidat mandchou*, un guerrier futuriste dans *Le Livre d'Elie*, un père en colère dans *John Q.*, un garde du corps dans *L'Homme en feu* et un flic véreux dans *Jour de formation*. Samuel L. Jackson faisait le flic dans *La Couleur du crime*, un gangster dans *Pulp Fiction*, un flic viré détective dans *S.W.A.T. Unité d'élite*, un méchant en fauteuil roulant dans *Unbreakable* et un promoteur de boxe dans *La Couleur de l'arnaque*. Et il s'agissait dans tous les cas de premiers rôles.

De leur côté, les acteurs autochtones – Eddie Little Sky, Sheila Tousey, Nathan Lee Chasing His Horse, Irene Bedard,

Tantoo Cardinal, Evan Adams, Byron Chief-Moon, Ben Cardinal, Tina Louise Bomberry, Shirley Cheechoo, Rodney Grant, Michael Horse, Billy Merasty, Elaine Miles, Floyd « Red Crow » Westerman, Ted Thin Elk, John Trudell, Eric Schweig, Tom Jackson, Alex Rice, Russell Means – jouaient, et pour la plupart continuent de jouer, des Indiens, avec une régularité sidérante. Le plus souvent dans des rôles mineurs.

Ce serait donc qu'il y a du talent à revendre au pays des Indiens ? Eh bien, le chef salish Dan George a été en nomination pour un Oscar pour son rôle d'Old Lodge Skins dans le film *Little Big Man* (1970) ; pour sa part, Graham Greene a été sélectionné pour le même Oscar, quelques années plus tard, pour son rôle de Kicking Bird dans *Danse avec les loups* (1991). Bien sûr, il s'agissait dans les deux cas d'Indiens du XIXe siècle, et il y a quelque chose de troublant dans l'idée qu'il est infiniment plus facile pour un Indien de jouer un rôle d'Indien que, disons, pour un acteur italien de jouer un gangster, ou pour un acteur irlandais de personnifier un flic.

J'ai consacré pas mal de temps à trouver des acteurs indiens, Rogers mis à part, à qui on a fait jouer des premiers ou des seconds rôles de personnages qui n'étaient pas indiens, et je n'en ai pas trouvé beaucoup. Gary Farmer (un Cayuga) campait le personnage de Fagin dans *Twist* et un commissaire de police dans la série télévisée *Forever Knight*. Graham Greene faisait le policier dans *Die Hard with a Vengeance* et était le narrateur de la série policière *Exhibit A*. Jennifer Podemski (de la tribu des Saulteaux) a incarné des personnages non autochtones dans les séries télévisées *Degrassi, nouvelle génération* et *Riverdale* ainsi que dans le téléfilm *Mind Prey* (1999). Mais il ne s'agit dans aucun cas de brèche notable dans cette forteresse qu'est Hollywood.

Un bon ami à moi, l'écrivain choctaw-cherokee Louis Owens, a dit un jour que les Indiens étaient très souvent considérés comme les animaux comédiens qu'il faut réquisitionner pour faire un bon western : des bestiaux, un troupeau de bisons, quelques chiens, une dizaine de chevaux, peut-être un loup ou un ours. On ne demande pas à une vache de jouer un cheval, disait Louis, même si la vache a un talent fou pour le théâtre. Il plaisantait. Et nous avons beaucoup ri.

Tout de même, la blague de Louis me rappelle l'acteur Daniel Simmons (un Yakama), dont le nom de scène était Chief Yowlachie. Formé initialement à l'opéra, il se fit acteur dans les années 1920, et pendant les quelque quarante années suivantes, on le retrouva dans différents films : *Ma and Pa Kettle* (1949), où il jouait Crowbar, *Yellowstone Kelly* (1959), où il interprétait un guérisseur, *Oregon Trail Scouts* (1947), où il était Red Skin ; on le vit aussi dans *Rose Marie* (1954) sous les traits de Black Eagle, *The Invaders* (1929), où il faisait Chef Yowlachie, *Forlorn River* (1926), dans le rôle de Modoc Joe, *The Prairie* (1947), où il était Matoreeh, *Le Justicier masqué* (1949), dans la peau du chef Lame Bear, et *The Yellow Sky* (1949), où il avait pour nom Colorado. Il joua dans plus de cent films et émissions de télévision. Et chaque fois, il faisait l'Indien.

« Même si la vache a un talent fou pour le théâtre… » Elle est bien bonne, en effet, mais la blague me reste collée dans la mémoire comme une tumeur bénigne.

Si on le voulait, on pourrait séparer en deux catégories les rôles d'Indiens que les vrais Indiens ont le droit de jouer : les Indiens historiques et les Indiens contemporains. Comme de juste, la plupart des acteurs indiens aboutissent dans les rôles historiques. À la condition d'avoir l'air indien. Tout le problème est là. Si vous n'avez pas l'air indien, pas de rôle d'Indien historique pour vous. Il y a des rôles pour lesquels des Italiens, des Mexicains, des Espagnols, des Grecs, des sang-mêlé asiatiques et d'autres font parfaitement l'affaire.

Mon exemple favori est celui de Mel Brooks dans *Le Shérif est en prison* : il y joue deux rôles différents. Lâchez-le dans la nature avec un peu de grimage et une coiffe de sachem, et vous aurez un chef indien tout à fait respectable. Coiffez-le comme il faut et revêtez-le d'un costume trois-pièces, et vous vous retrouvez devant un petit politicien blanc parfaitement crapuleux. Pour le rôle de l'Indien historique, la race ne pose jamais de problème. Les choses sont légèrement différentes lorsqu'il s'agit de l'Indien contemporain au cinéma et à la télévision.

Il est vrai qu'au cours des vingt dernières années les acteurs indiens ont décroché des rôles qui n'ont rien à voir avec le XIXe siècle, des rôles qui n'exigent pas le port du pagne ou de la coiffe de sachem bien emplumée. Les diffuseurs canadiens, surtout, ont eu le génie de faire des films – *Medicine River* (1993), *Dance Me Outside* (1994), *Atanarjuat* (2002), *Hank Williams First Nation* (2005) et *Tkaronto* (2007) – et des séries télévisées – *North of Sixty, The Rez, Moccasin Flats, Moose TV* et *Mixed Blessings* – où l'on a eu recours à des acteurs autochtones et où l'on a traité de la vie indienne contemporaine. Notre pays a aussi le Réseau de télévision des peuples autochtones, exemple unique en Amérique du Nord.

Les États-Unis ont eu du mal à s'éloigner du XIXe siècle, mais ils sont parvenus à produire un corpus raisonnable de films modernes, qui englobe *Powwow Highway* (1989), *Grand Avenue* (1996), *Smoke Signals* (1998), *Skins* (2002), *The Business of Fancydancing* (2002) et *Dreamkeeper* (2003). Toutefois, leur contribution sur le plan des téléséries a été nulle, l'exception à la règle étant *Northern Exposure*.

Tout compte fait, l'histoire des Indiens à Hollywood est plus comique que tragique. Les Indiens que montre la machine hollywoodienne sur les grands écrans d'Amérique du Nord ne présentent qu'une vague ressemblance avec les vrais Indiens. Les cinéastes amérindiens essaient de changer les choses, surtout par le biais de documentaires traitant du monde autochtone contemporain. Le Choctaw Phil Lucas a tourné plus de cent documentaires et courts métrages dans sa vie. L'Abénaquise Alanis Obomsawin, plus de trente. Chris Eyre (Cheyenne-Arapaho), Billy Luther (Navajo, Hopi et Laguna), Neil Diamond (Cri), Drew Hayden Taylor (Ojibwé), Gil Cardinal (Métis), Tracy Deer (Mohawk), Paul M. Rickard (Cri), Sarah Del Seronde (Navajo), Amy Tall Chief (Osage), Lisa Jackson (Ojibwée), Ramona Emerson (Navajo) et Jobie Weetaluktuk (Inuit) ne sont que quelques-uns des cinéastes autochtones qui œuvrent dans ce domaine, et c'est là que le plus beau du travail se fait.

Helen, qui est toujours de bon conseil, a proposé que je coupe toutes les listes de moitié dans ce chapitre parce que, disait-elle, lire une liste n'a rien de très agréable, et puis dresser une liste, ça fait pédant. Évidemment, elle a raison. Mais moi, je voulais seulement voir ces noms écrits noir sur blanc, et je voulais être sûr que vous les voyiez vous aussi.

Le seul problème, c'est que la plupart des gens, Autochtones compris, ne regardent pas les documentaires. Les artistes autochtones pourraient bien changer la façon dont le monde considère les Autochtones ; mais comme peu de leurs films connaissent une large diffusion commerciale, personne, sauf dans les cinémas de répertoire et le circuit des festivals, ne les verra jamais.

Bien sûr, le cinéma, même les films documentaires, ce n'est pas « vrai ». Tout comme la littérature et le cinéma hollywoodien, les documentaires ne sont que des approximations. Si vous voulez voir la vraie vie et de vrais Indiens, eh bien ! c'est une tout autre histoire.

TROIS

Trop lourds

*Personne ne regarde des photos de sang-mêlé
en disant : « Mais on ne dirait pas du tout des
Irlandais. »*

LOUIS OWENS, *I Hear the Train*

Des Indiens, il y en a de tous les genres sociaux et historiques. La culture populaire nord-américaine est littéralement bondée d'Indiens sauvages, nobles et agonisants, alors que, dans la vraie vie, il n'y a que des Indiens morts, des Indiens vivants et des Indiens en règle. Les Indiens morts, le mot le dit bien, ce sont des Indiens qui sont morts. Mais attention, pas du genre décédé. Et ils ne sont pas si malcommodes que ça non plus. Ce sont les stéréotypes et les clichés que l'Amérique du Nord a créés à partir de son histoire, de son imaginaire et de ses frayeurs. L'Amérique du Nord a depuis longtemps des rapports avec les peuples autochtones, mais en dépit de l'histoire que les deux groupes partagent, l'Amérique du Nord ne *voit* plus les Indiens. Ce qu'elle voit, ce sont des objets : des bonnets de guerre, des chemises perlées, des robes en daim avec des franges, des pagnes, des serre-têtes, des lances emplumées, des tomahawks, des mocassins, du grimage et des colliers d'ossements. Ces fragments de débris culturels – authentiques ou fabriqués – sont ce que les théoriciens de la littérature appellent des « signes », qui finissent par créer un « simulacre », dont Jean Baudrillard, sociologue et théoricien postmoderne, dit que « ce n'est jamais ce qui cache la vérité – c'est la vérité qui cache qu'il n'y en a pas ».

Vous, je ne sais pas, mais moi, j'adore les théoriciens français. Pour ceux d'entre nous qui ne sont pas des théoriciens français mais qui connaissent la différence entre une maison motorisée et une remorque, un simulacre, c'est quelque chose qui représente quelque chose qui n'a jamais existé. Autrement dit, la seule vérité de l'objet est le mensonge lui-même.

Ah oui, les Indiens morts...

On en trouve partout. Dans les rodéos, les pow-wow, au cinéma, dans les pubs à la télé. Lors de la cérémonie de remise des Oscars en 1973, quand Sacheen Littlefeather (une Yaqui-Apache-Pueblo) a refusé l'Oscar du meilleur acteur au nom de Marlon Brando, elle était habillée en Indienne morte. Quand le sénateur Benjamin Nighthorse Campbell (Cheyenne du Nord) et W. Richard West fils (Cheyenne-Arapaho), le directeur du Musée indien de New York, se sont présentés à la cérémonie d'inauguration du musée en 2004, ils sont montés sur l'estrade déguisés en Indiens morts, avec vêtements de cuir et coiffes emplumées. Phil Fontaine (Ojibwé) était accoutré de la même manière quand il s'est présenté à la Chambre des communes en 2008 afin d'y recevoir les excuses du gouvernement canadien pour les misères faites aux siens dans les pensionnats autochtones.

On trouvera peut-être mon propos désobligeant, et il est vrai que je ne suis pas dépourvu de certaines aspérités. J'ai peut-être tort de me fâcher, d'ailleurs. Après tout, les Indiens morts sont la seule antiquité que recèle l'Amérique du Nord. L'Europe a la Grèce et Rome. La Chine a ses puissantes dynasties d'autrefois. La Russie a ses Cosaques. L'Amérique

du Sud et l'Amérique centrale ont leurs Aztèques, leurs Incas, leurs Mayas.
L'Amérique du Nord a ses Indiens morts.

C'est la raison pour laquelle Mme Littlefeather ne s'est pas présentée en robe Dior, et c'est aussi la raison pour laquelle West et Campbell ne sont pas arrivés en costumes Brioni, chemises Canali, cravates Zegna et chaussures signées Salvatore Ferragamo.

Peu importe la signification culturelle qu'elles revêtent pour les Autochtones, les coiffes bien emplumées et les vestes en daim à broderies perlées sont, avant toute chose, les signes nord-américains de l'authenticité indienne. Leur valeur visuelle aux cérémonies de Los Angeles ou d'Ottawa – comme le dit la publicité d'une certaine carte de crédit – n'a pas de prix.

Les Blancs ont toujours aimé les Indiens morts. Le général Phil Sheridan, qui s'est fait un nom en raffinant la tactique de la « terre brûlée » lors de la marche de Sherman vers la mer, pendant la guerre de Sécession, aurait déclaré : « Il n'y a de bon Indien qu'un Indien mort.» Sheridan a nié plus tard avoir dit cela, mais Theodore Roosevelt a complété sa pensée. Dans un discours prononcé à New York en 1886, près de seize ans avant son entrée à la Maison-Blanche, Roosevelt a dit : « J'imagine que je devrais avoir honte de dire que j'adhère à l'opinion qui prévaut dans l'Ouest à propos des Indiens. Je n'irais pas jusqu'à dire qu'il n'y a de bon Indien qu'un Indien mort, mais je crois que c'est vrai dans neuf cas sur dix, et dans le cas du dixième, je ne suis pas tenté d'aller vérifier.»

Cela me rappelle cette scène extraordinaire dans le film *Maverick* (1994), où Joseph, un escroc autochtone joué par l'acteur oneida Graham Greene, passe tout son temps à satisfaire les caprices puérils d'un richissime grand-duc russe incarné par l'acteur Paul L. Smith. Son Altesse fait la grande visite guidée de l'Ouest et commence à s'ennuyer un peu avec tous ces machins de « retour à la nature ». Il a abattu un bison, il a vécu avec des Indiens, il a communié avec la nature, et il aimerait bien faire quelque chose de nouveau et d'excitant. Greene, qui porte le costume de rigueur de l'Indien mort, lui demande s'il a envie de vivre la sensation ultime de l'Ouest.

« Et qu'est-ce que c'est ? lui demande le grand-duc.

— Tuer des Indiens, lui répond Greene.

— Tuer des Indiens ? demande l'autre. C'est légal ? »

Évidemment, le rassure Greene : « L'homme blanc fait ça depuis toujours. »

Alors Greene obtient de Mel Gibson qu'il s'habille en Indien mort, et le grand-duc le tue d'un coup de fusil. La sensation ultime de l'Ouest ? Pas de doute.

Et on n'est pas obligé d'aller au Far West pour trouver des Indiens morts. Dans un sketch de Monty Python, un représentant du gaz se présente chez un ménage britannique avec un Indien mort sur l'épaule. L'Indien, qui n'est pas tout à fait mort, est donné en prime au propriétaire de la maison pour l'achat de sa nouvelle gazinière. L'Indien mort gratuit était mentionné « en tout petits caractères » dans le bas du contrat, dit le représentant du gaz. « On ne voulait pas que ça nuise à la vente. »

Par contre, si vous aimez l'Ouest et êtes du genre plein air, vous pouvez filer au Wyoming et faire du vélo sur le col de l'Indien mort, passer la soirée au Camping de l'Indien mort, et le matin, traverser la plaine de l'Indien mort qui mène au pic de l'Indien mort. Si vous vous trouvez en Californie, vous pourrez faire une randonnée dans le canyon de l'Indien mort. Vous aimez la pêche à la ligne ? Allez taquiner le poisson au ruisseau de l'Indien mort en Oregon ou au lac de l'Indien mort en Oklahoma – mais la commission américaine de toponymie a récemment voté pour le rebaptiser Dead Warrior Lake, le lac du Guerrier mort.

C'est étonnant aussi de voir à quel point cet Indien mort est vendeur : il y a le sucre Big Chief, le bicarbonate de soude Calumet, les Braves d'Atlanta au baseball, les bâtonnets de viande Big Chief, le riz sauvage Grey Owl, le tabac à chiquer Red Man, les Blackhawks de Chicago au hockey, la Mutuelle d'Omaha, les maisons motorisées Winnebago, le cahier d'école Big Chief, les motos Indian, les Redskins de Washington au football, les cigarettes American Spirit, la jeep Cherokee, les Indians de Cleveland encore au baseball et pour faire la guerre, les missiles Tomahawk.

L'exemple le plus rebutant est probablement la liqueur de malt Crazy Horse, boisson qu'un amateur enthousiaste a décrite ainsi : « Une boisson douce, légèrement fruitée avec une finale extrêmement claire, presque du genre Zinfandel, qui se tient jusqu'au fond de la bouteille. Nous sommes d'avis que le chef en serait fier. » Il ne faut pas se surprendre de voir la Hornell Brewing Company donner à une marque d'alcool le nom du grand chef oglala. L'entreprise nord-américaine a déjà détourné le nom du chef ottawa Pontiac pour en faire une division de la General Motors, l'Apache est un hélicoptère de combat et le Cherokee sert à vendre des vêtements et des accessoires.

J'ai acheté un jour un slip pour hommes Cherokee, que je comptais envoyer à mon frère en guise de plaisanterie, mais de retour chez moi j'y ai jeté un coup d'œil de nouveau, et j'ai pensé que c'était plus gênant que comique.

Un de mes produits préférés labellisés « Indien mort » est le beurre Land O'Lakes, qui met en vedette une jeune Indienne vêtue d'une robe en daim, tenant dans son giron, à la hauteur de sa poitrine, une boîte de beurre. Le plaisantin qui a conçu le dessin l'a arrangé de telle manière que si l'on plie la boîte d'une certaine façon, la belle indigène se découvre et vous montre ses beaux seins nus. J'admire.

Bien sûr, ce ne sont là que de vieux trucs mis au goût du jour. Les foires itinérantes du Far West au XVIIIe et au début du XIXe siècle recouraient à l'iconographie et à l'inventivité des Autochtones pour commercialiser des élixirs et des onguents sous le couvert de l'Indien mort : par exemple, le Kickapoo Indian Sagwa, censé « revitaliser le sang, le foie et l'estomac », les pilules Indian Root de Docteur Morse, la Golden Medical Discovery de Docteur Pierce, dont la légende disait qu'elle avait été « utilisée par les premiers Américains », l'onguent pour le rhume White Beaver, le sirop Ka-Ton-Ka et le remède pour le catarrhe Nez Percé.

Mais tout cela n'est rien à côté de l'inventivité des entrepreneurs contemporains, qui ont touché le pactole avec la culture et la spiritualité que l'on prête à l'Indien mort. Finis, les potions magiques et les onguents à la con pour les naïfs de l'ancien temps. De nos jours, ce qu'on vend, ce sont des livres qui éclairent la réalité autre de l'Indien mort, avec des ateliers qui vous promettent une expérience authentique d'Indien mort, des séances thérapeutiques où l'on se met tout nu dans une cabane à suer ou un tipi, qui élargiront votre conscience et vous rapprocheront de « l'Indien mort en vous », sensation garantie ou argent remis. Des gens comme Lynn Andrews, Mary Summer Rain, Jamie Sams, Donn Le Vie fils et Mary Elizabeth Marlow, pour ne mentionner que quelques-uns des P.D.G. les plus connus de la spiritualité nouvel âge, ont fabriqué des personnages fictifs rappelant l'Indien mort – Agnes Whistling Elk, Ruby Plenty Chiefs, No Eyes, Iron Thunderhorse, Barking Tree et Max le crâne de cristal –, qui leur auraient enseigné les secrets de la spiritualité autochtone. Ils ont forgé ainsi des récits d'Indiens morts qui sont un mélange loufoque de taoïsme, de bouddhisme, de druidisme, de science-fiction et de fichaise en général, tout cela emballé dans une cérémonie d'Indien mort qui confère à leurs produits un vernis d'authenticité et de vérité ainsi que l'obligatoire parfum d'exotisme. À la fin du XIXe siècle, le Kickapoo Indian Sagwa se vendait cinquante cents la fiole. Aujourd'hui, la charlatanerie indienne est hors de prix. Dans son article intitulé « Plastic Shamans and Astroturf Sun Dances : New Age Commercialization of Native American Spirituality » (ou « Chamanes de plastique et danses du soleil sur gazon artificiel : la commercialisation nouvel âge de la spiritualité des Indiens d'Amérique »), Lisa Aldred mentionne une dame répondant au nom de Singing Pipe Woman, de Springdale, dans l'État de Washington, qui vante une retraite de deux semaines animée par une Indienne huichole pour 2 450 dollars. Un petit tour sur Internet vous fera découvrir une entreprise offrant un cours d'une semaine intitulé « La quête dans le canyon et la formation spirituelle du guerrier » ; ou alors un programme de huit nuits appelé « La quête de la vision », fidèle à la tradition d'un dénommé Stalking Wolf, un « ancien de la tribu apache lipan » qui « a supprimé toutes les différences » de la quête de la vision pour « ne conserver qu'un format simple et pur qui convient à tous ». Atelier gratuit, il faut le préciser, mais on recommande tout de même un « don » de 300 ou 350 dollars. Stalking Wolf, soit dit en passant, serait né en 1873, aurait erré dans les Amériques à la recherche de vérités spirituelles, et aurait transmis son savoir à un certain Tom Brown fils, un enfant blanc de sept ans dont il aurait fait la connaissance au New Jersey. Évidemment, c'est Tom Brown fils, ou ses affidés, qui anime les ateliers, ayant transformé en franchise d'Indien mort les enseignements de Stalking Wolf.

À voir la fréquence avec laquelle apparaissent les Indiens morts dans la publicité, dans les noms d'entreprises, ou comme images d'équipes sportives professionnelles, comme outils de commercialisation pour toute une palette de produits, des nettoyants aux slips, comme appeau pour la fichaise spirituelle nouvel âge, on croirait que les Autochtones constituent un marché lucratif. Ce qui est faux, bien sûr. Nous n'avons rien à faire de pareilles cochonneries. Du moins, nous ne sommes pas assez nombreux pour soutenir un marché aussi florissant. Mais nul besoin de demander à qui s'adressent tous ces Indiens morts, n'est-ce pas?

Ce qui nous amène aux Indiens vivants.

Parmi les nombreux phénomènes qui attendaient les Européens à leur arrivée dans les grands espaces vierges de l'Amérique du Nord, il y avait les Indiens vivants. Ces Indiens vivants, du point de vue de ces nouveaux venus, étaient un élément intrigant, étonnant et gênant de la vie dans le Nouveau Monde.

La petite amie de mon fils, Nadine Zabder, qui étudie la science vétérinaire, m'a dit un jour : « On ne peut pas les rameuter. Ils n'écoutent pas. Et on ne peut pas les prendre dans nos bras, ils sont trop lourds. » Nadine parlait des moutons, mais elle aurait aussi bien pu parler des Indiens, car c'est le même sentiment général qui s'exprime dans les premiers carnets de bord et comptes rendus des explorateurs. Heureusement – et les auteurs s'entendaient au moins là-dessus –, ils se mouraient déjà en grand nombre.

Les Indiens. Pas les moutons.

On ne s'entend toujours pas sur le nombre d'Indiens qu'il y avait en Amérique du Nord à l'arrivée des Européens, mais la plupart des savants admettent que les maladies nouvelles importées par les pêcheurs et les colons ont tué plus de 80 % de tous les Indiens du littoral atlantique. Les conflits et les guerres ont fait leur part aussi, et à l'orée du XIXᵉ siècle, la mort de l'Indien était déjà inscrite dans la mythologie de l'Amérique du Nord. Si les Indiens mouraient alors, ce n'était pas la faute des non-Autochtones. La disparition des Indiens était considérée comme une fatalité, la loi de la nature favorisant les forts et supprimant les faibles.

George Catlin, qui a parcouru l'Amérique du Nord dans les années 1830 pour peindre les Indiens vivants, a dit des tribus qu'il a vues que, « d'ici quelques années, peut-être, elles auront entièrement disparu de la surface de la terre, et on ne se souviendra que du fait qu'elles ont existé et qu'elles comptaient parmi les tribus barbares qui habitaient ce vaste continent autrefois ». Le général John Benjamin Sanborn, qui siégeait à la commission de la paix indienne fondée en 1867, se fit l'écho de la nation naissante. « Il n'y a pas grand-chose à espérer pour eux comme peuple, écrivait-il. Le soleil de leur jour sur terre disparaît vite dans le ciel de l'ouest. Il descendra bientôt dans la nuit de l'oubli qui ne connaît pas d'aube [...] Il n'y aura pas de printemps pour renouveler leur gloire passée, et l'avenir n'aura aucun souvenir de leur gloire. » Le journaliste Horace Greeley, lors d'un voyage dans l'Ouest en 1859, n'eut pas la sympathie de Catlin ni l'éloquence de Sanborn. « Les Indiens sont des enfants, écrivit Greeley. Leurs arts, leurs guerres, leurs traités, leurs alliances, leurs habitations, leur artisanat, leurs biens, leur commerce, leurs commodités, tout cela appartient aux formes les plus basses et les plus viles de l'existence humaine [...] Je ne peux que dire : "Ces gens doivent périr : tout secours leur serait inutile." »

Le poème épique *Le Chant de Hiawatha* de Henry Wadsworth Longfellow (1855) résumait bien les sentiments de la plupart des Nord-Américains. À la fin du poème, Hiawatha s'apprête à quitter notre monde, et il enjoint aux siens de tout laisser aux Européens. « Écoutez leurs paroles de sagesse, gémit Hiawatha en vers trochaïques, écoutez les vérités qu'ils vous disent. » Le poème de Longfellow était une rêverie romantique, mais bien plus, il confirmait que les Indiens, ayant compris leur nature noble mais inférieure, avaient de leur propre gré fait cadeau de toute l'Amérique du Nord à une race supérieure. Le problème, c'est que les Indiens vivants ne sont pas morts. Ils devaient disparaître, mais ils sont encore là. Comme l'Amérique du Nord avait à son service l'Indien mort, elle n'avait plus besoin de l'Indien vivant, et elle n'en voulait pas non plus. Il ne comptait plus, et lorsque le XIXe siècle a cédé sa place au XXe, on a oublié les Indiens vivants, parqués en sûreté dans les réserves, ou dispersés dans les bleds ou les quartiers miteux du Canada et des États-Unis. Loin des yeux, loin du cœur. Loin du cœur, loin des yeux.

Tous les Autochtones vivant en Amérique du Nord aujourd'hui sont des Indiens vivants. Vine Deloria, un savant et écrivain lakota, n'a pas employé l'expression « Indien vivant » dans son célèbre manifeste de 1969, *Custer Died for Your Sins*. Il a écrit plutôt que les Autochtones étaient « transparents ». « Notre plus grand malheur, écrivait Deloria, c'est notre transparence. Rien qu'à nous voir, les gens savent ce que nous voulons, ce qu'il faut faire pour nous aider, comment nous nous sentons, et à quoi doit ressembler un "vrai" Indien. » Deloria aurait pu aussi bien dire que les Indiens sont invisibles. En fait, il est sûr que les Nord-Américains *voient* les Indiens. C'est seulement qu'ils ne *nous* voient pas comme des Indiens.

Du temps où je traînais à San Francisco, il y avait un photographe autochtone du nom de Zig Jackson, un Mandan de la réserve de Fort Berthold, dans le Dakota du Sud, que je trouvais très spirituel. Pour l'une de ses séries de photos, intitulée « Vous entrez dans la réserve indienne de Zig », il avait pris des photos de lui-même en coiffe guerrière à plumes se promenant dans les rues de San Francisco, prenant le trolley ou le bus, regardant dans les fenêtres des magasins. Ce qu'il recherchait, et qu'il a pu trouver, c'était les réactions d'appré-

hension et de ravissement des non-Autochtones au moment
où ils tombaient face à face avec un Indien mort en vie.

L'École indienne de métiers de Carlisle, un des premiers
pensionnats autochtones, prenait des photos des petits
Indiens à leur arrivée à l'établissement, puis les photogra-
phiait de nouveau après qu'on les avait « décrottés », pour que
le monde entier puisse voir les effets civilisateurs du christianisme et de la scolarisation sur les Indiens. Pour ne pas être en
reste, l'Église mormone, ou Église de Jésus-Christ des Saints
des Derniers Jours, a alimenté pendant des années une collection impressionnante de photographies d'enfants indiens
prises lorsque les petits étaient conduits pour la première fois
au programme de placement des enfants dans les foyers. Ce
programme, qui a existé de 1947 à 1996, encourageait les
familles autochtones à envoyer leurs enfants hors de la réserve
pour vivre dans des familles mormones, dans l'espoir que ces
enfants réussissent mieux s'ils étaient élevés et éduqués dans
la société blanche. Les photographies avaient pour objectif de
suivre l'évolution de la couleur de la peau de l'enfant, passant
du basané au pâle, de la sauvagerie à la civilisation.

D'ailleurs, le *Livre des Mormons* enseigne expressément
que les Lamanites (qui sont des Indiens) à la peau brune, s'ils
adhèrent à la foi mormone, verront leur peau devenir
« blanche et exquise ». Lors de la conférence de l'Église mormone de 1960, le maître de l'Église, Spencer Kimball, se
réjouissait de voir que les Indiens « devenaient vite des gens
blancs et beaux », et que les enfants indiens du programme de
placement de l'Église avaient « souvent la peau plus blanche
que celle de leurs frères et sœurs misérables habitant les huttes
de la réserve ».

Quand je vivais à Salt Lake City, j'ai eu le privilège de voir
certains clichés pris par l'Église. Franchement, je n'ai pas vu
une grande différence entre les clichés « avant » et « après »,

mais il est vrai que je ne regardais pas ces photos par la lentille des Saintes Écritures mormones.

À la fin des années 1970, je suis allé à Pueblo Acoma et j'ai suivi la visite guidée du vieux village situé sur la mesa. Une des maisons d'adobe avait une antenne de télévision fixée sur le toit, et quand nous déambulions dans les ruelles étroites, nous pouvions entendre les voix des personnages de dessins animés comme Daffy Duck et Bugs Bunny qui se disputaient pour savoir si c'était la chasse au canard ou au lapin qui était ouverte. Une des dames de mon groupe, une femme à la fin de la trentaine originaire de l'Ohio, était agacée par la présence du téléviseur. Nous sommes censés être dans un village indien authentique, s'est-elle plainte au reste du groupe. Les vrais Indiens, nous a-t-elle dit, n'avaient pas la télévision.

En 1997, j'ai été invité en France pour le Salon du livre de Saint-Malo. Je ne suis pas un grand voyageur, mais Helen tenait à y aller, et mon ami, feu Louis Owens, et quelques autres auteurs autochtones allaient y être; j'y suis donc allé moi aussi. À l'époque, je portais la moustache. Mon frère Christopher et moi sommes d'exacts contraires côté pilosité. Lui, c'est l'homme des cavernes. Moi, je suis un éphèbe. Il avait pu se faire pousser une vraie barbe dans sa jeune vingtaine. Je n'ai pas eu à me raser plus d'une fois par semaine avant la trentaine. Mais j'avais découvert que, si je persévérais pendant une petite année et des poussières, je pouvais me faire pousser une moustache. Ce que j'ai fait. Et je n'en étais pas peu fier.

Mais quand j'ai débarqué en France, je me suis tout de suite fait dire par une photographe, qui prenait en photo tous les auteurs autochtones, que je n'étais pas indien. Enfin, ce ne furent pas ses mots exacts. Ce qu'elle a dit, en fait, c'est : « Je sais que vous êtes indien, mais vous n'êtes pas vraiment indien, non ? » Ce n'était pas un problème de langue entre nous. Son anglais était parfait. Ce qu'elle voulait dire, c'était que j'étais peut-être indien par le sang, et par la culture aussi, mais, avec ma moustache splendide, je n'étais plus un Indien authentique. Les vrais Indiens, m'a-t-elle assuré sans la moindre trace d'humour ou d'ironie, avaient le visage glabre. Pour nous, Indiens vivants, être invisible est déjà assez pénible comme ça ; mais être inauthentique, c'est mortel. Si ça peut aider les choses, je suis prêt à vous faire mes excuses pour l'antenne de télé sur le toit à Acoma. J'ai déjà rasé ma moustache, donc plus de reproches de ce côté. Si je ne vivais pas en ville, j'aurais un cheval. Peut-être deux, même. Je chante avec un groupe de tambour traditionnel. J'ai pris part à des sueries. J'ai des amis dans nombre de réserves d'Amérique du Nord. Je suis diabétique. Si vous pensez à autre chose qui vous aiderait, ne vous gênez pas, dites-le-moi.

Mais je sais que cela ne servirait à rien. Pour maintenir le culte et le caractère sacré de l'Indien mort, l'Amérique du Nord a décidé que les Indiens vivants d'aujourd'hui ne peuvent pas être de vrais Indiens. Ce sentiment est un réaménagement curieux d'un des fondements du christianisme : l'idée de l'innocence et du péché originel. Les Indiens morts sont de la variété Jardin d'Éden. Purs. Nobles. Innocents. Parfaitement authentiques. Des Indiens à la Jean-Jacques Rousseau, avec toutes les plumes bien en place. Les Indiens vivants qui restent sont des Indiens déchus, des copies modernes, contemporaines, pas de vrais Indiens pour une miette. Des Indiens strictement par association biologique.

De nombreux Autochtones ont essayé de neutraliser ces balivernes sur l'authenticité indienne en valorisant le nom de leur tribu – pied-noir, navajo, mohawk, séminole, hoopa, chickasaw, mandane, tuscarora, pima, omaha, crie, haïda, salish, lakota, micmac, ho-chunk – ; mais s'il est vrai que l'idée est bonne, il y a trop de tribus pour que l'Amérique du Nord s'y retrouve. Comme dans le cas de l'Indien mort, l'Amérique du Nord, depuis fort longtemps déjà, préfère accoler un nom collectif aux Indiens vivants – Indiens, Aborigènes, Premières Nations, Autochtones, Premiers Peuples – même s'il y a plus de 600 nations reconnues au Canada et plus de 550 aux États-Unis.

Reconnues. J'aime ce terme. Je me sens presque authentique rien qu'à l'entendre.

Indiens morts. Indiens vivants. On croirait que l'opposition entre ces deux types d'Indiens est semblable à celle entre la matière et l'antimatière, qu'il leur est impossible d'occuper le même espace, mais chaque année, Indiens vivants et Indiens morts se rassemblent lors de pow-wow, de cérémonies et de foires artisanales de l'Alberta à l'Arizona, de l'Oklahoma à l'Ontario, des Territoires du Nord-Ouest au Nouveau-Mexique. Parallèlement, avec une fréquence remarquable, Indiens vivants et Indiens morts se présentent aux grands événements sociaux, artistiques et gouvernementaux d'Amérique du Nord pour poser pour les caméras et tirer parti de l'avantage politique au goût du jour.

Je n'ai jamais porté la coiffe de guerre emplumée pour contester ou défiler, mais il m'est arrivé de porter le collier d'ossements à quatre rangs, le ceinturon à broderies perlées, le serre-tête de cuir, la bourse de cuir à franges, et quand je regarde les photos qu'on a prises de moi pendant ces années, mon image d'Indien mort fait frissonner ma moelle épinière.

Pour les Autochtones, la distinction entre Indien mort et Indien vivant est presque impossible à maintenir. Mais ce n'est pas un problème pour l'Amérique du Nord. Il n'y a qu'à mettre les deux Indiens sous un éclairage vif. L'Indien mort est digne, noble, silencieux, vêtu comme on s'y attend. Et mort. L'Indien vivant est invisible, insoumis, décevant. Et il respire encore. L'un est un rappel romantique d'un passé héroïque mais fictif. L'autre est tout simplement une surprise contemporaine désagréable.

Tony Hillerman, dans son roman policier *Sacred Clowns*, capte un moment comme celui-là. Il décrit une cérémonie tano où Jim Chee, un policier navajo, observe de vraies personnes – « des agriculteurs, des chauffeurs de camion, des travailleurs forestiers, des policiers, des comptables, tous pères, fils et grands-pères » – qui dansent masquées. Chee aperçoit « une sueur authentique luire sur leurs épaules, une ancre bien ordinaire des Marines tatouée sur le bras du septième kachina, la poussière tout ce qu'il y a de plus naturelle soulevée par les pas rythmés des mocassins ». Et tout autour d'eux, il y a les touristes qui regardent la cérémonie, ces Indiens vivants qui dansent, ces Indiens morts qui s'avancent sur la place. Les appareils photos et les caméras prêts à photographier ou à filmer.

Parlons franchement : ce sont des Indiens vivants qui dansent aux pow-wow. Et quand nous dansons, quand nous chantons avec nos tambours, quand nous montons des cérémonies, nous ne le faisons pas pour amuser l'Amérique du Nord. Alors que l'Amérique du Nord voit des Indiens morts revenir à la vie, nous voyons nos familles et nos amis. Nous faisons ces choses pour nous rappeler qui nous sommes, pour nous rappeler d'où nous venons, et pour nous souvenir de notre relation avec la terre. Mais surtout, nous faisons tout cela parce que nous aimons ça. Et parce que c'est important.

Je sais que ce genre de rhétorique – « notre relation avec la terre » – semble usé et cucul, mais ce n'est pas la faute des Autochtones. Des expressions comme « la Terre mère », « être en harmonie avec la nature » et « sept générations » ont été piquées par l'Amérique du Nord blanche, et dépouillées de leur pouvoir. Aujourd'hui, Mother Earth est un groupe rock alternatif canadien, une chanson de Memphis Slim et une nouvelle d'Isaac Asimov. In Harmony with Nature est une entreprise qui vend, sur Internet, « des produits nourrissants pour la maison et le corps ». C'est aussi le nom du site Web d'un groupe d'éducateurs nouvel âge qui offre des produits et des conseils qui « favoriseront votre transition vers un mode de vie plus holiste ». Harmony with Nature est également le nom d'une séance d'hypnose que vous pouvez télécharger pour seulement 12,95 dollars et qui vous « guidera doucement vers des transes délicieuses qui vous connecteront avec la création naturelle ».

Seven Generations est un institut autochtone voué à combler les besoins éducatifs et culturels des dix bandes de la région tribale du lac à la Pluie. Mais c'est aussi une entreprise albertaine qui pratique « la mise en valeur non orthodoxe des ressources gazières et pétrolières », bien que je ne sois pas sûr de savoir comment l'on peut employer les termes *non orthodoxe* et *ressources gazières et pétrolières* dans une même phrase sans verser dans l'oxymore. Il y a une entreprise Seven Generations à Burlington, au Vermont, qui vend des « produits ménagers naturellement sûrs et efficaces ». Une autre entreprise ayant pour nom Hellfish Family vous vendra un t-shirt dont le dos montre une scène de crucifixion, avec les inscriptions « Seven Generations » en haut et « You Are Not My Christ » en bas, pour la modique somme de 12,95 dollars.

Et puis il y a toutes ces grandes paroles indiennes. Je ne sais pas si Crazy Horse a vraiment dit : « C'est un beau jour pour mourir », mais on m'assure que « *Heghlu'meH QaQ jajwam* » veut dire la même chose en klingon. Vous pouvez télécharger l'air de *Today is a Good Day to Die* de Manowar pour en faire la sonnerie de votre portable ; et cette phrase est aussi l'incipit du film *L'Expérience interdite*.

Indiens morts. Indiens vivants. Tout compte fait, c'est

un imbroglio impossible. Dieu merci, il existe les Indiens en règle.

Avec les Indiens en règle, les choses sont beaucoup plus claires. Les Indiens en règle sont des Indiens vivants, parce que seuls les Indiens vivants peuvent être des Indiens en règle, mais ce ne sont pas tous les Indiens vivants qui sont des Indiens en règle. C'est clair, non?

Les Indiens en règle sont les Indiens qui sont reconnus comme tels par les gouvernements canadien et américain. Des Indiens du gouvernement, si on veut. Au Canada, les Indiens en règle sont officiellement appelés « Indiens inscrits », c'est-à-dire des Indiens qui sont inscrits auprès du gouvernement fédéral aux termes de la Loi sur les Indiens.

Si l'on en croit le recensement de 2006, le Canada compte environ 565 000 Indiens inscrits. Le recensement estimait qu'il y avait à ce moment 1,2 million d'Autochtones au Canada – Indiens, Métis et Inuits confondus –, mais cette année-là, on n'avait pas fait de dénombrement dans au moins 22 réserves indiennes, et Statistique Canada a admis qu'on en avait peut-être loupé encore plus. Ajoutez à cela le fait que de nombreuses nations refusent de participer à tout recensement, considérant que c'est une atteinte à leur souveraineté. De plus, le dénombrement n'est pas une science exacte. Tout dépend de comment l'on s'y prend et de qui fait le décompte. Ce chiffre de 1,2 million, c'est probablement trop peu. Mais même s'il n'y avait que 1,2 million d'Indiens, de Métis et d'Inuits, cela voudrait dire qu'un peu moins de 50 % de tous les Autochtones au Canada sont des Indiens inscrits.

Aux États-Unis, la « reconnaissance » fédérale, la version américaine d'« Indien inscrit », est accordée aux tribus et non aux personnes; en 2009, le Registre fédéral reconnaissait quelque 564 tribus dont les membres en règle étaient admissibles à l'aide fédérale. Il y a probablement environ 950 000 personnes qui sont membres de ces tribus, alors que le nombre total d'Indiens aux États-Unis dépasse les 2,4 millions, et encore là, les chiffres du recensement étant ce qu'ils sont, ce pourrait être moins. Ou plus.

Comme je l'ai dit, ces chiffres ne sont jamais exacts. Mais si l'on n'est pas loin du compte, cela veut dire que seulement 40 % environ des Indiens vivants en Amérique du Nord sont des Indiens en règle. Un peu plus d'un sur trois. La question a son importance, car les seuls Indiens qui intéressent les gouvernements du Canada et des États-Unis sont ceux qui sont en règle.

Je dis « intéressent », mais le mot est probablement trop beau : si l'Amérique du Nord adore l'Indien mort et n'a rien à cirer de l'Indien vivant, l'Amérique du Nord *déteste* l'Indien en règle. Sauvagement. L'Indien en règle est une de ces erreurs de jugement que l'Amérique du Nord a commises et qu'elle ambitionne de corriger depuis cent cinquante ans.

L'Indien en règle est un sous-produit des traités que les deux pays ont conclus avec les nations autochtones. Il s'agissait dans la plupart des cas de traités de paix. Les guerres étaient coûteuses, et après s'être tapés dessus pendant quelques siècles, les protagonistes ont décidé que la paix était plus rentable. Après tout, l'idée avait du bon. Pour les uns et pour les autres. Et du fait des traités, les Indiens en règle ont droit à certains droits et privilèges. On appelle cela les « droits issus de traités », et – exception faite de certaines nations de la Colombie-Britannique et de certaines réserves créées par décret exécutif aux États-Unis – les Indiens en règle sont les seuls Indiens à pouvoir en jouir.

Les gens sont très nombreux en Amérique du Nord à croire que le Canada et les États-Unis, dans une bouffée de générosité inexplicable, ont fait cadeau de ces droits issus de traités aux Autochtones. Bien sûr, quiconque connaît l'histoire des Indiens en Amérique du Nord sait que les Autochtones ont payé ces droits très cher, et, dans certains cas, qu'ils ont dû les payer plus d'une fois. L'idée qu'un pays ou l'autre ait donné quoi que ce soit aux nations indiennes par pure bonté n'est que fumier.

Excusez-moi. J'aurais dû être plus poli et dire : « Quiconque connaît l'histoire autochtone sait que cela est erroné » ou « sait que ce n'est pas vrai ». Mais je vais être franc avec vous : j'en ai assez de corriger les gens. J'aurais pu dire « *bullshit* », gros mot standard en Amérique du Nord, mais comme nous le rappelle Sherman Alexie (un Spokane-Cœur d'Alène) dans son poème « Comment écrire le grand roman indien de l'Amérique », les « vrais » Indiens étant issus de la culture du cheval, ils s'y connaissent en fumier.

Au Canada, les Indiens en règle sont définis comme tels en vertu de la Loi sur les Indiens, qui est en fait une mosaïque de déclarations et de règlements, de droits et de prohibitions, qui a vu le jour en 1876 et qui s'est tracé sournoisement un chemin jusqu'à notre époque. La loi elle-même ne se contente pas de définir les Indiens en règle. Elle constitue le principal mécanisme dont on s'est servi pour contrôler la vie et la destinée des Indiens en règle du Canada, et depuis que la loi est entrée en vigueur, on y a apporté toutes sortes de modifications pour resserrer ce contrôle.

Une modification apportée en 1881 prohibait la vente de produits agricoles par les Indiens en règle des provinces des Prairies pour les empêcher de concurrencer les fermiers blancs. La modification apportée en 1885 interdisait les cérémonies religieuses et les danses. Celle de 1905 autorisait l'éviction des Autochtones de réserves situées trop près des localités blanches comptant plus de 8 000 habitants. La révision de 1911 permettait aux municipalités et aux entreprises d'exproprier des pans des réserves, sans la permission de la bande, pour faire place aux routes, chemins de fer et autres travaux publics. La modification de 1914 obligeait les Indiens en règle à obtenir une permission officielle pour revêtir un costume autochtone pour tout spectacle, danse, exposition, course de chevaux ou reconstitution historique. La révision de 1927 criminalisait la sollicitation de fonds servant à financer les revendications indiennes sans l'autorisation expresse du gouvernement. La modification de 1930 interdisait aux Indiens en règle de jouer au billard s'ils s'y adonnaient trop souvent et perdaient leur temps au détriment de leur bien-être et de leur famille. Et, en 1985, la modification connue au parlement sous le nom de « projet de loi C-31 » permettait aux femmes autochtones qui avaient perdu leur statut d'Indienne à cause d'un mariage avec un non-Autochtone de reprendre leur statut.

Jusqu'en 1968 au moins, les Indiens en règle pouvaient être « émancipés », ce qui voulait dire que le gouvernement pouvait leur retirer leur statut d'Indien inscrit, avec ou sans leur consentement, et lui substituer la citoyenneté canadienne. Techniquement, l'émancipation paraissait généreuse, car elle accordait entre autres le droit de voter et de boire de l'alcool. Vous n'aviez qu'à renoncer à votre statut d'Indien en règle pour devenir... toute la question était là, non ? Les Indiennes en règle pouvaient être émancipées si elles épousaient des non-Autochtones ou des Indiens non inscrits. Si les Indiens en règle votaient aux élections fédérales, ils se retrouvaient « émancipés ». Si vous décrochiez un diplôme universitaire, vous étiez automatiquement « émancipé ». Si vous serviez sous les drapeaux, vous étiez « émancipé » aussi. Si vous deveniez ministre du culte ou avocat, vous étiez « émancipé ».

Allez voir dans le dictionnaire, vous allez apprendre qu'«être émancipé» veut dire «être affranchi». Un ami pied-noir disait que c'était un mot latin signifiant «se faire baiser». La blague est drôle seulement si l'on est indien. Mais même là, on n'a pas envie de rire tant que ça. Aux États-Unis, les Indiens en règle sont les membres inscrits au rôle des tribus jouissant de la reconnaissance fédérale. C'est la règle générale. Cependant, les tribus contrôlent la constitution et l'alimentation de leur rôle, et l'admissibilité au statut de membre varie d'une nation à l'autre. La plupart basent l'adhésion sur la proportion de sang indien que vous avez dans le corps. Si vous avez le quota réglementaire, vous êtes admissible à l'inscription, et une fois inscrit, vous devenez un Indien en règle.

Au Canada, la perte du statut a été largement une affaire individuelle, au cas par cas. Procédure assez lente. Aux États-Unis – pays épris d'efficacité, on le sait –, le gouvernement, particulièrement dans les années 1950, s'est mis en frais d'«émanciper» les Indiens par tribus entières, d'un coup. On a commencé par les Menominees du Wisconsin et les Klamaths de l'Oregon; en moins de dix ans, on a rayé 107 tribus du registre fédéral. À l'époque, environ 1,4 million d'acres de terres appartenant à des Indiens en règle ont été enlevées aux tribus et vendues à des non-Autochtones. Plus de 13 000 Indiens en règle ont ainsi perdu leur statut fédéral et ont été réduits au statut de simples Indiens vivants.

Chose certaine, la suppression de l'Indien en règle a la cote depuis un bon moment. «Je veux éradiquer le problème indien, a déclaré Duncan Campbell Scott, le responsable du ministère des Affaires indiennes de 1913 à 1932. Notre objectif est de faire en sorte qu'il ne reste plus un seul Indien au Canada qui ne soit pas absorbé dans le tissu politique, et qu'il ne subsiste plus de question indienne, plus de ministère des Affaires indiennes…»

En 1953, le Congrès des États-Unis a voté simultanément la Loi de résiliation et la Loi de réinstallation. La première autorisait le Congrès à mettre fin unilatéralement à toute relation de nature fédérale avec certaines tribus, tandis que la seconde « encourageait » les Autochtones à quitter leurs réserves et à s'installer en ville. La première, pourrait-on dire, était l'arrêt de mort de l'Indien en règle, et la seconde un permis d'inhumation de masse.

En 1969, le gouvernement canadien a essayé de faire le coup de la Loi de résiliation à ses Indiens : le Livre blanc de 1969. Cette année-là, le premier ministre Trudeau a déclaré péremptoirement que les Indiens n'avaient nul droit foncier, qu'il n'existait pas non plus de droits proprement autochtones, qu'il était dans l'intérêt des Premières Nations de renoncer à leurs réserves et de s'assimiler à la société canadienne. La réaction fut immédiate et féroce. Presque toutes les organisations indiennes se prononcèrent contre. Sûr qu'il y avait des problèmes avec la Loi sur les Indiens et le ministère des Affaires indiennes, mais les Autochtones étaient néanmoins convaincus que la renonciation à leurs terres et à leurs droits n'était pas une solution.

Indiens morts, Indiens vivants, Indiens en règle…

L'ennui, c'est que l'Amérique du Nord ne voit que les Indiens morts. L'Amérique du Nord ne rêve que de l'Indien mort. Il y a bien sûr une bonne raison à cela. L'Indien mort, c'est ce que l'Amérique du Nord rêve d'être. Ce qui explique sans doute l'apparition et la prolifération des clubs de faire-semblant indien, des organisations sociales qui ont fleuri en Amérique du Nord et ailleurs dans le monde aussi, où des non-Indiens peuvent employer leur temps libre et leurs fins de semaine à jouer aux Indiens morts.

Il existe des clubs indiens en Floride, au Texas, en Californie, dans l'État de Washington, en Oregon, en Idaho, au Nouveau-Mexique et en Arizona. Il existe des clubs indiens en Russie, en Italie, en France, en Pologne, en Hongrie et dans la plupart des autres pays d'Europe de l'Est et de Scandinavie. Dans un article paru en 2003 dans le *Walrus*, Adam Gilders estimait que, tous les week-ends, plus de 60 000 Allemands se déguisaient en Indiens et filaient vers des camps pour participer à des pow-wow et à des sueries. L'Allemagne, il faut le dire, se passionne depuis longtemps pour les Indiens, comme l'illustrent les romans d'aventure de Karl May et la fondation du club Manitou à Dresde en 1910. Mais on blâme tout le temps les Allemands pour tout.

Je n'ai pas encore trouvé de tels clubs au Canada, mais j'imagine qu'il y en a cachés ici et là. Un ami à moi m'a rappelé qu'à ce sujet le Canada peut se targuer d'avoir Ernest Thompson Seton, qui fut à l'origine de la tradition des camps d'été et de la création des groupes scouts. Seton s'intéressait aux Autochtones, et il s'est servi de l'artisanat et des traditions autochtones pour en faire la pierre angulaire de sa League of Woodcraft Indians (la Ligue des Indiens artisans du bois) en 1902, organisation qui combinait les activités de plein air et la culture indienne pour le bien des enfants non autochtones. Cependant, si les Indiens artisans et les scouts utilisaient ce qu'ils croyaient être un contenu indien dans leurs structures et leurs jeux, il ne s'agissait ni dans un cas ni dans l'autre de « clubs indiens ».

Les clubs indiens attirent les non-Autochtones qui veulent se métamorphoser, pour une journée ou deux, en Indiens morts. Ce sont des gens qui vont à des danses indiennes pour chanter et participer à des cérémonies du calumet et à des sueries. Ils s'affublent de nobles patronymes indiens comme Aigle noir, Loup hurlant et Aigle qui crie, et si vous leur demandez ce qu'ils foutent là, ils vous répondent, imperturbables, qu'ils participent à la préservation de la culture des Indiens d'Amérique du Nord afin que celle-ci ne se perde pas. Ce qu'il y a de sûr avec ceux qui font semblant d'être indiens, c'est qu'ils prennent leurs fantasmes au sérieux. Tout de même, tous ces déguisements, toutes ces comédies loufoques n'ont pas plus de rapport avec les Indiens qu'un esquimau glacé avec la culture inuite.

Ironiquement, ces clubs et les causes qu'ils prétendent servir se porteraient mieux si les Indiens vivants et les Indiens en règle disparaissaient totalement. Après tout, il n'y a rien de pire que d'avoir l'original devant soi quand on est dans la contrefaçon.

Indiens vivants. Indiens en règle…

Écoutez bien, on peut presque entendre l'Amérique du Nord hurler, en hommage à Henri II et à sa querelle avec Thomas Becket : « Qui va nous débarrasser de ces Indiens embêtants ? »

La chance est avec nous : le Canada et les États-Unis s'emploient justement à trouver une solution.

QUATRE

Un nom, un régime

grandir en Alberta
dans une bourgade où il y avait moins d'Indiens
que d'idées sur les Indiens

MARILYN DUMONT, *A Really Good Brown Girl*

Si l'Amérique du Nord n'aime pas les Indiens vivants et n'aime pas non plus les Indiens en règle, pourquoi ne pas tout simplement demander au complexe militaro-politico-industriel de nous liquider tous? Je sais que ma question a l'air mélodramatique et absurde, mais j'ai pris part à des rassemblements, à des marches et à des manifestations où il y avait toujours quelque malin dans la foule qui hurlait : « On aurait dû tous vous massacrer, vous, bande [je vous fais grâce des gros mots d'usage] d'Indiens, quand nous en avions les moyens! » J'incline à croire que ce genre de propos n'est que parade de clown haineux. Mais je l'ai entendu trop souvent pour ne pas penser que, si ce sentiment n'est pas la règle, ce n'est pas l'exception non plus.

« Pourquoi ne vous avons-nous pas tous massacrés quand nous en avions les moyens? » La question mérite d'être posée. Pourquoi les États-Unis n'ont-ils pas fait pleuvoir les bombes atomiques sur le Japon? Deux bombes, c'était bien, alors pourquoi pas quatre? Pourquoi la Turquie n'a-t-elle pas assassiné tous les Arméniens après la Première Guerre mondiale ? Qu'est-ce qui a mis fin aux purges sanglantes de Mao Zedong en Chine, de Josef Staline en Russie, de Pol Pot au Cambodge et de Kim Il Sung en Corée du Nord ? Un de mes amis dit qu'il faudrait ajouter à la liste George W. Bush pour son beau travail en Irak, en Afghanistan et à des tas d'autres endroits dans le monde, mais si je l'écoutais je devrais aussi mentionner AT&T, la Banque mondiale et le Fonds monétaire international, et une fois qu'on est lancé, on n'en finit plus d'énumérer tueurs et tués.

Nous n'avons pas besoin de l'avis des érudits et des sociologues pour savoir que l'acte qui consiste à tuer son prochain ne nous dérange pas tant que ça. L'histoire moderne a prouvé qu'on ne se gêne pas beaucoup quand il s'agit de personnes que nous n'aimons pas, et que c'est encore moins gênant si on peut le faire à distance, loin de notre propre regard. Et le meurtre est tout à fait acceptable si l'on peut attribuer le massacre à quelque défaut chez la victime, à quelque dysfonction dans son mode de vie ou à une loi immuable de la nature. Tous les motifs sont bons. On a bien de la chance d'avoir sous la main toutes ces excellentes justifications pour orchestrer le génocide d'un peuple sans jamais avoir une goutte de sang sur les mains.

« Pourquoi ne vous avons-nous pas tous massacrés quand nous en avions les moyens ? » Peut-être que la réponse n'est pas si compliquée que ça. Peut-être que le fait de tuer, c'est comme n'importe quoi d'autre. Faites-le souvent, et ça devient banal. Peut-être qu'on finit même par s'ennuyer.

S'il y a un mythe qui a la vie dure en Amérique du Nord, c'est l'idée que les Autochtones et la culture indienne sont enferrés dans l'immobilisme. Ceux qui y souscrivent s'imaginent que, comme Vladimir et Estragon dans *En attendant Godot* de Samuel Beckett, les Autochtones sont incapables de s'adapter à l'évolution de la civilisation, que nous attendons quelqu'un qui nous remettra sur la bonne voie. Pour nous libérer de nous-mêmes.

Dans la pièce de Beckett, comme chacun le sait, Godot n'arrive jamais. Dans la version autochtone, le Blanc ne repart jamais. À certains égards, j'envie Vladimir et Estragon. Qui sait quels malheurs les auraient frappés si Godot était parvenu à débarquer sur leur rivage ?

L'idée que les Autochtones n'attendaient que les Européens pour les conduire vers la civilisation n'est qu'une variante de la vieille dichotomie sauvagerie/civilisation, mais c'est une dichotomie que l'Amérique du Nord avalise sans se poser de questions. C'est une toxine si puissante qu'elle contamine toutes nos grandes institutions. Sous son influence, la démocratie ne devient pas simplement une forme de gouvernement représentatif : elle devient un principe organisateur qui amalgame les libertés individuelles, le christianisme et le capitalisme en un produit commercialisable porteur d'une promesse incontestée de richesse et de prospérité. Qui suggère aussi que tout le reste est, par défaut, sauvage et nul.

Bien sûr, nous savons que c'est faux. Les Romains, les Chinois, les Égyptiens, les Mayas et les Incas ne pratiquaient pas la démocratie, ni le christianisme tant qu'à y être, et ils ont quand même réussi à édifier des civilisations robustes, que nous admirons encore aujourd'hui. L'Amérique du Nord tient la démocratie pour la pierre angulaire des lumières sociales, religieuses et politiques parce qu'elle est contrainte de penser du bien d'elle-même et de ses institutions.

Donc, en Amérique du Nord – si l'on en croit les idées reçues des Blancs –, il y avait des Européens qui étaient éclairés et des Indiens qui vivaient dans l'obscurité. Pendant le premier siècle de coexistence, les deux groupes s'entretuèrent. Pas tout le temps, évidemment. Entre-temps, il y avait des déprédations et des spoliations, et Européens et Indiens trouvaient le temps de commercer. Les Français commerçaient avec les tribus iroquoiennes comme les Hurons, tandis que les Anglais commerçaient avec des tribus comme les Mohawks; et pendant les quelque deux siècles qui ont suivi, les deux communautés ont commercé et combattu, combattu et commercé.

Quand la poussière est retombée, après la guerre de Sept Ans, la guerre de l'Indépendance américaine et la guerre de 1812, la contrée qui avait été, selon le mot de William Bradford, « un désert hideux et désolé, hanté par des fauves et des sauvages », rassemblait désormais deux États-nations, le Canada et les États-Unis, tout propres et tout neufs. Ce qui n'est pas tout à fait la vérité. Alors que les États-Unis ont formé un pays distinct en 1776, le Canada a dû attendre encore quatre-vingt-onze ans pour devenir officiellement un pays. Bien sûr, cela n'a pas empêché la Grande-Bretagne, les États-Unis et l'espace qui allait devenir le Canada de tracer une ligne imaginaire de l'Atlantique au Pacifique, longeant le Saint-Laurent et zigzaguant le long des Grands Lacs, longeant les Prairies, sautant par-dessus les Rocheuses pour s'étendre jusqu'à l'océan Pacifique, et de s'entendre pour dire que le pays au nord du quarante-neuvième parallèle (plus ou moins) appartiendrait à l'Angleterre et à son rejeton canadien, et que tout l'espace au sud irait aux États-Unis. Et avec ça les arbres, les lacs, les rivières, les montagnes, les marécages, les déserts, les baies, les îles, les animaux, les plantes, les oiseaux, le minerai.

Et les Indiens.

Les relations Indiens-Blancs étaient à l'origine fondées sur le commerce – exemple classique : la traite des fourrures – et les alliances militaires. En ces matières, les Autochtones estimaient qu'ils formaient des nations souveraines, indépendantes; et lors des premières négociations autour des traités, c'est ainsi qu'ils ont été considérés. Mais vers la fin du XVIIIe siècle, quand les forces militaires européennes ont pris le dessus, les Blancs se sont mis à réévaluer la place des nations indiennes en Amérique du Nord. Dans les articles de la Confédération des États-Unis, le gouvernement fédéral s'arrogea le droit exclusif de réguler « le commerce et d'administrer toutes les affaires relatives aux Indiens ». Ce pouvoir fut réitéré dans la Loi sur le commerce et les transactions de 1790, qui raffina la définition de « commerce » et d'« affaires » pour englober l'achat et la vente des terres indiennes. L'objet de ces deux lois était clair : peu importe les pouvoirs dont jouissaient les États, ces pouvoirs ne s'étendaient pas aux Indiens.

À compter de 1823, trois arrêts de la Cour suprême des États-Unis – *Johnson v. McIntosh, Cherokee v. Georgia* et *Worcester v. Georgia* – confirmèrent les pouvoirs dont le gouvernement fédéral s'était saisi arbitrairement et énoncèrent les droits concédés aux tribus.

Je suis toujours à l'affût du comique dans les documents historiques, du clin d'œil, du biais ironique, de tout ce qui rend un sujet ennuyeux un peu moins ennuyeux, de ce qui donne un peu de piment à un débat soporifique. Mais il n'y a vraiment rien de drôle dans ces trois arrêts, alors aussi bien aller droit au but.

Mil huit cent vingt-trois. *Johnson v. McIntosh.* La cour décrète que le simple citoyen n'a pas le droit d'acquérir des terres directement des Indiens. Étant donné que toutes les terres à l'intérieur de l'Amérique appartiennent au gouvernement fédéral par droit de découverte, les Autochtones ne peuvent vendre leurs terres qu'au gouvernement fédéral. Les Indiens possèdent un droit d'occupation, mais n'ont pas de titre de propriété sur ces terres.

Mil huit cent trente et un. *Cherokee v. Georgia.* L'État de la

Géorgie tente d'imposer ses lois à la nation cherokee. Les Cherokees font valoir qu'ils constituent une nation distincte et que, par conséquent, ils ne sont nullement assujettis aux lois de la Géorgie. La cour statue que les tribus indiennes ne sont pas des nations souveraines et indépendantes, mais des nations américaines soumises à l'État fédéral.

Mil huit cent trente-deux. *Worcester v. Georgia.* Cette affaire découle de l'arrêt *Cherokee v. Georgia.* Ayant statué que les Cherokees étaient une nation américaine soumise à l'État fédéral, la cour règle une fois pour toutes la question de la juridiction, statuant que la responsabilité des rapports avec les nations indiennes est la prérogative exclusive du Congrès et du gouvernement fédéral.

Ces trois jugements ont eu pour effet de remodeler unilatéralement les rapports entre Blancs et Indiens en Amérique. Les nations indiennes n'étaient plus des nations souveraines. Les Indiens se trouvaient minorisés à jamais et étaient déclarés pupilles de l'État. Ces arrêts n'ayant de valeur juridique qu'aux États-Unis, le Canada allait formaliser des rapports identiques avec ses Indiens un peu plus tard, en 1876, avec l'adoption de la Loi sur les Indiens. C'était désormais officiel. Tous les Indiens d'Amérique du Nord avaient rang de biens-fonds.

Quand elle a lu ce dernier passage et vu le mot *biens-fonds,* Helen, inquiète, m'a demandé : « Tu ne crains pas qu'on te reproche d'avoir dit que les Indiens étaient des esclaves ? » Elle s'inquiète pour rien. Nous ne sommes pas des esclaves… plutôt des meubles.

Les trois arrêts américains, au même titre que la Loi sur les Indiens du Canada, n'étaient pas des décisions isolées, séparées. Ils s'inséraient plutôt dans une opération concertée visant à encadrer les Indiens. Même si la maladie et les guerres avaient réduit radicalement les effectifs des tribus, il subsistait encore, de l'avis des décideurs, beaucoup trop d'Indiens. Trop d'Indiens, trop de tribus, trop de langues. Un immense fouillis. Ce qu'il fallait, c'était donner une forme définitive et gérable à ce pot-pourri de cultures. C'est donc sous l'empire de l'ignorance, du mépris, de la colère et de la commodité que l'Amérique du Nord s'est mise en frais de créer une seule entité qui représenterait l'ensemble.

L'Indien.

Ou comme l'aurait dit J. R. R. Tolkien : « Un nom pour les régir tous. Un nom pour les repérer, un nom pour les rassembler tous, et les assujettir dans les ténèbres. »

Personne ne pensait vraiment qu'il n'existait qu'un seul Indien. Personne n'a jamais dit qu'il n'y avait qu'un seul Indien. Mais dès que l'Amérique du Nord s'est mise à échafauder ses « programmes indiens », elle a procédé dans un esprit de standardisation. Au lieu de voir les tribus comme des États-nations distincts comme on en trouvait dans le Vieux Monde, l'Amérique du Nord s'est imaginé que les Indiens étaient essentiellement tous pareils. Bien sûr, un Mohawk n'était pas un Apache, un Cherokee n'était pas un Cheyenne, mais les différences entre Autochtones n'étaient qu'une question de degré.

Un pour tous. Tous pour un.

Désormais, la seule question qui subsistait était : qu'allons-nous faire de cet Indien ? À quoi l'Amérique du Nord pouvait-elle s'attendre de cet Indien ? Quelle serait la place de l'Indien, s'il en avait une, dans l'ordre nouveau ? Qu'allait-il devenir si on le dirigeait comme il le fallait ? Ces questions et leurs réponses allaient former l'assise de ce qu'on appellerait la « politique indienne ».

Avant le XIXe siècle, l'action militaire, par défaut, avait tenu lieu de politique indienne en Amérique du Nord. Au XIXe siècle, la diplomatie de la canonnade s'est enrichie de traités, d'opérations de déplacement et de réinstallation, toutes mesures rassemblées dans un grand plan qu'on appellera ici le « plan A ». Le plan A n'était pas tant une entreprise cohérente qu'une série de conjectures quant à la manière d'écarter l'Indien de la colonisation blanche et du développement économique.

Le plan A était également fondé sur un dessein. Quelqu'un déclencherait un conflit – peu importe qui – et l'armée accourrait à la rescousse. Un traité serait négocié avec la tribu, qui, si elle avait un peu de chance, serait contrainte de céder une part de ses terres, mais serait autorisée à en conserver un petit bout et à y vivre. Si elle jouait de malchance, la tribu ou la bande serait obligée de céder toutes ses terres et d'aller s'installer dans un lieu qui serait choisi pour elle.

À l'époque coloniale, les puissances européennes ont conclu de la sorte plus de 1 500 traités avec les peuples autochtones ; pour leur part, les États-Unis et le Canada en ont signé plus de 500. Aux États-Unis, le premier traité fut conclu avec les Delaware en 1778, et le dernier, avec les Nez-Percés en 1868. La négociation de tels traités fut interdite par la loi en 1871, soit la même année où le Canada *a commencé* à négocier des traités, notamment les onze traités numérotés avec les bandes autochtones de l'Alberta, de la Colombie-Britannique, du Manitoba, de l'Ontario, de la Saskatchewan et des Territoires du Nord-Ouest. Le dernier de ces soi-disant traités « historiques » a été signé en 1923 avec les nations chippewa et mississauga, alors que le dernier traité « moderne » a été conclu en 2000 avec les Nisga'a ; mais avec toutes les revendications foncières des Autochtones qui émergent à l'horizon, il se pourrait fort bien que d'autres traités soient signés.

Les traités de paix auraient dû être la solution au contentieux Indiens-Blancs, mais comme le signale Vine Deloria fils, « l'Amérique n'a jamais respecté un seul traité ou une seule entente avec les Indiens». Les généralisations sont toujours suspectes, mais je ne suis pas sûr que Deloria ait tort. Je ne sais pas du tout ce que cet auteur pensait des états de service du Canada quant au respect de ses promesses aux peuples autochtones, mais je doute qu'il eût été impressionné.

Plus d'un savant a fait valoir que les traités n'ont jamais eu pour objet de devenir des ententes susceptibles de résister à l'usure du temps, que c'était simplement la chose commode à faire sur le coup. Comme le voulait l'idée reçue du temps, les Indiens dépérissaient. Dans cinquante ou cent ans, il ne resterait plus un Indien debout, et les questions épineuses et logistiques que les articles des traités poseraient à long terme seraient résolues naturellement par l'attrition. Entre-temps, toutefois, l'action conjuguée des opérations militaires, des traités et du mythe de l'extinction des Indiens n'arrivait pas à contenter la demande pour l'espace. Même s'ils ne posaient plus de menace militaire, même si on les avait contraints à céder de vastes espaces de terre, les Indiens, bien que ce ne fût pas leur faute, continuaient de gêner.

Malcommodes, comme toujours.

La raison officielle de tous ces déplacements et de toutes ces réinstallations était le bien des Indiens. En écartant les Indiens du cheminement de la colonisation blanche, on allait réduire le risque de conflits. En séparant les Indiens des Blancs, on allait éviter le racisme. En réinstallant les Indiens ailleurs, on les éloignerait des vices blancs, comme l'alcool. Soustraits à la vue des Blancs et mis à l'abri des influences corruptrices de la culture blanche, les Indiens pourraient conserver leur culture dans la paix.

Ah, et soit dit en passant, les Indiens avaient plus de terres qu'il ne leur en fallait, tellement qu'ils ne savaient qu'en faire; ils en avaient plus qu'ils n'en méritaient, même.

La mainmise sur les terres indiennes fut massive aux

États-Unis, où les vagues de colonisation prirent les proportions d'un raz-de-marée. En 1763, les Britanniques tentèrent
d'endiguer ce tsunami par la voie d'une proclamation qui
interdisait la colonisation blanche à l'ouest des Appalaches.
Mais il n'était pas question d'en faire une frontière perma-
nente. C'était plutôt un stratagème visant à maintenir la paix
avec les tribus habitant entre les Appalaches et le Mississippi,
tout en facilitant la colonisation lente et ordonnée de l'ouest
transappalachien. Mais en 1763, il était déjà trop tard pour
établir de telles lignes et faire preuve de tant de prudence. La
frontière avait déjà été franchie illégalement, et les colons
affluaient toujours plus nombreux. Étant donné qu'aucun
politicien n'osait froisser les électeurs de l'Ouest en les évin-
çant, il fut décidé qu'on déplacerait les Indiens.

N'importe où sauf ici.

Aux États-Unis, le sentiment en faveur de l'éviction des
Indiens, par la force, hors des terres que les Blancs convoitaient, datait de l'époque coloniale, mais ce mouvement reçut
l'imprimatur du législateur à l'orée du XVIIIe siècle, avec Thomas Jefferson. En 1802, le gouvernement fédéral demanda à
la Géorgie de lui céder la partie ouest de son territoire. La
Géorgie donna son accord, mais seulement à la condition que
le gouvernement fédéral obtienne un titre foncier sur toutes
les terres détenues par les Indiens à l'intérieur des nouvelles
frontières de l'État, et que ce titre lui soit cédé. En 1803, Jefferson ébaucha un amendement à la Constitution qui autorisait
le Congrès à échanger les terres situées à l'ouest du Mississippi, qui avaient été acquises à la faveur de la vente de la Louisiane par la France, pour les terres que les tribus occupaient à
l'est. L'amendement ne fut jamais ratifié, mais en 1804 le
Congrès vota une loi autorisant le président à mettre en
œuvre une telle politique. Le plus tôt serait le mieux.

Les tribus n'étaient pas particulièrement empressées de

déménager leurs pénates, mais les intentions des Blancs et de leur gouvernement étaient on ne peut plus claires. En 1804, Henry Harrison, le gouverneur de l'Indiana, « négocia » un traité avec un petit groupe de chefs sauks qui étaient venus chez lui discuter du sort d'un de leurs guerriers, accusé du meurtre de trois colons. Harrison leur offrit de libérer l'homme si les Sauks acceptaient d'indemniser les familles des colons tués, ce qui ne posait pas de problème étant donné que c'était la coutume des Sauks de toute façon. Mais Harrison voulait davantage. Il insista aussi pour que les Sauks signent un traité en vertu duquel ils céderaient toutes leurs terres en Illinois et au Wisconsin. D'après diverses versions, Harrison aurait intimidé les chefs sauks ou les aurait enivrés jusqu'à ce qu'il obtienne leur signature. Le fait que les chefs sauks n'étaient nullement autorisés à négocier cet accord ne dérangea pas le moins du monde Harrison ni les politiciens de Washington.

En fait, des scénarios comme celui-là étaient monnaie courante, la coercition prenant diverses formes. Si une tribu ou une bande refusait de signer un traité ayant pour effet de la déplacer, les responsables gouvernementaux s'arrangeaient toujours pour trouver quelques membres de la tribu qu'on pouvait convaincre de signer, et alors le traité était appliqué à toute la tribu. Les Autochtones qui s'opposaient à de tels traités ou à de telles tactiques étaient menacés de représailles militaires. Pour contraindre la tribu à obéir, on retenait les paiements prévus par un traité précédent. On pouvait aussi priver les Indiens de leur source d'alimentation, comme le bison, en massacrant des troupeaux entiers pour les ramener à la raison. Telles furent les méthodes employées pour forcer les Choctaws à signer le traité de Doak's Stand en 1820 ou pour contraindre Big Bear à signer le traité numéro 6 en 1876. L'éviction devint politique nationale aux États-Unis lorsque le président Andrew Jackson promulgua la Loi sur le déplacement des Indiens en 1830. La même année, lors de son deuxième message annuel au Congrès, Jackson motiva ainsi sa politique : « Envers les indigènes de mon pays, personne n'a autant d'amitié que moi, et personne n'en fera autant que moi pour mettre fin à leur errance et en faire un peuple heureux et prospère. »

Puis il posa la question rhétorique à laquelle toute l'Amérique du Nord blanche connaissait la réponse.

« Est-il un seul brave homme sur terre qui préférerait un pays couvert de forêts et habité par quelques milliers de sauvages à notre république grandissante, constellée de villes, de bourgs et de fermes prospères, embellie par toutes les améliorations que l'art peut inventer ou que l'industrie peut mettre en œuvre, occupée par 12 millions de gens heureux et comblée par tous les bienfaits de la liberté, de la civilisation et de la religion ? »

Ben, si c'est vous qui le dites…

Le gouvernement américain a peut-être été lent à remédier aux ravages de l'ouragan Katrina lorsque celui-ci a dévasté la côte du golfe en 2005, ou lors du déversement pétrolier de la British Petroleum en 2010, mais en 1830, il n'a pas perdu une seconde pour mettre en œuvre la loi autorisant l'expulsion des Indiens de leurs terres ancestrales. Dès que la loi a pris effet, les Choctaws de l'Alabama, du Mississippi et de la Louisiane ont été chassés vers le Territoire indien. La même année, les Shawnis ont été boutés hors de l'Ohio. L'année suivante, ce fut au tour des Ottawas et des Wyandots ; l'Ohio devenait ainsi une terre libre d'Indiens. En peu de temps, les Creeks, les Chickasaws, les Cherokees et un grand nombre de Séminoles ont été expulsés vers l'ouest. En 1840, la vaste majorité des tribus à l'est du Mississippi avaient été déplacées à l'ouest du fleuve, dans ce qui allait devenir l'Oklahoma.

Les Cherokees appellent leur exode de la Géorgie « *nunna daul isunyi* », ou « la piste où ils ont pleuré ». Des quelque 17 000 Cherokees, plus de 4 000 moururent sur le chemin de l'exil. Certains historiens estiment qu'il en mourut bien plus. D'autres disent qu'il en mourut moins. Peu importe le chiffre exact, la piste des Pleurs représenta peut-être le plus grand massacre d'Indiens de l'histoire de l'Amérique du Nord. Ça ne vous rappelle pas la destruction des tours jumelles du World Trade Center ?

Choctaws, Chickasaws, Creeks, Séminoles, Cherokees, Shawnis, Ottawas, Potawatomis, Sauks et Renards, Osages, Kickapous, Wyandots, Ho-Chunks, Kaskaskias, Peorias, Miamis, Delaware, Illinois, Modocs, Otos, Poncas, Sénécas, Cayugas, Tuskegees, Quapaws. Tels sont les noms de quelques tribus qui furent chassées de leurs foyers au milieu du XIXe siècle. À la lecture des comptes rendus de ces exodes, ce qu'on ne voit pas, c'est qu'il s'est agi de bouleversements massifs qui, dans de nombreux cas, ont brisé les reins de la communauté entière. Personne ne connaît le nombre exact d'Indiens qui furent exilés dans les années où le déplacement forcé a tenu lieu de politique nationale, mais rien que pour les Choctaws, les Chickasaws, les Cherokees et les Séminoles, le chiffre se situe probablement entre 75 000 et 100 000 âmes. Combien d'hommes et de femmes périrent à la faveur de ces réinstallations ? Personne ne le sait. À l'époque, personne ne comptait. Tout le monde s'en foutait. Et tout le monde s'en fout encore aujourd'hui.

Bon, d'accord, les tribus ne s'en foutent pas. Mais elles ont un parti pris, vous le savez bien.

Le Canada n'avait pas de politique de déplacement des populations indiennes ; en tout cas, sûrement rien d'équivalent à ce que connaissaient nos cousins du Sud, ni à la même échelle. Cependant, le gouvernement d'ici a pratiqué ce qu'il appelait des « transferts de personnes », soit le déplacement de familles, de groupes et de petites bandes d'un endroit à un autre pour diverses raisons. Aux États-Unis, ces exodes s'inscrivaient dans une stratégie nationale visant à chasser les Autochtones des meilleures terres pour les empêcher de faire obstacle à la colonisation blanche. Au Canada, on recourait aux réinstallations pour mettre en œuvre les objectifs déclarés – protection, civilisation et assimilation – de la politique autochtone.

Le rapport de 1996 de la Commission royale sur les peuples autochtones résume joliment cette politique de réinstallation :

> Comme l'indiquent les exemples présentés dans les pages qui suivent, les fonctionnaires considéraient les autochtones comme des êtres incultes et démunis, n'appartenant pas à la société moderne et généralement incapables de faire de bons choix. Confrontés à la tâche énorme de s'adapter à cette société moderne, les autochtones faisaient face à de nombreux problèmes et le gouvernement pensait que son aide était indispensable. S'ils manquaient de nourriture, on pouvait les réinstaller dans une région plus giboyeuse. S'ils étaient malades, on pouvait les envoyer dans de nouveaux villages où ils pourraient bénéficier de services de santé et de commodités comme les égouts, l'eau et l'électricité. S'ils paraissaient indolents, ces nouveaux villages leur offriraient des services d'éducation et de formation qui permettraient leur intégration dans l'économie de marché. S'ils nuisaient au développement agricole ou s'ils occupaient des terres convoitées pour l'expansion urbaine, on pouvait les transplanter « pour leur propre protection ». Et s'il arrivait que les territoires tradi-

tionnels autochtones soient riches en ressources naturelles (minéraux, forêts, rivières offrant des possibilités de barrages), on pouvait les réinstaller ailleurs «dans l'intérêt national».

La majorité des réinstallations au Canada débutèrent dans les années 1940, presque un siècle après les exodes massifs des Indiens aux États-Unis. On aurait pensé que le gouvernement canadien eût tiré des leçons de telles mesures et de telles politiques, mais peut-être que le vieil adage a du vrai, après tout : « Ceux qui ne comprennent pas les leçons de l'histoire sont condamnés à répéter ses erreurs.»

Après avoir vu ce qui s'est passé au cours des cinquante dernières années au Vietnam, en Irak et en Afghanistan, et combien d'argent il y a à tirer de telles opérations, je me demande si cet adage n'a pas aussi son corollaire : « Ceux qui comprennent les leçons de l'histoire ne sont que trop heureux de répéter ses erreurs.»

Tout de même, cent ans, c'est long. Le gouvernement canadien n'avait pas de raison précise de se souvenir de ce qui avait été fait aux Cherokees dans les années 1840. Après tout, la plupart des gouvernements ne se rappellent même pas les promesses qui leur ont valu d'être élus. Cent ans ? En termes politiques, cent ans, c'était l'époque où les dinosaures rôdaient sur la planète.

J'ai dit que la majorité des réinstallations ont débuté dans les années 1940. Et c'est vrai. Mais les pratiques qui allaient constituer la politique officieuse ont commencé beaucoup plus tôt. En 1836, le gouverneur général du Canada, Francis Bond Head, eut cette bonne idée paternaliste affirmant qu'il fallait protéger les Indiens des vices des Blancs. Pour y arriver, décida-t-il, le mieux était de les éloigner le plus possible des colonies blanches. Donc, en 1836, au moment où la Géorgie s'apprêtait à évincer les Cherokees, Head arracha près de 600 000 hectares de terres au sud d'Owen Sound, en Ontario, qui appartenaient aux bandes newash et saugeen des Ojibwés. Les Ojibwés aboutirent dans ce qui est maintenant la péninsule de Bruce, avec la promesse que la région serait protégée à jamais des incursions des colons blancs.

À jamais, hein ?

Vingt ans plus tard, la bande newash fut contrainte de céder sa réserve de 4 000 hectares une fois de plus pour faire place à l'expansion blanche. Il y eut d'autres « cessions » comme celle-ci en 1851, en 1857 et en 1861 ; les Ojibwés de la région furent contraints de se replier sur des parcelles de terre de plus en plus exiguës.

« À jamais », c'est vite dit, quoi. Une notion plus conditionnelle qu'absolue.

Plus à l'ouest, les Songhees de l'île de Vancouver se firent jouer le même tour avec la même locution adverbiale. En 1850, James Douglas, le facteur en chef de la Compagnie de la Baie d'Hudson, signa un traité avec les Songhees où la bande céda de grandes terres en échange d'une parcelle plus petite qui serait détenue par eux et leurs descendants à perpétuité.

À jamais. Encore une fois.

En 1859, les braves gens de Victoria commencèrent à en avoir assez de leurs voisins indiens et demandèrent que les Songhees soient déplacés. Douglas s'y opposa, ce qui était tout à son honneur, mais peu après qu'il eut pris sa retraite, en 1864, l'enthousiasme pour la réinstallation des Indiens se réveilla en force. Finalement, en 1911, les gouvernements fédéral et provincial s'entendirent pour déplacer les Songhees sur une réserve près d'Esquimalt. Après tout, les Songhees, si l'on en croit l'idée reçue qui avait alors cours, ne faisaient qu'occuper la terre. Ils ne la possédaient pas vraiment. Ils ne l'avaient pas mise en valeur. Ils n'en comprenaient pas la vraie valeur. *Ergo,* ils ne la méritaient pas. *Ergo.* Il n'y a rien comme un peu de latin pour ennoblir un raisonnement fallacieux.

En 1935, les Métis de Sainte-Madeleine au Manitoba se virent imposer la Loi sur le rétablissement agricole des Prairies, qui autorisait le gouvernement à convertir en pâturages des terres jusque-là réservées à la culture dans le but d'endiguer l'érosion du sol. En vertu de cette loi, lorsque les pâturages étaient créés et que les occupants étaient déplacés, les fermiers devaient être indemnisés et réinstallés sur des terres proches de celles qu'ils avaient occupées jusqu'alors. Mais, techniquement, cette mesure ne s'appliquait qu'aux fermiers qui avaient acquitté la taxe foncière. Étant donné que les Métis vivaient à Sainte-Madeleine et travaillaient la terre depuis 1900 environ, en vertu de la Loi sur le rétablissement agricole des Prairies, ils n'avaient pas le même statut juridique que leurs voisins blancs. Même s'ils occupaient la terre et qu'ils la cultivaient, ils furent déclarés squatters et évincés séance tenante. Leurs maisons furent rasées par le feu et leur communauté fut détruite. Pas un sou d'indemnisation. Pas de terres non plus pour remplacer celles qu'ils avaient perdues. Les Métis de Sainte-Madeleine ne furent pas réinstallés. Ils furent seulement déplacés.

Mais en 1942, environ 2 000 Micmacs vivant dans une vingtaine de localités éparpillées en Nouvelle-Écosse *furent* réinstallés. Le gouvernement décida de concentrer tous les Micmacs dans les deux colonies les plus importantes, celles d'Eskasoni et de Shubenacadie. Comme les Micmacs étaient majoritairement catholiques, le gouvernement s'assura de l'appui de l'Église pour mettre en œuvre son plan de réinstallation. L'Église n'était que trop heureuse de l'aider à vendre l'idée de réinstallation, étant donné que la concentration des

Micmacs faciliterait de beaucoup la mission qu'elle avait de les catéchiser et de favoriser leur assimilation. Les Micmacs d'Eskasoni et de Shubenacadie n'étaient pas contents de se voir inondés par tous ces nouveaux résidents, et les Micmacs visés par les mesures de réinstallation n'étaient pas contents de déménager. Les deux groupes se plaignirent, écrivirent des lettres de protestation et prièrent le gouvernement de revenir sur sa décision.

Autant labourer la mer.

Bien sûr, les Micmacs furent « consultés ». Après tout, le Canada est, si l'on en croit le Canada, une société juste. Il y eut des réunions. Des fonctionnaires armés de cartes, de tableaux et d'organigrammes allèrent trouver les Micmacs pour leur parler de leur avenir. Les fonctionnaires, qui étaient parfois accompagnés d'un membre éminent de la communauté, parfois d'un ecclésiastique, firent le siège des Micmacs : exhortations, plaidoyers, cajoleries, harcèlement, menaces même, tout était bon. Dans certains cas, des accords de réinstallation furent conclus ; dans d'autres cas, non. La seule constante dans ces procédures fut que, bien avant que le gouvernement n'eût proposé l'idée de réinstallation aux gens sur place, Ottawa avait déjà décidé de ce qu'il allait faire, avait déjà décidé de ce que les Autochtones voulaient, ou avait décidé que ce que les Autochtones pensaient n'était pas si important que ça, après tout, et ne pèserait pas bien lourd dans la balance quant à l'issue des « négociations » et des « consultations ».

Est-ce que la réinstallation – ou, comme le gouvernement disait, la « centralisation » – allait profiter aux Micmacs ? Là ne fut jamais la question. Nous savons que le gouvernement cherchait à diminuer ses dépenses, et que la centralisation des Micmacs était une bonne chose d'un point de vue administratif. Et qu'en était-il des promesses concernant les maisons, les emplois, un meilleur avenir ?

La réinstallation des Micmacs débuta en 1942. En 1944, seulement dix maisons avaient été bâties à Eskasoni et à Shubenacadie. En 1946, nombre des familles qui avaient été déplacées vers les deux réserves logeaient toujours sous la tente. En 1948, le chômage à Eskasoni et à Shubenacadie était endémique, même chez les premiers résidents, et toute la communauté vivait de l'aide sociale. En 1949, le gouvernement finit par admettre que la réinstallation n'avait pas permis de réaliser les économies dont on avait rêvé et mit fin au programme, laissant les Micmacs encore plus mal en point qu'ils ne l'étaient avant que celui-ci ne soit mis en œuvre.

Cela dit, ces leçons ne semblent pas avoir beaucoup influencé la pensée d'Ottawa, et dans les années 1950 et 1960, le gouvernement canadien est allé de l'avant avec d'autres plans de réinstallation douteux. On ne fut pas long à faire pâtir les Inuits de Hebron et de Nutak au Labrador, les Sayisis Dénés du Manitoba, plusieurs bandes du Yukon – Aishinik, Champagne, White River, Ross River et Pelly River –, les Gwa'Sala et les 'Nakwaxda'xw de Colombie-Britannique, et les Innus Mushuaus de Davis Inlet au Labrador.

Vous savez ce qu'on dit, hein? Si ça ne marche pas du premier coup, réessayez. On appelle parfois cet effort « persévérance », et c'est la marque d'une volonté forte. Parfois, cela s'appelle aussi « entêtement », et c'est un signe d'immaturité. Chez l'humain, une des définitions de la folie, c'est de faire et refaire la même chose sans arrêt, et de la même manière, et de s'attendre à des résultats différents. De la part d'un gouvernement, un tel comportement a pour nom... « politique ».

Mais il ne faut pas s'en faire pour si peu. Si nous allons vivre un jour sur d'autres planètes et que nous y trouvons un monde nouveau qui peut soutenir notre vision de la vie, et que nous décidons de coloniser les lieux, il vaudrait mieux tenir le ministère des Affaires indiennes du Canada et le Bureau américain des affaires indiennes aussi loin que possible.

Les déplacements forcés des Saugeens, des Songhees et des Métis de Sainte-Madeleine sont des exemples précoces de la manière dont on tassait du chemin les peuples autochtones. Mais comme la plupart des réserves n'avoisinaient pas les colonies blanches, de tels déplacements, au Canada du moins, ne constituaient pas la règle.

Ce n'est qu'après la Seconde Guerre mondiale, lorsque l'économie a repris du mieux, que les Indiens d'Amérique du Nord se sont vus déplacés et réinstallés de nouveau, cette fois pour faire place aux grands chantiers industriels. En particulier aux barrages hydroélectriques.

De la Colombie-Britannique à la Pennsylvanie, de la Saskatchewan au fleuve Missouri, des Territoires du Nord-Ouest à l'Arizona, du Québec à l'État de Washington, du Labrador à la Californie, l'Amérique du Nord contracta la fièvre des barrages. La plupart de ces barrages furent édifiés sur des terres indiennes. Le Génie militaire américain, en particulier, savait déterminer avec une régularité surprenante que les meilleurs sites se trouvaient sur des terres indiennes, comme par hasard. Même s'il existait des sites plus commodes sur des terres non autochtones.

Les barrages aux États-Unis et au Canada ont détruit des ressources de pêche et de chasse, inondé des villages et des lieux sacrés, et contraint des Autochtones à la réinstallation. Une des blagues qu'on entendait en pays indien au début des années 1960, lorsqu'on construisait le barrage de Kinzua, en Pennsylvanie, disait que si Custer avait emmené avec lui deux ou trois ingénieurs du Génie militaire, ils auraient bâti un barrage sur la Little Bighorn, noyé les Lakotas et les Cheyennes, et loti assez de terrains avec vue sur le lac pour financer toute la campagne de Custer.

Helen me dit que j'aurais intérêt à appuyer mes généralisations de quelques exemples. Pas de problème, je peux faire
ça les yeux fermés.

Initialement autorisé par la Loi sur le contrôle des inondations (1944), le plan Pick-Sloan pour la maîtrise des
inondations et la navigation sur le fleuve Missouri visait à
créer un réseau de barrages et de réservoirs, au détriment de
plus d'une vingtaine de tribus dont les terres étaient situées le
long du bassin du Missouri. Aucune de ces tribus ne fut
consultée. Le Génie militaire ne tint aucun compte des divers
traités encore en vigueur, acquit les terres par voie d'expropriation et édifia ses barrages.

Alors que le plan Pick-Sloan touchait près de 23 réserves,
contraignant plus de 1 000 familles à aller s'installer ailleurs et
inondant environ 155 000 acres de terres agricoles appartenant aux Indiens, les ingénieurs n'inondèrent aucune des
villes non autochtones le long du Missouri.

En 1967, on entreprit de construire le barrage hydroélec-
trique de Churchill Falls, à Terre-Neuve, en dépit des objections des Innus, qui perdirent plus de 1 900 milles carrés de
terres vouées à la chasse et à la trappe traditionnelles, à cause
des inondations qui s'ensuivirent.

En 1971, le chantier de la baie James sur la rivière
La Grande, dans le nord-ouest du Québec, en violation
des traités antérieurs avec les Cris et les Inuits, inonda
plus 11 500 kilomètres carrés de terres autochtones et força la
réinstallation d'un certain nombre de villages indiens. Les
thuriféraires de Québec et d'Ottawa se plaisent à rappeler
qu'en 1975 les Cris et les Inuits renoncèrent librement à leurs
droits sur le territoire qui serait inondé quand ils signèrent la
Convention de la Baie-James et du Nord québécois, en
échange de quoi ils reçurent des droits exclusifs de chasse et
de pêche sur un grand bloc de territoire de remplacement,

ainsi que 250 millions de dollars en indemnisation. L'entente fut célébrée comme étant un modèle de « coopération entre Blancs et Autochtones » – sauf qu'il est difficile ici de voir où est la coopération. Les Cris et les Inuits ne furent pas consultés à propos du projet. On ne tint aucun compte de leurs objections les plus vives : Québec et Ottawa se foutaient pas mal de ce qu'ils pensaient ou voulaient. Et la convention qui a été signée en 1975 ? Eh bien, c'est surtout que les Cris et les Inuits ont fait contre mauvaise fortune bon cœur.

Assez d'exemples. Vous pouvez vous renseigner vous-même sur Kemano et les Cheslattas, Grand Rapids et les Chemawawins, Glen Canyon et les Navajos, Warm Springs et les Pomos, Shasta et les Winnemem Wintus, et le resserrement du fleuve Columbia. Si le cœur vous en dit.

Ce qui doit être mentionné, cependant, c'est que les déplacements et les réinstallations, des initiatives fédérales dans les deux pays, ont permis aux Blancs de voler des terres autochtones et de disperser les Indiens à la grandeur du pays. Je sais que j'ai l'air d'avoir la dent dure. Bon, je dois l'admettre : si le vol est légalisé, ce n'est plus du vol. Je devrais donc peut-être m'excuser d'avoir employé le verbe *voler*.

S'approprier serait peut-être plus généreux et moins accusateur.

Le déplacement des Indiens à travers le continent, c'était un peu comme redécorer une maison très vaste. Les Cherokees ne peuvent plus rester dans le salon. Mettez-les dans la chambre d'amis. Les Micmacs prennent trop de place dans la cuisine. Allez, tous dans la salle de lavage ! Les Séminoles peuvent laisser la grande chambre à coucher et aller dans le solarium, et mettez les Songhees contre le mur du couloir, à l'étage. On verra bien ce que ça donne. Pour le moment, les Ojibwés, les Sénécas, les Métis et les Inuits pourront loger dans la remise derrière le garage. Mais qu'est-ce qu'on va foutre des Pieds-Noirs, des Mohawks, des Arapahos et des Paiutes?

Il reste des sacs à ordures?

Bien sûr, déplacer les Indiens, ce n'était pas assez. Les Autochtones étaient toujours dans le chemin, toujours encombrants. Dieu sait que l'Amérique du Nord a dépensé de l'argent et mis du temps – à travers la Loi de lotissement de 1887, la Loi de cessation et de réinstallation dans les années 1950, la Loi de cessation encore à la fin des années 1960, mais cette fois au Canada – à trouver des endroits où les mettre. Mais ces efforts ne semblaient jamais suffire. Même après que toutes les tribus eurent été chassées de cette maison métaphorique et relogées dans cette remise également métaphorique, les Indiens étaient encore dans le chemin. Pire, ils étaient encore des Indiens. Il est vrai que nombre d'Autochtones parlaient l'anglais ou le français, qu'un grand nombre s'étaient convertis au christianisme, qu'ils étaient nombreux à être devenus de petits entrepreneurs, mais la culture autochtone restait bien vivante en Amérique du Nord. Les mesures de déplacement et de réinstallation avaient réussi à disloquer et à troubler la vie des Autochtones, et à les dépouiller de leurs terres, mais ces politiques et pratiques n'avaient toujours pas réglé le problème indien.

Bon, d'accord : l'Amérique du Nord s'y connaît en résilience. Le plan A n'avait pas marché. L'heure du plan B avait sonné.

CINQ

Désolé...

Comment dire à quelqu'un que son monde n'est pas le seul qui existe?

LEE MARACLE, *Ravensong*

Chaque fois que j'entends autour de moi les mots plan B, il me revient en mémoire ce film notoirement exécrable scénarisé et mis en scène par Ed Wood en 1956.

Plan 9 From Outer Space

L e film fut tourné en tout juste cinq jours et coûta moins de 20 000 dollars, le gros du financement provenant d'un consortium d'églises baptistes. Comment Wood a réussi à persuader ces gens-là d'investir dans un film d'horreur et de science-fiction demeure un mystère. Mais la meilleure histoire à ce sujet raconte qu'il aurait convaincu les pasteurs que, si *Plan 9* marchait bien, les profits serviraient à tourner douze films, un sur chaque apôtre. Chose certaine, les pasteurs avaient pris leur rôle d'investisseurs au sérieux, exigeant que le titre original, *Grave Robbers From Outer Space* (qu'on pourrait traduire par *Les Pilleurs de tombeaux extraterrestres*), soit modifié, que tout propos jugé injurieux soit retranché du scénario et que tous les membres de la production soient baptisés. L'histoire du baptême obligatoire est probablement apocryphe, mais si c'était ça ou rien, Wood aurait sûrement dit oui.

Dans le film, les extraterrestres essaient d'empêcher les humains de fabriquer une arme capable d'anéantir l'univers.

En 1980, Michael Medved a écrit que *Plan 9* était peut-être le film le plus mauvais de l'histoire du cinéma ; mais quand je vois le film avec ses décors minables, son scénario pitoyable, son jeu d'acteurs tellement quelconque, sa réalisation nulle et les rumeurs de conversion obligatoire qui ont précédé le tournage, ça me rappelle la politique indienne de l'Amérique du Nord.

En effet, la politique indienne de l'Amérique du Nord dans la dernière moitié du XIXe siècle avait tous les attributs d'un mauvais film. C'était un truc à petit budget avec une intrigue simpliste : des politiciens, des soldats, des prêtres, des sociologues et des gens d'une bonne volonté à toute épreuve qui parcouraient l'Amérique du Nord, qui se sauvaient des Indiens en sauvant les Indiens d'eux-mêmes. Mais, contrairement à *Plan 9 From Outer Space*, le plan B ne prévoyait pas l'option consistant à se lever et à quitter le cinéma.

Pendant deux cent cinquante ans, Blancs et Indiens ont combattu en ennemis, en alliés aussi, ont fait la paix, ont enfreint la paix pour refaire la guerre, et se sont battus de nouveau. Mais quand la Grande-Bretagne, la France et les nouveaux États-Unis se sont concertés en 1783 pour négocier les détails du traité de Paris, qui mettrait fin officiellement à la révolution américaine, les Autochtones, qui avaient combattu du côté des loyalistes aussi bien que des insurgés, n'ont pas été invités aux négociations. Ils n'ont même pas été mentionnés dans les articles du traité.

La gratitude n'est pas de ce monde, je sais.

Les Indiens ont été mentionnés dans le traité de Gand, qui a mis fin à la guerre de 1812. L'article 9 stipulait que les États-Unis cesseraient toutes hostilités envers « les nations indiennes » et rendraient aux tribus « toutes les possessions, tous les droits et privilèges dont elles jouissaient jusqu'en 1811, avant le début des hostilités ». Les Américains oublièrent plus ou moins l'existence de cet article dès qu'ils eurent signé, mais ceux qui regardaient le film ne furent pas surpris le moins du monde.

Tout au long de l'histoire des rapports entre Blancs et Indiens en Amérique du Nord, deux tendances lourdes se sont démarquées : l'extermination et l'assimilation. L'extermination des peuples autochtones, à l'orée de l'époque coloniale, n'était pas considérée alors comme un « génocide » – mot qui n'est apparu qu'en 1944 sous la plume du juriste Raphael Lemkin –, mais plutôt comme une expression de la « destinée manifeste » – terme mis à la mode par les démocrates américains dans les années 1840 pour justifier l'agression contre le Mexique. L'extermination était également considérée comme une expression du « droit naturel », notion conçue par Aristote au IVe siècle avant Jésus-Christ et invoquée par l'humaniste Juan de Sepúlveda au XVIe siècle pour justifier l'asservissement des peuples autochtones des Caraïbes et du Mexique.

Les moyens d'extermination ne suscitaient guère d'états d'âme. Les balles, ça allait. La maladie aussi. La famine, ça passait. Dans l'esprit de beaucoup, il ne s'agissait pas là de cruautés autant que de variantes des principes sous-jacents à l'idée de la « survie du plus fort », expression forgée par Herbert Spencer qui allait devenir synonyme de la théorie de la sélection de Charles Darwin.

La seconde tendance, l'assimilation, prônait le salut et la perfectibilité humaine. L'une des questions qui tourmentaient les Espagnols consistait à savoir si les Indiens étaient ou non des êtres humains. Ce fut le sujet du grand débat organisé par le Vatican à Valladolid, en Espagne, en 1550 et 1551, où le prêtre Bartolomé de Las Casas plaida que les Indiens avaient une âme et devaient être traités comme tous les autres hommes libres, alors que le susmentionné Juan de Sepúlveda se fit le champion des propriétaires terriens, faisant valoir que les Indiens n'avaient pas d'âme et étaient donc des esclaves naturels. La thèse de Las Casas l'emporta, mais l'argument selon lequel « les Indiens ont une âme » ne fut guère plus qu'une victoire philosophique et n'eut aucun effet sur les actes des colonisateurs espagnols au quotidien dans le Nouveau Monde, qui continuèrent d'assujettir les Indiens pour en faire des esclaves sur leurs plantations.

Ni les Anglais ni les Français ne s'embarrassèrent de telles arguties. Pour ces deux nations, les Indiens étaient simplement des humains se trouvant au début de l'évolution de l'espèce. C'étaient des sauvages qui ne comprenaient pas le premier mot de la théologie orthodoxe, qui étaient privés de nuances linguistiques et indifférents aux belles manières. Des barbares, sûrement, et peut-être aussi des serviteurs du diable. Mais des êtres humains tout de même. Ainsi, nombre de colons croyaient que les Indiens pouvaient être civilisés et éduqués, qu'il y avait, chez l'Indien, de l'avenir pour les lumières.

L'extermination marqua les débuts de l'ère coloniale; l'assimilation vint plus tard, jusqu'à ce que, au XIXᵉ siècle, les deux notions finissent par former un amalgame de militarisme et de sociologie qui autorisa l'Amérique du Nord à mener une série d'agressions bénignes sur les peuples autochtones. Agressions facilitées par la supériorité des armes, la tromperie, la coercition, agressions qui visaient à démanteler la culture autochtone sous les coups du zèle missionnaire et du paternalisme humanitaire, et à lui substituer des valeurs que les Blancs reconnaîtraient.

Ces agressions furent isolées, ou réalisées en partenariat, et à partir de divers angles. En règle générale, les colons et les missionnaires d'une espèce ou d'une autre ouvraient la marche, les uns dépassant les autres dans les « espaces vierges ». Au Canada, ce furent les Français et les Jésuites, suivis par les Anglais et les anglicans, les méthodistes et les presbytériens. Dans le Nord-Est américain et le long du littoral atlantique, ce furent les Anglais et les puritains, les méthodistes, les baptistes et les presbytériens, avec une poignée de quakers et autres non-conformistes établis au Rhode Island. Dans le Sud-Est, ce furent les Espagnols avec les Jésuites et les Franciscains. Dans le Far West, le long du Pacifique, ce furent les Espagnols et les Franciscains, et beaucoup plus au nord, en Californie et sur la côte du Pacifique, ce furent les Russes et l'Église orthodoxe.

Francis Jennings, dans son livre *The Invasion of America*, a dit du christianisme qu'il était une « religion conquérante ». J'imagine qu'on peut en dire autant de la plupart des religions. Je ne peux pas en imaginer une seule qui serait une « religion de séduction », où les convertis seraient attirés par la beauté de la doctrine *et* la générosité de la pratique.

Peut-être le bouddhisme. En tout cas, pas le christianisme.

L'œuvre missionnaire au Nouveau Monde fut la guerre. Le christianisme, dans toutes ses variantes, a toujours été partie prenante de l'entreprise d'assimilation. Au XVIe siècle, il marqua la première blessure au flanc de la culture autochtone. Ou, si vous préférez les termes aimables, mais une vision quelque peu crapuleuse, vous pourriez dire que le christianisme fut la drogue qui conduisit à l'économie de l'offre.

George Washington et Henry Knox croyaient que les

Indiens avaient le potentiel voulu pour devenir blancs, et ils développèrent un plan « civilisateur » en six points pour arriver à ce but. Entre autres choses, le plan mettait de l'avant une justice impartiale envers les Indiens, la création d'expériences « éducatives » pour civiliser la société indienne, ainsi que la traduction en justice et des châtiments pour quiconque enfreindrait les droits des Autochtones.

Une justice impartiale ? Traduire en justice quiconque enfreint les droits des Autochtones ? Je suis tenté ici de verser dans l'amertume et le sarcasme, mais je suis sûr que Washington et Knox étaient sincères. Pour sa part, Knox était du côté des droits des Indiens et tenait à ce que l'on traite les nations indiennes comme étant souveraines, comme des nations étrangères. Knox écrivit à Washington : « Imaginez l'élévation que ressentirait un esprit philosophique à l'idée qu'au lieu d'exterminer une partie de la race humaine par nos modes de colonisation, nous surmontions toutes ces difficultés et transmettions enfin notre maîtrise de l'agriculture et des arts aux aborigènes du pays. » Knox ajoutait : « Certains ont cru qu'il ne serait guère pratique de civiliser les Indiens d'Amérique du Nord, mais c'est une opinion plus expédiente que juste. »

S'il s'avéra que la « justice impartiale » et la « protection des droits des Indiens » étaient des vues de l'esprit, il reste que la recherche de moyens permettant de civiliser l'Indien était une tendance présente dès les débuts de la colonisation européenne. Et alors que bon nombre des entreprises civilisatrices au Canada et aux États-Unis furent marquées par l'éducation d'une manière ou d'une autre – les travaux de ferme pour les hommes, la domesticité pour les femmes, avec un peu de lecture, d'écriture et d'arithmétique au passage –, presque toutes étaient ancrées dans le christianisme.

Enseignez aux Indiens à pêcher, mais enseignez-leur surtout à devenir des pêcheurs chrétiens. Après, vous pourrez leur vendre des cannes à pêche.

Ce qu'on espérait pour les Autochtones, c'est qu'avec un peu de formation et une petite poussée dans le dos, ils contribueraient à l'essor de la civilisation blanche d'Amérique du Nord. Mais surtout, pas de compromis entre les cultures. Au préalable, il fallait une reddition inconditionnelle. Les Indiens devaient renoncer à tous leurs biens et à toutes leurs croyances, en échange de ce que les Blancs avaient et de ce en quoi ils croyaient. On ne saurait être plus clair. La culture, la religion et les arts des Européens étaient supérieurs à la culture, à la religion et aux arts autochtones, et la preuve de cette supériorité résidait dans la puissance militaire du Canada et de l'Amérique.

Chaque fois que je pense à ça, il me revient en mémoire la série télévisée *Star Trek*, et en particulier les personnages des Borg, dont le cri de guerre est : « Toute résistance est inutile. Vous serez tous assimilés. » Paroles qui auraient pu être prononcées aussi bien par John A. Macdonald que par Andrew Jackson. Ou par Stephen Harper et George W. Bush.

Les points de départ possibles pour parler d'assimilation sont nombreux, mais les deux meilleurs sont : le Québec du XVIIe siècle et la Nouvelle-Angleterre du XVIIe siècle également.

Vers 1637, le jésuite Paul Le Jeune entreprit de bâtir un village indien catholique sur les bords du Saint-Laurent, près du Saguenay. Il profita ici du concours de Noël Brûlart de Sillery, ci-devant chevalier de l'Ordre de Malte et membre de la Compagnie des Cent Associés. Il s'agissait de créer une communauté d'Autochtones souhaitant se convertir au catholicisme et disposés à renoncer à leur mode de vie « nomade » et à s'adonner à l'agriculture. Le village fut appelé Sillery, du nom de son principal bienfaiteur. On y dénombrait 167 Indiens en 1647. Cependant, la religion européenne et l'agriculture n'étaient pas aussi attirantes que l'avaient espéré les Jésuites, et, à l'hiver de 1649, la population de Sillery ne se chiffrait plus qu'à deux hommes, les deux de race blanche. Les Jésuites entendaient édifier d'autres réductions de ce genre dans l'espoir que les Indiens quitteraient les bois pour jouir des bienfaits du christianisme. Ce que certains firent, d'ailleurs. Mais il est assez évident, si l'on en croit les archives, que lorsque les Autochtones cherchaient refuge dans de tels établissements, c'était surtout pour y trouver à manger, s'abriter temporairement et se mettre à l'abri des autres tribus.

Le puritain John Eliot, qu'on appelait « l'apôtre des Indiens », débarqua à Boston en 1631. Il s'était donné pour mission de convertir les Indiens à sa version du christianisme et, de 1645 à 1675, il fut la force motrice de la création de ce qu'on a appelé les « villages pieux ». Ces bourgs, qui étaient au nombre de quatorze environ, se trouvaient aux abords des colonies puritaines et fonctionnaient comme une sorte de maison de transition pour les Indiens que la conversion attirait. Dans ces avant-postes situés entre la sauvagerie et la civilisation, les Indiens seraient éduqués en anglais et initiés au christianisme et aux habitudes de la société civilisée.

L'idée n'était pas mauvaise, étant donné que ces bourgades étaient à mi-chemin entre la forêt et les installations puritaines, dans ce qu'on appellerait aujourd'hui la « première zone démilitarisée d'Amérique » ; mais elles devinrent la cible des tribus décidées à rejeter les colons à la mer, et celle des colons qui ne voyaient pas bien la différence entre les Indiens sympathiques et leurs parents plus ou moins rétifs. Lors de la guerre du roi Philip de 1675, ces bourgades furent assaillies par les membres des deux factions, et en octobre de cette année-là, les Indiens pieux, qui avaient fait le serment de leur loyauté aux puritains mais qui étaient encore considérés comme une menace, furent déportés à Deer Island, dans le port de Boston. C'était essentiellement un camp de concentration, le premier du genre en Amérique du Nord, mais malheureusement pas le dernier. La guerre s'acheva en 1676, mais les Indiens pieux restèrent sur leur île une année de plus. Soit dit en passant, Deer Island n'est plus une île, de nos jours, le chenal de Shirley Gut ayant été comblé par un ouragan en 1938. L'île abrite désormais l'usine de traitement des eaux usées de Deer Island, qui traite les eaux d'égout de quarante-trois villes et bourgs de la région. Des terres domaniales ceinturent l'usine, et on y trouve des pistes pour randonneurs et coureurs, des aires de pique-nique. Pour autant que je sache, il n'y a pas là de plaque ou de monument commémorant le souvenir des Indiens christianisés qui y furent cantonnés.

Au chapitre des œuvres d'assimilation, ni les villages jésuites du Bas-Canada ni les bourgades pieuses de la Nouvelle-Angleterre ne donnèrent de bons résultats. Mais ce fut tout de même un début dans l'entreprise assimilatrice, qui ouvrit la voie aux solutions qui vinrent après.

À la fin du XIXe siècle, le problème indien était toujours là. Oui, les Indiens avaient été défaits militairement. Oui, la plupart des tribus étaient parquées bien sagement dans les réserves. Oui, les Indiens mouraient de maladie et de faim en nombre rassurant. Oui, tout cela était juste et bon, mais les Indiens restaient les Indiens. Comment cela ? Comment les cultures autochtones pouvaient-elles résister à la toute-puissante civilisation occidentale ? Ou, comme on dirait familièrement, comment ces Indiens pouvaient-ils préférer aller encore à cheval alors que d'autres allaient en Chevrolet 1957 deux portes, décapotable, avec un moteur super-turbo V8 de 283 chevaux-vapeur ?

À moins de préférer la Ford, naturellement.

Bien sûr, la culture blanche avait peut-être un petit côté pingre, mesquin sur les bords. Cupide. Moralisateur. Grandiloquent. Mais ça, c'était dans la pratique, et non dans ce que l'on prônait officiellement. La Bible, il faut le dire, abonde en versets célébrant la paix, la bonne volonté, le partage. L'assimilation n'était pas une mauvaise chose en soi. C'est juste qu'on s'y était mal pris.

Prenant la parole en 1892 à la dix-neuvième Conférence annuelle sur les œuvres de charité et les services correctionnels, Richard Pratt, un capitaine d'infanterie de cinquante-deux ans, expliqua à l'auditoire comment on pouvait réaliser l'assimilation avec plus d'humanité et d'efficacité.

Commençons par l'éducation.

Le plan de Pratt était simple. L'Amérique du Nord devait tuer l'Indien afin de sauver l'homme en lui. « Tuez l'Indien en lui, et sauvez l'homme.» Ce furent ses paroles exactes. Le mot manquait peut-être de délicatesse, mais cela valait mieux que ce qu'avait proposé Henry Pancoast, un avocat de Philadelphie, en 1882 : « Il faut massacrer les Indiens ou les civiliser, et quoi que l'on fasse, il faut faire vite. »

Pour Pratt, le problème consistant à éduquer et à civiliser l'Indien ne tenait pas à la race ou à quelque défaut dans son sang. Il s'agissait ici de déterminisme environnemental. « C'est une grave erreur de penser que l'Indien est inévitablement né sauvage, disait Pratt. Comme nous tous, il naît pur. Notre plus grave erreur est d'aller porter notre civilisation aux Indiens au lieu de conduire les Indiens à la civilisation. »

Gentil, ça.

En 1879, Pratt ouvrit l'un des premiers pensionnats autochtones modernes à la caserne désaffectée de Carlisle, en Pennsylvanie. Tuez l'Indien, sauvez l'homme. On tenait là, enfin, la solution au « problème indien ». C'était là, enfin, un plan efficace pour l'assimilation. Tuez l'Indien, sauvez l'homme. C'était peut-être un peu tard pour codifier tout cela, mais la formule était concise et élégante dans sa simplicité. Si j'avais été Pratt, j'aurais été tenté d'afficher mon slogan au fronton de tout pensionnat autochtone au Canada et aux États-Unis. « Tuez l'Indien, sauvez l'homme. » Sauf que je l'aurais écrit en latin. Pour donner plus de poids à ma devise.

Intermino Indien, servo vir.

Peut-être que le fameux avertissement de Dante aux portes de l'enfer, « *Lasciate ogne speranza, voi ch'intrate* », aurait été plus indiqué. Plus honnête, aussi. Sauf que c'est de l'italien et non du latin. Non pas que les enfants autochtones franchissant les portes des pensionnats auraient vu la différence. Ou s'en seraient émus.

Toute la question était là, évidemment. Quand l'Amérique du Nord parlait de l'éducation et de l'assimilation des Autochtones, elle ne parlait pas des Indiens d'âge adulte, « ces vieux dont on ne peut plus rien tirer », comme les appelait le révérend E. F. Wilson, fondateur du pensionnat Shingwauk de Sault-Sainte-Marie, en Ontario. L'Amérique du Nord avait renoncé depuis longtemps à corriger ceux-là. Si l'éducation avait la moindre chance de s'implanter dans les communautés autochtones, elle devait passer par les enfants.

L'idée d'éduquer les enfants autochtones n'était pas née avec Richard Pratt. Les Églises catholique et protestante avaient mené leur propre guerre privée avec leurs missions bien avant que Pratt n'ouvre son École indienne des métiers de Carlisle. En 1885, J. A. Stephan, le directeur du Bureau catholique, réclama la construction immédiate d'un plus grand nombre d'écoles catholiques sur les réserves. « Si nous faisons cela, nous allons faire un bien immense, mettre la main sur les Indiens et en faire de bons catholiques ; si nous omettons d'agir encore longtemps, le gouvernement et les protestants vont ouvrir des écoles avant nous dans toutes les agences. Ainsi, il n'y aura plus de place pour nos institutions, et les Indiens seront perdus pour nous.» Francis Paul Prucha, un savant et historien jésuite, parle de la bataille que se livrèrent catholiques et protestants pour ouvrir des écoles sur les réserves dans son livre *The Churches and the Indian Schools, 1888-1912*. À lire l'ouvrage de Prucha, qui est abondamment référencé en sources primaires, on a distinctement l'impression que le souci premier des missions catholiques et protestantes n'était pas tant l'éducation des Indiens que la concurrence pour les conversions.

Les écoles prirent les formes les plus diverses. Les premières étaient essentiellement des écoles de jour situées sur les réserves, où les petits Indiens restaient en contact avec leur famille et leur culture. Cependant, presque tout de suite, ces établissements s'avérèrent inopérants. Tant que l'enfant restait dans sa communauté, tout progrès dans le sens de l'assimilation était contrecarré par la force de la culture indienne.

Le second groupe d'écoles était composé d'écoles de jour et de pensionnats situés près des réserves, et conçus en partie pour limiter l'accès des enfants indiens à leurs familles et à leurs communautés. François Xavier, un des fondateurs de l'ordre des Jésuites, aurait dit : « Confiez-moi un enfant jusqu'à l'âge de sept ans, et j'en tirerai un homme.» Mais ça, franchement, n'importe quel imbécile aurait pu le dire. C'est justement le but de la publicité : former des générations de consommateurs fidélisés pour toujours à certains produits. Et que ça plaise ou non, la religion et la culture sont des produits comme les autres. Tout comme les hot-dogs et les céréales givrées.

Du point de vue des Églises, limiter l'accès de l'enfant à sa culture, limiter l'influence de « ces vieux dont on ne peut plus rien tirer» tombait sous le sens. Pourquoi donner le choix aux enfants si cela ne faisait que les troubler ? Pourquoi les exposer aux croyances traditionnelles quand le but des écoles était de les christianiser et de les civiliser ? Les écoles hors réserve et les pensionnats étaient plus efficaces que les établissements sur les réserves lorsqu'il s'agissait de contrôler l'accès à la famille et à la communauté, mais on était encore loin de la solution parfaite.

Puis, en 1879, vinrent Richard Pratt et son École indienne des métiers de Carlisle.

Carlisle fut le premier véritable pensionnat hors réserve. En sa qualité d'ancien officier de l'armée américaine, Pratt connaissait les Indiens depuis longtemps. Il avait combattu contre les tribus des Plaines du Sud-Ouest. Il avait été le directeur de la prison de Fort Marion à St. Augustine, en Floride, où l'on avait interné soixante et onze Indiens en 1875. C'est dans cette prison que Pratt s'était mis à songer aux moyens d'assimiler les Indiens, et ce furent ses antécédents comme officier d'active et directeur d'établissement pénal qui animèrent son action à Carlisle.

Le modèle de Carlisle préconisait une école située aussi loin que possible de toute communauté autochtone. On insistait pour que le contact entre les parents et les élèves soit grandement réduit, ou alors complètement supprimé. On y interdisait le respect des traditions indiennes et l'emploi des langues autochtones. On enseignait aux enfants à lire et à écrire en anglais, on les encourageait à adhérer à la confession protestante, et on leur enseignait divers métiers comme l'agriculture, la boulangerie, l'impression, la tenue de maison, la cuisine et la cordonnerie. Il ne manquait que la production de plaques d'immatriculation, comme dans les prisons d'aujourd'hui.

Je plaisante quand je mentionne la production de plaques d'immatriculation, mais le modèle de Carlisle ressemblait, selon les sensibilités, à un camp de recrues militaires ou à une prison. Ou aux deux. En 1909, on comptait quelque 25 écoles basées sur le modèle de Carlisle aux États-Unis, en plus des 157 pensionnats sur les réserves et des 307 écoles de jour. Quand j'ai eu quinze ans, j'ai abouti dans un pensionnat catholique à Sacramento, en Californie, qui était dirigé par les Frères des écoles chrétiennes. Je me rappelle qu'adolescent je donnais des cheveux gris à ma mère. Je n'avais pas de père, et je crois que ma mère craignait que mes tendances délinquantes ne fussent attribuables en partie à l'absence de modèle masculin ou de mentor. Si je me regarde avec les yeux de ma mère à l'époque, je comprends comment elle a pu penser que la maison des Frères des écoles chrétiennes ferait le plus grand bien au jeune homme que j'étais.

L'école avait une liste infinie de règlements, qui étaient appliqués avec un enthousiasme martial, et l'on y prévoyait un assortiment de misères et d'indignités généreusement distribuées. Chez moi, je n'avais jamais été frappé, mais chez les Frères, je recevais des coups de règle sur les jointures pour avoir parlé en classe, ou on m'allongeait des coups de baguette sur les épaules pour avoir fait de l'esprit. J'ai reçu des coups sur les mollets pour diverses infractions, et une fois j'ai même mangé un coup de pied parce que je n'avais pas quitté la salle de récréation assez vite. Mais, en tout et pour tout, c'était peu de choses. Un peu comme ces initiations brutales qu'on vous sert dans les fraternités étudiantes. Ou comme se faire rosser par un brigand.

Puis, il y avait la bouffe. En guise de petit déjeuner, on nous servait la plupart du temps une sorte de porridge gris et sans saveur, ce que Basil Johnston appelle, dans ses mémoires où il traite de son séjour au pensionnat, *Indian School Days,* une « triste bouillie ». Fred Lazenby, un gars de l'école qui semblait courtiser les ennuis, disait de la cuisine que c'était

« de la merde servie sur un bardeau ». Des années plus tard, j'ai appris que « de la merde sur un bardeau » était une métaphore pittoresque désignant des copeaux de bœuf servis sur un toast, mais à l'époque, tout le monde pensait que Fred avait du génie d'avoir pondu cette phrase. Mais pas les frères. Il n'y avait pas grand-chose qui les amusait, d'ailleurs. En tout cas, pas la bouffe. Et, chose certaine, pas nous.

Je détestais des tas de choses au pensionnat, et je n'en garde aucun bon souvenir. S'il y a une chose dont je me souviens avec acuité de mes deux ans chez les Frères des écoles chrétiennes, c'est le sentiment d'isolement et d'abandon. Je savais que ma mère pensait que j'y recevrais une bonne éducation, et je savais qu'elle voulait mon bien, mais moi, tout ce que je voulais, c'était rentrer chez moi. Le pensionnat était, au mieux, un lieu froid et mort. J'ai essayé d'oublier cette expérience, mais lorsque je me suis mis à faire des recherches pour écrire ce livre, ces souvenirs sont remontés à la surface, et ils avaient le même goût amer qu'autrefois. Ma mère était à la maison. Mon frère aussi. Ma grand-mère y était aussi, ainsi que mes cousins, mes tantes, mes oncles. Et pendant les deux années où j'ai été à cette école, j'étais sûr que j'avais fait quelque chose de mal, quelque chose de si grave que le seul châtiment possible était l'exil.

La vérité, c'est que mon vécu n'a rien en commun avec celui de ces enfants qui ont été arrachés à leurs foyers un peu partout en Amérique du Nord et incarcérés dans les pensionnats. Je n'avais pas grandi sur une réserve. Je parlais l'anglais. Je n'avais pas sept ou huit ans. Je n'ai pas été battu, même s'il y avait des « matchs de boxe » avec le frère Arnold. Personne n'a attenté à ma pudeur. Je n'étais pas l'un de ces quatre garçons qui, en 1937, ont fui le pensionnat de Lejac en Colombie-Britannique et sont morts de froid alors qu'ils atteignaient leur communauté d'origine. Les fois où je me suis enfui du

pensionnat des Frères, je n'ai eu qu'à me glisser hors du
dortoir, à marcher jusqu'à la grand-route et à parcourir en
stop les vingt milles qui me séparaient de chez moi. J'aurais
pu faire le trajet à pied, tiens. En Californie, en 1957, le seul
danger qui me guettait dans mes escapades épisodiques,
c'était de prendre un coup de soleil et de causer du souci à ma
pauvre mère.

Dans ma première année de secondaire, je suis retourné
à Roseville et à l'école publique, et j'ai simplement enterré
mes souvenirs des Frères quelque part dans mon cerveau
où je ne les verrais plus. Je sais qu'ils sont encore là, quelque
part dans l'ombre, mais ils ne m'accablent plus comme autrefois. Mais il y a une chose qui est claire dans mon esprit.
Étant donné mon manque évident de fibre émotionnelle,
je n'aurais jamais survécu à Carlisle. Si j'avais été enfermé
dans cette maison avec Ernest White Thunder, Fanny Char-
ging Shield, Susia Nach Kea, Nannie Little Robe ou Albert
Henderson, j'aurais fini enterré avec eux dans le cimetière du
pensionnat.

Au Canada, les pensionnats ont fait leur apparition dans
les années 1840; en 1932, on en comptait encore plus de
quatre-vingts. Soixante pour cent d'entre eux étaient sous la
férule de l'Église catholique, trente pour cent étaient dirigés
par l'Église anglicane. Les autres se départageaient entre
diverses confessions protestantes, par exemple les presbytériens et les méthodistes. En 1850, la fréquentation des pensionnats devint obligatoire pour tous les enfants indiens entre
six et quinze ans. On n'y coupait pas. Les parents qui refusaient d'y mettre leurs enfants risquaient la prison. Les enfants
étaient retirés de force de leurs foyers et retenus au pensionnat. Comme aux États-Unis, les pensionnats canadiens faisaient en sorte que les enfants n'aient guère de contacts avec
leurs familles ou leurs communautés. Les élèves n'avaient pas

le droit de parler leur langue maternelle ni d'exprimer leur culture d'une manière ou d'une autre. Pour la plupart, les pensionnats dans les deux pays étaient surpeuplés. La maladie y régnait. Les abus sexuels et les sévices physiques étaient monnaie courante. Les élèves étaient mal nourris et mal habillés. En 1907, le docteur Peter Bryce envoya son rapport à Duncan Campbell Scott, le surintendant du ministère des Affaires indiennes, où il était dit que le taux de mortalité des élèves autochtones dans les pensionnats de Colombie-Britannique atteignait les 30 %. En Alberta, ce taux était de 50 %. J'ignore comment Scott a réagi au rapport, mais, en 1910, il écarta le problème du revers de la main en disant que le taux élevé de mortalité dans les pensionnats « ne saurait motiver, à lui seul, une inflexion de la politique du ministère, qui vise à trouver une solution finale au problème indien ».

Une solution finale… Le choix des mots est malheureux, c'est le moins qu'on puisse dire. Bien sûr, personne ne dit qu'Adolf Hitler citait Scott quand il a parlé d'une solution finale au « problème juif » en 1942. Ce ne serait pas très gentil. Et entendons-nous : Scott se faisait l'avocat de l'assimilation et non de l'extermination. Parfois, on mélange les deux.

En 1919, Scott abolit le poste d'inspecteur médical des agences indiennes. Peut-être à cause de quelque compression dans les dépenses ministérielles. Peut-être aussi que l'homme et ses services n'arrivaient pas à digérer le rapport de Bryce et qu'ils avaient décidé que le meilleur moyen de régler le problème que posaient les chiffres sur la mortalité, c'était de ne pas compter les morts.

En 1926, le secrétaire américain de l'Intérieur, Hubert Work, diligenta une enquête sur les conditions de vie générales des Indiens aux États-Unis. Lewis Meriam, un diplômé de Harvard ayant à son actif une licence de droit de l'Université George Washington et un doctorat de l'Institut Brookings, fut chargé de l'enquête. Pendant vingt mois, Meriam et son équipe parcoururent les réserves, parlèrent avec les gens sur le terrain, disséquèrent le Bureau des affaires indiennes, pour enfin rédiger un long rapport sur la question : *The Problem of Indian Administration*, ou *Le problème de l'administration des Indiens*.

Dans ce rapport de 847 pages, publié en 1928, dont le coauteur est Henry Roe Cloud (Winnebago), Meriam avoua sans détour : « Le personnel chargé de l'enquête se voit contraint d'affirmer franchement et sans la moindre équivoque que les dispositions régissant le traitement des enfants indiens dans les pensionnats sont totalement insuffisantes. » Le rapport décrivait ensuite le régime alimentaire dans les pensionnats, dont il disait qu'il était « déficient sur le plan de la quantité, de la qualité et de la variété », et il rappelait avec force que la somme de « onze cents par personne par jour » ne suffisait pas.

Des maladies comme la tuberculose et le trachome faisaient des ravages. Les dortoirs étaient surpeuplés. Les services médicaux étaient inférieurs aux « normes raisonnables ». Les enfants n'étaient guère scolarisés non plus. « Ce sont les élèves qui, par leur travail, subventionnent les pensionnats, disait-on dans le rapport. Ceux qui ont dépassé la quatrième travaillent ordinairement une demi-journée et vont en classe le reste de la journée. Il existe en théorie une distinction entre le travail industriel entrepris essentiellement pour l'éducation de l'enfant et la production qui sert essentiellement à couvrir les frais du pensionnat. » La question, soutenaient les auteurs du rapport, était vraiment de « savoir dans quelle mesure une bonne part du travail des élèves indiens ne serait pas interdite dans de nombreux États par les lois régulant le travail des enfants »…

Quant à la formation « industrielle » que recevaient les enfants, qui était censée leur permettre d'entrer aisément dans la société blanche et de trouver du travail, le rapport Meriam lançait l'avertissement suivant : « Plusieurs métiers figurant au programme d'enseignement sont ce qu'on pourrait appeler des métiers en voie de disparition ; d'autres sont enseignés de telle manière que les élèves autochtones ne pourront pas mettre en pratique ce qu'ils ont appris dans leurs foyers, et les élèves ne sont pas suffisamment avancés pour rester dans le métier et concurrencer des travailleurs blancs dans une communauté blanche. »

À propos du système des pensionnats en général, le rapport était succinct et franc : « En matière d'éducation autochtone, il est absolument essentiel de modifier notre point de vue. Quelle qu'ait pu être l'attitude officielle du gouvernement, l'éducation des Indiens par le passé reposait largement sur l'idée selon laquelle il était nécessaire d'éloigner le plus possible l'enfant indien de son milieu naturel, alors que le point de vue moderne en éducation insiste sur la nécessité de valoriser la croissance dans le milieu naturel du foyer et de la vie familiale. L'entreprise éducative à l'égard des Indiens a particulièrement besoin d'une approche qui reconnaît ce principe, qui se préoccupe moins du système scolaire traditionnel et davantage de la compréhension des êtres humains. »

Dans l'ensemble, le rapport Meriam était très accablant pour le gouvernement fédéral et lui reprochait de n'avoir pas su protéger les droits des Autochtones ainsi que leurs ressources foncières et tribales. C'est peut-être pour cela que, dans les quatre-vingt-trois ans qui se sont écoulés depuis la parution de ce rapport, les États-Unis n'en ont jamais commandé de semblable. Pourquoi le gouvernement dépenserait-il un sou, peut-on se demander, pour poser des questions auxquelles on connaît déjà la réponse ?

Le Canada a attendu jusqu'aux années 1960 pour s'interroger sur sa politique indienne, comme l'avaient fait nos cousins américains trente-huit ans auparavant. Le rapport Hawthorn, qui fut publié en 1966-1967, se penchait sur « la situation actuelle des Indiens du Canada en vue de comprendre et de surmonter les difficultés que posent certains problèmes brûlants et leurs nombreuses ramifications ». À en croire les auteurs du rapport, « les problèmes [tenaient] au fait que les aspirations bien comprises et justes des Indiens du Canada quant au bien-être matériel, à la santé, et à la certitude de vivre dans l'égalité et la dignité par rapport au reste de la société canadienne [étaient] loin d'être comblées ».

Le rapport était un texte fouillé, bien écrit, dont le préambule disait en toutes lettres que, de l'avis des auteurs, « l'Indien ne devrait pas avoir à s'assimiler pour avoir droit à ce dont il a besoin maintenant et à ce dont il aura besoin demain ». D'ailleurs, les auteurs affirmaient sans ambages qu'il appartenait « aux Indiens de conserver leur identité. Aucune agence, agissant à titre officiel ou non, ne peut le faire à leur place. Que les Indiens demeurent différents sur le plan culturel ou non, et dans quelle mesure, cela dépend de ce qui compte pour eux ».

Je comprends très bien ces prémisses, à savoir que la conservation de notre identité ne regarde que nous. Tout de même, je trouve formidablement malhonnête le fait que les auteurs parlent si peu de la myriade de moyens qui ont été pris, dans le cadre de la politique indienne du Canada, pour *décourager* les Indiens de concrétiser leurs objectifs traditionnels et leurs aspirations, moyens que l'on continue de prendre pour nous précipiter dans le gouffre du capitalisme, comme ces troupeaux de bisons qu'on forçait autrefois à se jeter en bas des falaises.

Mais faisons abstraction un moment de tout sophisme

philosophique. Le rapport suintait de propos généreux et de
nobles recommandations, mais il s'en tenait aussi étroitement
à l'aspect économique de la vie indienne et aux problèmes
que les bandes et les particuliers éprouvaient à satisfaire les
attentes du capitalisme canadien. Le revenu mensuel des
Indiens dans les années 1960, par exemple, était de seulement 300 dollars par personne, soit moins du quart du revenu
par personne des non-Autochtones ; et la durée normale de
l'emploi pour les Autochtones était de 4,8 mois. Au sujet des
Sarcis et des Gens-du-Sang de l'Alberta, le rapport notait que,
alors que ces bandes « possèdent des ressources considérables
et y ont accès, et qu'elles sont situées à proximité d'un centre
métropolitain offrant de multiples possibilités », ces Indiens
« n'arrivent pas à mettre en valeur ces ressources ». Pour « les
Indiens du Nord [...] toute amélioration substantielle sur le
plan de l'emploi et des perspectives de revenu [...] ne sera
possible qu'avec une migration de masse et une réinstallation
dans des secteurs offrant des emplois lucratifs ». Les Indiens,
déploraient les auteurs, ne sont pas habitués à occuper des
emplois « qui exigent des horaires réguliers, la ponctualité et
une routine de travail très mécanisée ». Page après page, le
rapport se basait sur les objectifs et les normes des Blancs
pour mesurer le progrès des Indiens, et dans tous les cas, les
Indiens étaient jugés insuffisants à la tâche.

Le rapport Hawthorn mettait de l'avant toute une série de
recommandations pour combler l'écart entre les Indiens et
les non-Autochtones. Nombre d'entre elles étaient raisonnables, mais ce que le rapport démontrait, c'est que, en termes
de développement économique et de viabilité économique, la
politique indienne du Canada avait échoué.

Chose encore plus importante, le rapport révélait l'illo-
gisme patent qui a hanté l'histoire indienne et la politique
autochtone en Amérique du Nord depuis les premiers

contacts avec les Européens, à savoir que tous autant que nous sommes, nous aspirons à la liberté individuelle qui autorise la réalisation d'objectifs économiques. Les Indiens sont des êtres humains ; *ergo*, ils veulent gagner de l'argent et acquérir des biens pour eux-mêmes et leur famille. Dans les années 1950 et 1960, le père d'Helen, Bernard Hoy, mon beau-père, était inspecteur de la Commission des écoles catholiques séparées dans la région de Sudbury. Une de ses fonctions consistait à inspecter les pensionnats catholiques du nord de l'Ontario. Les souvenirs qu'il avait gardés des écoles indiennes n'étaient pas aussi accablants que le rapport Meriam ni aussi détaillés que le rapport Hawthorn. Ce dont il se souvenait, cependant, c'étaient ces élèves autochtones qui passaient tout leur temps en classe à regarder par la fenêtre. « Ils n'étaient pas à leur place », disait-il à sa fille.

Il avait raison. Mais s'ils n'étaient pas à leur place, où était leur véritable place ? Au lieu de tuer l'Indien pour sauver l'enfant, l'Amérique du Nord aurait dû contracter un partenariat avec les diverses nations ; ensemble, elles auraient mis au point un plan d'éducation qui aurait complété la culture autochtone, et peut-être même enrichi la culture blanche au passage.

Une idée, comme ça…

C'est bien ce qui est ironique. Les Autochtones n'ont jamais opposé de résistance à l'éducation. Nous éduquions nos enfants bien avant que les Européens n'arrivent. Nous ne nous opposions pas non plus à ce que nos enfants s'initient à la culture blanche. Au début du XIXe siècle, Autochtones et Blancs vivaient sous le même toit depuis près de trois cents ans. Que cela plaise ou non. Il était normal pour les Autochtones d'apprendre le français ou l'anglais. Il était logique qu'ils apprennent comment fonctionne la mentalité blanche.

La définition de l'éducation fait généralement état de « bienfaits ». Mais pourquoi, au nom de l'éducation, avons-nous été obligés de renoncer à tout ce que nous avions, à renoncer à notre identité profonde pour devenir des êtres que nous ne voulions pas devenir ? Où diable était le bienfait là-dedans ?

À la place, l'Amérique du Nord a décidé que l'éducation autochtone devait mettre de l'avant les valeurs blanches exclusivement, que les valeurs des Autochtones, leurs cérémonies et les langues qu'ils parlaient étaient inférieures et n'avaient aucune valeur ou place dans le programme d'enseignement de l'époque. Ce fut le premier crime commis par le système des pensionnats.

Le second fut le refus et l'incapacité des gouvernements du Canada et des États-Unis, et des instances dirigeantes des diverses Églises, de surveiller les écoles dont ils avaient la charge.

Troisième crime : une fois que les autorités ont su que les conditions de santé et les services présentaient de graves lacunes, une fois qu'elles ont appris que la maladie avait le champ libre dans ces établissements, que la malnutrition y sévissait, qu'elles ont appris que les enfants sous leur protection étaient brutalisés physiquement, psychologiquement et sexuellement, elles ont refusé d'intervenir. Elles n'ont rien fait.

Elles étaient au courant et ne faisaient rien.

Richard Pratt avait tort, dans le fond. Comme on l'a vu, si l'on tuait l'Indien, on tuait l'Indien pour de bon. Un grand nombre de personnalités fort intelligentes et sensibles ont qualifié de tragédie nationale l'affaire des pensionnats autochtones. Et c'est vrai. Mais peut-être que le terme *tragédie* est erroné : il donne à croire que les conséquences des pensionnats n'étaient pas l'effet de quelque volonté ou dessein. Chose difficile à admettre étant donné que, comme le signale

Ward Churchill, les pensionnats s'inscrivaient dans la politique indienne des deux pays.

Personne ne sait exactement combien d'enfants autochtones ont abouti dans les pensionnats américains. Le Canada admet qu'ils furent environ 150 000, donc le nombre doit être beaucoup plus élevé aux États-Unis. Pour ces enfants, les pensionnats furent, à tous les égards, un piège mortel. Ces enfants furent dépouillés de leur culture et de leur langue. Près de 50 % des élèves perdirent la vie à cause de la maladie, de la malnutrition, de la négligence et des mauvais traitements. Cinquante pour cent. Un sur deux. Si les pensionnats avaient été une maladie virulente, on les aurait rangés dans la catégorie de la variole ou du virus Ébola. Comparativement, la grippe espagnole de 1918, qui tua des millions d'humains dans le monde entier, présentait un taux de mortalité de seulement 10 à 20 %.

Disons, pour les besoins de la cause, que le taux de mortalité avait été de seulement 25 %, ou un sur cinq. Ou renversons les choses, et posons la question un peu différemment. Qu'est-ce qui se serait passé si les pensionnats avaient été plutôt des écoles publiques ? Des écoles à Toronto, San Francisco, Vancouver et New York. Qu'est-ce qui se serait passé si les enfants qui y mouraient avaient été blancs ? Qu'est-ce qui se serait passé s'il s'était agi de votre propre enfant ?

Bon, d'accord, la question est hypothétique.

La fin du XXe siècle et le début du nouveau millénaire ont été témoins d'une floraison d'excuses faites par les Églises et les gouvernements. En 1986, l'Église unie a demandé officiellement pardon aux peuples autochtones pour les mauvais traitements que leurs enfants avaient subis dans ses pensionnats. En 1991, l'ordre missionnaire des Oblats de Marie-Immaculée leur a adressé ses excuses. En 1993, ce fut au tour de l'Église anglicane, et l'Église presbytérienne a suivi en 1994.

En 1988, la ministre des Affaires indiennes Jane Stewart a été la première à présenter des excuses au nom du gouvernement canadien. Vingt et un ans plus tard, en 2009, le pape Benoît XVI a exprimé ses « regrets » aux délégués de l'Assemblée des Premières Nations pour le traitement « déplorable » des élèves autochtones dans les pensionnats catholiques. Mais il ne s'agissait pas d'excuses ; ce n'était pas non plus une déclaration de responsabilité. Ce n'était guère plus qu'une élégie sympathique.

Certains d'entre vous vont penser que le pape, qui est également le PDG d'une des entreprises les plus rentables qui soient, propriétaire de biens aux quatre coins du monde, craignait que des excuses officielles ne fussent assimilées à des aveux de culpabilité et n'exposent l'Église à des poursuites judiciaires pour dommages-intérêts, mais ce n'est pas le cas. Si les confessions protestantes ont des Églises nationales, ce n'est pas le cas de l'Église catholique. Il n'existe pas d'Église catholique nationale du Canada. Ce sont simplement des franchises – autrement appelées « diocèses », « ordres religieux » et autres institutions –, qui sont légalement autonomes et non responsables des fautes que les autres entités peuvent commettre. Même si le Vatican est responsable de toute l'activité catholique dans le monde, il est impossible de tenir les gars de Rome responsables devant la loi pour les abus commis au Canada dans quelque pensionnat perdu dans la toundra, même si la hiérarchie de l'Église était au courant, même si elle n'a rien fait pour y mettre fin, même si elle a approuvé ces pratiques pour favoriser l'assimilation.

Enfin, en 2008, le premier ministre Harper a pris la parole à la Chambre des communes pour déclarer que « cette politique d'assimilation était erronée, [qu']elle a fait beaucoup de mal et [qu']elle n'a aucune place dans notre pays ». Puis, le premier ministre du Canada a dit : « Nous le regrettons. » Il l'a dit à la Chambre des communes en présence des chefs autochtones. Et le moment fut filmé par les chaînes de télévision nationales. J'étais à Ottawa la veille du jour où ces excuses ont été présentées. Des Autochtones et des chefs des quatre coins du pays étaient venus pour entendre ce que le gouvernement avait à dire. Bon nombre des personnes à qui j'ai parlé avaient attendu longtemps pour entendre ces paroles.

« Nous le regrettons. »

Aux États-Unis, cependant, personne n'a ainsi demandé pardon, si ce n'est qu'en décembre 2009 le Congrès a adopté une résolution officielle de contrition, que le président Obama a plus tard signée pour l'ériger en loi. Mais, à part cette signature, le président Obama est resté les bras croisés. Je me serais attendu à ce que, depuis ce moment, son personnel ait organisé une cérémonie publique, que la Maison-Blanche ait invité des Autochtones à Washington pour entendre les excuses du président. Peut-être que le président attend que le pape ait un peu de temps à lui, comme ça, les deux pourraient demander pardon en même temps.

Les excuses canadiennes, quoique senties, étaient à maints égards une aubaine pour le gouvernement, dans la mesure où elles se limitaient strictement aux sévices que les Autochtones avaient subis dans le système des pensionnats. Elles ne faisaient aucune mention des traités bafoués. Rien non plus sur le détournement des terres et des ressources. Rien sur l'incompétence du gouvernement, l'indifférence, la fourberie. Rien sur le racisme institutionnel dont les Autochtones ont été et continuent d'être victimes.

En revanche, les excuses du Congrès américain étaient de nature globale, dans la mesure où elles ne se limitaient pas aux pensionnats et n'escamotaient aucun détail. La Loi de déplacement, la piste des Pleurs, le massacre de Sand Creek, Woun-

ded Knee, la Loi de lotissement général, le vol des terres
indiennes, la gestion malhonnête des fonds tribaux : tout était
dans la résolution bicamérale.

« Les États-Unis, par le biais du Congrès [...], reconnaissent que les tribus indiennes ont été, pendant des années, victimes de déprédations sanctionnées par l'État, de politiques
mal inspirées et de manquements aux engagements pris par
le gouvernement des États-Unis envers elles » et « demandent
pardon, au nom du peuple américain, à toutes les nations
autochtones pour ces multiples cas de violence, de mauvais
traitements et de négligence où les citoyens des États-Unis
s'en sont pris aux peuples autochtones ».

Au classement des excuses faites aux peuples autochtones,
la contrition américaine se classe première. Remarquez, il
s'agissait ici d'un amendement enterré dans l'immense Loi
des crédits de défense de 2010, si bien que ceux qui n'en ont
pas eu connaissance, pris comme ils l'étaient dans le tumulte
de la vie quotidienne, ont été nombreux. Dans mon esprit un
peu tordu, la meilleure partie, c'est l'expression de désengagement qui clôture la résolution : « Rien dans cette résolution
des deux Chambres n'autorise la moindre poursuite contre
les États-Unis ni ne pourrait servir de fondement au règlement d'une réclamation quelconque. »

L'entourloupette juridique classique, tellement nord-
américaine. Coupable, mais non responsable.

On dira que je ne suis guère charitable. Aucun des deux
pays n'était obligé d'adresser des excuses aux peuples autochtones, mais ils l'ont fait quand même. Étant donné la haute
opinion que le Canada et les États-Unis ont d'eux-mêmes
face au monde entier, faire ces excuses n'a pas dû être chose
facile ; une personne plus généreuse que moi les féliciterait au
moins d'avoir fait un effort.

Bon, d'accord, merci. Je suis vraiment sincère. Ma seule

réserve – et je m'en veux de mentionner cela et de gâcher un peu la fête –, c'est que je ne suis pas sûr que les excuses adressées par le Canada et les États-Unis aux nations autochtones d'Amérique du Nord étaient entièrement sincères. Elles venaient du fond du cœur, ça, je veux bien. Le premier ministre du Canada, Stephen Harper, était manifestement ému quand il a prononcé ces excuses au nom de son gouvernement, et je suis certain que le président Obama était heureux d'entériner la résolution bicamérale. Le plus important, c'est qu'un grand nombre d'Autochtones ont été satisfaits par ces excuses, eux qui, après une vie de souffrances, se voyaient dédommagés par ces déclarations publiques de regret et de contrition.

Cependant, je ne peux m'empêcher de sentir qu'il y avait quelque chose d'insincère dans ces gestes. Peut-être que ce qui me gêne, c'est le refus du Canada de prendre en compte *l'ensemble* de l'histoire de ses rapports avec les Autochtones. Peut-être aussi que c'est ce moment où, moins de trois mois après avoir fait ces excuses, Harper a pris la parole au sommet du G-20 à Philadelphie pour déclarer à la face du monde que nous, Canadiens, « n'avons aucun antécédent colonial ».

Comment dites-vous ?

Peut-être que ce qui me gêne, c'est le désengagement plutôt empressé de l'Amérique dans son refus de toute responsabilité juridique. Ou peut-être que c'est de voir que la conduite condamnable de l'Amérique du Nord pendant des siècles était assimilée à un simple constat amiable entre deux automobilistes dont les voitures sont légèrement amochées.

Le genre de moment où l'on sent de la tension dans le stationnement du centre commercial.

Dans la vraie vie, on s'attend à ce que les excuses soient suivies d'une promesse ferme de redressement. Je suis désolé. C'était de ma faute. Je ne le referai plus. Mais dans le monde politique, les excuses semblent avoir peu à voir avec la responsabilité, et on dirait qu'il est permis de dire « je suis désolé » et « je ne suis pas responsable » du même souffle. Je mentionne cela parce que, en dépit des excuses, l'intervention paternaliste de l'Amérique du Nord dans la vie des Autochtones n'a jamais fait relâche.

Bien sûr, on répondra que cette intervention est parfaitement motivée. Nous, les Autochtones, ne savons pas nous prendre en main. Nous n'avons pas la capacité de gérer nos propres affaires. Nous ne savons pas ce qui est bon pour nous. Nous n'avons pas une intelligence assez avancée pour comprendre les rouages du monde contemporain et participer à l'économie moderne.

Vous avez probablement entendu ces mêmes réserves. Moi, en tout cas, je les ai entendues. Je me suis fait dire je ne sais combien de fois que nous devons apprendre à nous tenir debout et acquérir les compétences nécessaires pour nous débrouiller tout seuls, sans avoir à compter sur la générosité des gouvernements.

Tout comme Air Canada, AIG, Bombardier, Halliburton, General Motors et ces braves gens du projet de mise en valeur des sables bitumineux de l'Alberta, qui se débrouillent tous comme des grands, sans avoir à compter sur les aumônes de l'État.

J'aurais pu mentionner Enron, World Com, Bre-X et Bear Stearns, mais les désastres associés à ces noms étaient plus affaire de cupidité que d'incompétence. N'est-ce pas? Bon, j'imagine que l'un n'exclut pas l'autre.

Donc, si j'ai bien compris, si l'Amérique du Nord hésite à subventionner l'« incompétence » économique des peuples autochtones, elle est plus que désireuse d'éponger généreusement l'incompétence des gens d'affaires. Et pourquoi pas? Après tout, s'il y a quelque chose que nous avons appris au cours du dernier siècle, c'est que le soutien gouvernemental aux grandes entreprises est le seul espoir du capitalisme.

Soyons juste : certains grands entrepreneurs n'ont pas attendu que le gouvernement intervienne avec sa bourse inépuisable de deniers publics. Lors de la crise financière aux États-Unis, Goldman Sachs s'est démenée pour rassembler en offre groupée des actions hypothécaires dont la compagnie savait qu'elles n'avaient aucune valeur, et pour les vendre à des investisseurs qui ne se doutaient de rien. Du plomb plaqué or. Puis, la compagnie a raflé quelque 12,9 milliards de dollars en caution de l'État et a tout de suite versé à ses dirigeants de magnifiques primes pour leur beau travail et leur flair en affaires.

Peut-être que c'est le genre de savoir-faire économique que l'Amérique du Nord voudrait inculquer à ses Autochtones.

Mais nous nous sommes un peu trop avancés. Il nous faut opérer un retour vers le XIXe siècle. Et Dieu est bon : c'est faisable.

SIX

Cow-boys et Indiens

> *Pour les Indiens d'Amérique, l'injustice a été insti-*
> *tutionnalisée, et elle est administrée par les gouver-*
> *nements des États et de la nation.*
>
> LESLIE SILKO, *Yellow Woman*
> *and a Beauty of the Spirit*

E t nous y voici : 1887. Au Canada, élections fédérales cette année-là ; les conservateurs de John A. Macdonald gardèrent le pouvoir. Macdonald tenait sûrement une partie de ses appuis du fait que, deux ans auparavant, il avait fait pendre le chef métis Louis Riel – un excès de zèle qui lui avait cependant valu de perdre des votes au Québec. On négociait alors les traités numérotés, mais aucun ne fut signé cette année-là. En Colombie-Britannique, les délégués de la Commission d'enquête sur les conditions de vie des Indiens de la côte nord-ouest avaient été dépêchés chez les Tsimshians et les Nisga'a, avec pour instructions de déterminer dans quelle mesure la Couronne était propriétaire des lieux, pour écarter toute prétention indienne sur le titre foncier. La seule bonne nouvelle : la naissance du coureur de fond onondaga Tom Longboat.

Aux États-Unis, des flocons de neige de quinze pouces tombèrent sur Fort Keogh, au Montana. À Punxsutawney,

Pennsylvanie, premier Jour de la marmotte de l'histoire. En mai de cette année-là, le Wild West Show fut présenté à Londres, dans le cadre du jubilé de la reine Victoria. Sitting Bull n'était pas du spectacle, mais il en avait été l'année précédente. Black Elk, le guérisseur lakota qui allait plus tard confier ses visions au poète John Neihardt, était présent à la fête de la reine. Mais quand le spectacle itinérant donna sa dernière représentation à Manchester, Black Elk rata le bateau de retour, et il se retrouva égaré en Europe pendant deux ans ; il trouva alors à s'engager dans le Wild West Show de Mexican Joe.

Cette année-là, 1887, fut aussi l'année où le Congrès américain vota la Loi générale de lotissement.

En 1887, les Autochtones d'Amérique du Nord subissaient le colonialisme européen depuis déjà deux cent quatre-vingts ans, un peu comme s'ils avaient souffert de paludisme tout ce temps. Le paludisme, au cas où vous l'auriez oublié, est une maladie infectieuse qui affaiblit et tue des millions de personnes chaque année. La maladie cause de la fièvre, des maux de tête, des dommages à la rétine, des tremblements, des vomissements, l'anémie et des convulsions. Les enfants qui contractent le paludisme peuvent se retrouver avec de graves lésions au cerveau. C'est une maladie incurable. Il y a un vaccin qui vainc le paludisme chez les souris : une bonne nouvelle si vous êtes de la famille des souris. Mon frère Christopher a contracté le paludisme au Vietnam, et il peut tout vous dire là-dessus.

C'est une maladie étonnante. Comme le colonialisme, elle peut habiter votre corps en latence pendant deux ans et peut revenir en force à tout moment.

En 1887, elle revint en force.

La Loi générale de lotissement, également connue sous le nom de « loi Dawes », était l'initiative dernier cru de Washington visant à assimiler les Indiens. Les déplacements et réinstallations n'avaient pas donné les effets escomptés. Les nouveaux pensionnats seraient peut-être la solution au « problème indien », mais il faudrait au moins une ou deux générations pour éduquer et assimiler les Autochtones, et la gratification différée, voyez-vous, ce n'est pas tellement le genre de la société nord-américaine.

Quand j'imagine ce moment historique, je peux voir les politiciens, les réformateurs et les braves gens ceinturant les réserves d'Amérique, main dans la main, brandissant des pancartes et scandant :

— Que voulons-nous ?
— L'assimilation !
— Quand ?
— Tout de suite !

Depuis l'arrivée des Européens, la propriété privée de la terre avait été l'une des pierres angulaires de la société et de l'économie non autochtones. La terre, dans l'esprit européen, conférait un certain statut social à l'individu et constituait une source de richesse. On pouvait acheter la terre, la vendre et l'échanger avec de meilleures garanties que le numéraire.

Les Indiens, par inclination et par traité, détenaient la terre en commun ; et quand des gens de bonne volonté se réunirent à Washington et en des endroits comme le lac Mohonk, lieu de villégiature dans le sud de l'État de New York, pour cartographier l'avenir des peuples autochtones, ils décidèrent que la terre était chose trop importante pour la laisser entre les mains d'une communauté qui n'avait aucune idée de sa valeur.

« La loi Dawes modifiera le statut juridique et politique de l'Indien, mais elle ne changera rien à son caractère. L'enfant doit devenir homme, l'Indien doit devenir américain; le païen doit se faire chrétien. Sa crainte irrationnelle et superstitieuse de dieux imaginaires doit se muer en un amour pour notre Père à tous; sa haine naturelle et traditionnelle du visage pâle doit faire place à la foi dans la fraternité chrétienne; son attachement irréfléchi à un passé mort doit se convertir en un espoir vivifiant dans un avenir grandiose et heureux.» Telle fut la conclusion à laquelle parvinrent les Amis de l'Indien à l'issue de leur assemblée annuelle au lac Mohonk en octobre 1886.

Tous ces impératifs, tant de bienfaisance impatiente, et personne dans la salle pour oser demander : « Pourquoi?» Quand il s'agissait d'assimilation, personne ne demandait jamais pourquoi. La seule question autorisée était : « Comment?»

Ainsi, en 1887, la réponse à ce comment était le lotissement. Les réserves, qui avaient été une bonne idée dix ans plus tôt, étaient désormais dénoncées comme un affront au christianisme et au capitalisme. Les agents indiens et les responsables religieux disaient que, tant et aussi longtemps qu'on permettrait aux Indiens de vivre sur leurs réserves, ils conserveraient leurs coutumes païennes et leur culture. Tant qu'il serait permis aux Indiens de rester des propriétaires collectifs, ils n'auraient pas accès aux avantages qu'offre la libre entreprise.

La Loi générale de lotissement stipulait que le gouvernement devait morceler les réserves. En règle générale, chaque chef de famille recevrait un lotissement de 160 acres. Les Indiens célibataires de plus de dix-huit ans et les orphelins de moins de dix-huit ans auraient droit à 80 acres, alors que les mineurs de moins de dix-huit ans auraient 40 acres. Le gouvernement fédéral conserverait en fiducie tous les lotissements pour une période de vingt-cinq ans, et pendant ce temps ces lotissements ne pourraient être vendus et seraient exemptés de l'impôt foncier. Tout bénéficiaire d'un lotissement perdait son statut en vertu du traité qui le visait, mais avait droit à la citoyenneté américaine.

Un peu comme ces aubaines qu'on offre dans l'industrie du fast-food. Commandez pour votre enfant le hamburger, les frites et une boisson gazeuse, et la citoyenneté est gratuite. Que vous en vouliez ou non.

À la fin de la période fiduciaire de vingt-cinq ans, chaque bénéficiaire aurait droit à sa terre à lui, exonérée de toute charge, et les Indiens qui avaient été les membres d'une tribu communale seraient désormais des propriétaires fonciers individuels. Les réserves allaient disparaître. Les Indiens allaient disparaître aussi. Le « problème indien » disparaîtrait. La jouissance de la propriété privée allait libérer les Indiens de la tyrannie tribale et de la culture traditionnelle autochtone, et civiliserait le sauvage.

C'est pas beau, ça ?

En fait, ce qui est arrivé, c'est que la Loi de lotissement a eu pour effet de liquider toutes les réserves du Territoire indien (l'Oklahoma d'aujourd'hui) ainsi que l'assise foncière de nombre de tribus du Kansas, du Nebraska, des deux Dakotas, du Wyoming, du Montana, du Nouveau-Mexique, de l'Oregon et de l'État de Washington ; les terres excédentaires tombèrent entre les mains des colons blancs et des entreprises.

Vous allez me demander d'où provenaient ces « terres excédentaires ». D'accord : prenons un exemple hypothétique et de beaux chiffres ronds pour faciliter les calculs. Alors, disons que vous êtes indien. Votre tribu compte 1 000 membres, et la communauté détient collectivement 300 000 acres de terres. La Loi de lotissement vous tombe dessus, et le gouvernement procède à la répartition des terres tribales. Vous vous attendez, n'est-ce pas, à ce que le gouvernement divise 300 000 par 1 000 et remette 300 acres à chaque Indien, non ?

Eh bien, non. Le gouvernement a décidé entre-temps que 300 acres, c'est beaucoup trop pour un Indien tout seul. Cent soixante acres, c'est même plus que suffisant. Cent soixante acres, c'est même beaucoup. Donc, après avoir laissé s'opérer la magie de la multiplication et de la soustraction, la tribu se retrouve avec seulement 160 000 acres des 300 000 qu'elle avait à l'origine, et le gouvernement retire miraculeusement de l'opération 140 000 acres de « terres excédentaires ».

La taille réelle de chaque lotissement variait selon chaque tribu et l'espace qu'elle détenait, mais dans presque tous les cas, le morcellement des terres indiennes finissait par produire beaucoup de terres excédentaires. Les peuples autochtones, qui étaient propriétaires de près de 138 millions d'acres en 1887, virent cette étendue décroître à environ 48 millions d'acres, des terres désertiques dans la plupart des cas.

Puis, en 1934, le gouvernement cessa de pratiquer le lotissement des terres indiennes, et le colonialisme entra dans une brève rémission.

Au Canada, en 1934, ce fut la naissance des jumelles Dionne, événement marquant pour la période, et l'on note aussi la naissance de Jean Chrétien, de Peter Gzowski, de Leonard Cohen et du romancier Rudy Wiebe ; mais à part ça, ce fut une année bien ordinaire. Aux États-Unis, Donald Duck fit sa première apparition dans un dessin animé, intitulé *La Sage Petite Poule*. John Dillinger, Bonnie Parker et Clyde Barrow furent descendus dans des affrontements armés avec le FBI, et Alcatraz devint une prison en règle du Bureau fédéral des prisons.

À Washington, la Loi sur la réorganisation des Indiens fut adoptée. Quand Franklin D. Roosevelt fut élu président, en 1933, son administration s'empressa de lancer une série de programmes qui visaient à sortir l'Amérique et les Américains du marasme de la Dépression. Le président nomma alors John Collier au poste de commissaire du Bureau des affaires indiennes. Collier était un politique hors norme, un militant social qui ne croyait pas à l'assimilation des Indiens et préconisait plutôt une sorte de pluralisme culturel où l'on permettrait aux Indiens de parler leurs langues et de pratiquer leurs religions sans que l'État s'en mêle. Chose plus importante, Collier avait compris que, si les tribus devaient préserver leurs traditions, elles devaient conserver leurs assises foncières.

C'est sous la direction de Collier, avec la bénédiction de Roosevelt, que la Loi de réorganisation des Indiens, ou loi Wheeler-Howard, devint la politique du gouvernement américain. À maints égards, cette loi rompait avec les mesures précédentes et représentait un tournant heureux dans la pensée gouvernementale. De plus, elle mettait fin à la politique de lotissement et endiguait l'érosion et le vol des terres indiennes en prolongeant indéfiniment la fiducie foncière. Elle faisait en sorte aussi que les terres excédentaires créées par le lotissement soient rendues aux tribus. La loi créait même un fonds, qui ne devait pas excéder 2 millions de dollars par année, pour racheter des terres qui avaient été perdues.

La loi paraissait bien sur papier, et c'était tout un répit comparativement aux lois qui l'avaient précédée. Reconnaissons le mérite de Collier : son administration était plus décidée à protéger les droits et les terres des Indiens que n'importe qui avant ou après lui.

En sa qualité de commissaire aux affaires indiennes, Collier pouvait influer sur la politique du gouvernement et défendre les Autochtones, mais il ne pouvait pas contrôler tout ce que le gouvernement faisait au quotidien. Si la Loi de réorganisation des Indiens « permettait » aux peuples autochtones de maîtriser leur propre destinée, dans la réalité, toutes les grandes décisions demeuraient fermement la prérogative du gouvernement.

J'ai un faible pour John Collier, mais il avait beau être résolu et avoir des idées raisonnables, il n'était pas destiné à imposer ses vues. Collier a su ralentir le processus de destruction, mais il se buta vite à une petite clique politicailleuse qui n'allait pas laisser un idéaliste isolé changer le cours « normal » de la politique indienne du gouvernement.

La Loi de réorganisation des Indiens demeura officiellement en vigueur pendant environ dix-neuf ans. Mais il ne faut pas s'y tromper. Avec le déclenchement de la Seconde Guerre mondiale en 1939, les Indiens, aux États-Unis comme au Canada, cessèrent de préoccuper les gouvernements. Le Canada déclara la guerre à l'Allemagne en 1939. L'Amérique entra en guerre officiellement en 1941. Lorsque le conflit s'acheva, en 1945, les petites « bontés » qu'avait autorisées la Loi de réorganisation des Indiens furent déclarées nulles et non avenues, et le colonialisme, qui était resté en veilleuse, fit un retour en force éclatant.

Il revint sous la forme d'un programme gouvernemental nouveau et amélioré.

Cette version mi-siècle du colonialisme avait pour nom « cessation », et elle devint la politique officielle du gouvernement américain en 1953, avec l'adoption de la Résolution bicamérale 108, qui déclarait que les États-Unis avaient l'intention d'abroger tous les traités qu'ils avaient conclus avec les peuples autochtones et d'abolir la surveillance fédérale des tribus. La résolution mettait fin immédiatement à l'existence des Flatheads, des Klamaths, des Menominees, des Potawatomis et des Chippewas de Turtle Mountain ainsi que de toutes les tribus du Texas, de l'État de New York, de la Floride et de la Californie. Adoptée au même moment, la Loi publique 280 autorisait un certain nombre d'États à assumer le contrôle des réserves indiennes. Et voilà. Plus de traités. Plus de réserves. Plus d'Indiens. Problème réglé. Encore une fois. Pendant les treize années qui suivirent, le processus de cessation se répandit en Amérique comme la peste. Avant qu'on ne mette fin officiellement à cette politique, en 1966, 109 tribus avaient cessé d'exister, et un autre million d'acres de terres indiennes avaient été perdues.

Le Canada essaya lui aussi de pratiquer la cessation, trois ans après que les États-Unis y eurent renoncé. En 1969, Pierre Trudeau et son ministre des Affaires indiennes, Jean Chrétien, publièrent le Livre blanc de 1969, qui, s'il avait pris force de loi, aurait été une première étape dans l'abrogation des traités, la suppression du statut indien et le démembrement concret de l'assise foncière de toutes les nations autochtones du pays.

Je sais ce que pensaient nos élus à Ottawa. Ils pensaient la même chose que leurs cousins américains. Les affaires indiennes étaient complexes et difficiles à gérer. Les Indiens, tout comme les traités, n'avaient pas leur place dans le monde moderne. Les traités étaient des instruments liant des nations souveraines, et Ottawa avait décidé qu'il n'avait plus envie de faire affaire avec de telles nations souveraines, même si le Canada et les peuples autochtones avaient toujours fait affaire en concluant des traités.

Donc, en ce qui concerne l'action gouvernementale, la politique gouvernementale et les Indiens, on pouvait dire que le XXe siècle, c'était tout comme le XIXe, et comme le XVIIIe aussi, tant qu'à y être. On ferait comme si. Mais il y avait un autre mouvement à pied d'œuvre. Après avoir subi des lois, des

politiques et des programmes génocidaires pendant cinq
cents ans, les peuples autochtones se sont mis à dire, sans
s'embarrasser de précautions oratoires : « Assez ! » Oui, nous
étions usés par des siècles d'exploitation, de négligence, de
mauvais traitements et d'oppression, mais dans les
années 1960, nous étions furieux aussi.

Quand je dis « nous », c'est un bien grand mot. Je n'étais
même pas en Amérique du Nord dans le temps. En 1964, je
m'étais engagé sur un navire de tramping à San Francisco, et
après avoir traversé trois ou quatre océans, j'avais abouti en
Nouvelle-Zélande. J'ai travaillé dans ce pays comme abatteur
de daims, trieur de bouteilles de bière et photographe. J'y
serais bien resté, mais j'étais entré au pays avec un visa de
tourisme de trente jours, et après que j'y eus vécu et travaillé
pendant environ une année, l'immigration a remarqué que,
si j'y avais débarqué, je n'en étais pas encore reparti.

Je me trouvais à Auckland quand j'ai reçu un appel. Un
monsieur à l'épais accent britannique m'a demandé si je me
rendais compte que j'étais au pays depuis près d'un an avec
un visa de trente jours. Je lui ai répondu que oui. Il a voulu
savoir si j'avais travaillé pendant tout ce temps. Un peu, que je
lui ai dit.

« Quand comptez-vous repartir ? »

Comme je l'ai dit, je me plaisais bien en Nouvelle-
Zélande, et j'aurais aimé y séjourner plus longtemps, alors je
lui ai demandé s'il y avait moyen de demander un visa d'immigration. Le monsieur m'a répondu qu'on ne procédait pas
ainsi normalement, qu'il fallait d'ordinaire demander le visa
avant d'arriver au pays.

« Mais je vais étudier votre dossier », m'a-t-il dit.

Entre-temps, il lui fallait plus de détails. Il m'a alors défilé
toute une liste de questions. Taille, poids, couleur des yeux,
des cheveux. Race.

« Six pieds 6 pouces, 250 livres, yeux bruns, cheveux noirs. Indien. »

Il y a eu un long silence, puis le monsieur de l'immigration a dit : « Mon Dieu, je crains que votre demande ne soit irrecevable. »

J'étais un peu surpris. « Pourquoi ? » lui ai-je demandé.

« Eh bien, a dit le monsieur, nous n'acceptons pas de demandes d'Indiens. »

J'ai essayé d'imaginer combien de demandes d'immigration la Nouvelle-Zélande pouvait recevoir de la part d'Indiens dans une année. Alors, j'ai posé la question : « Combien de demandes d'immigration recevez-vous des Indiens ? »

« Des milliers », a répondu le monsieur de l'immigration.

« Des milliers. »

Les Cris sont nombreux. De même que les Navajos et les Lakotas. Il y avait donc beaucoup d'Autochtones en Oklahoma, en Alberta, au Minnesota, dans les Dakotas et en Colombie-Britannique qui demandaient chaque année à immigrer en Nouvelle-Zélande. « Ces Indiens, lui ai-je demandé, d'où ils viennent ? »

« De New Delhi, a dit le monsieur. Ou de Bombay. »

« Ah, que je lui ai dit. Vous vous êtes trompé d'Indiens. Je suis Indien d'Amérique du Nord. »

Autre long silence. « Quoi ? a dit le monsieur. Vous voulez dire "Indien" comme dans "cow-boys et Indiens" ? »

Je n'ai pas obtenu le visa. J'ai quitté la Nouvelle-Zélande, je suis allé en Australie, où j'ai travaillé quelques années, et en 1967 je suis rentré en Californie. Quand je suis arrivé chez moi, la guerre du Vietnam battait son plein, et partout en Amérique du Nord les contestataires descendaient dans la rue pour dénoncer la guerre, les institutions et les structures sociales qui favorisaient les riches dans l'accumulation de la richesse et du pouvoir, qui maintenaient les pauvres dans la pauvreté et qui permettaient au racisme de fleurir. Au Canada, le séparatisme québécois prenait du muscle, mais le pays était surtout préoccupé par les fêtes du centenaire. À Montréal, Expo 67, la plus réussie de toutes les foires mondiales, venait d'ouvrir ses portes. Cette année-là fut baptisée par l'historien Pierre Berton « la dernière bonne année du Canada ».

Aux États-Unis, 1967 ne fut pas exactement une année de réjouissances. Pour commencer, il y avait toute cette histoire de hippies. Le Flower Power, l'amour libre, les t-shirts à cravate imprimée, Haight-Ashbury, la drogue, les communes, et ces jeunes hommes et jeunes femmes déguisés en Indiens DayGlo. J'imagine que ça, c'était *un peu* réjouissant, mais à l'arrivée de 1968, la rigolade n'était plus ce qu'elle était.

Cette année fut témoin de l'assassinat de Martin Luther King en avril, et de Robert Kennedy en juin. En août, à la convention démocrate de Chicago, la police en vint aux mains avec les manifestants opposés à la guerre, décidés à mettre fin au conflit. Pendant ce temps-là, au Canada, en juin, les séparatistes déclenchèrent une émeute à Montréal le jour de la Saint-Jean-Baptiste, alors que les politiciens à Ottawa votaient la Loi de 1967 modifiant le Code criminel, qui dépénalisait l'homosexualité et autorisait l'avortement et la contraception. C'était ce projet de loi que Pierre Trudeau avait défendu en disant que « l'État n'[avait] pas d'affaire dans les chambres à coucher de la nation ». Cette année-là aussi, Leonard Marchand fut le premier Indien inscrit à être élu à la Chambre des communes.

C'est également l'année où N. Scott Momaday (un Kiowa-Cherokee) a gagné le prix Pulitzer, le premier et le seul auteur autochtone à avoir remporté cet honneur, alors qu'à Minneapolis, au Minnesota, l'American Indian Movement ou AIM s'apprêtait à investir Wounded Knee.

L'année 1968, c'est celle où je me suis inscrit à l'Université d'État de Chico, en Californie, et où je me suis initié au militantisme indien. Il n'y avait presque pas d'Indiens sur le campus. Le seul autre Indien dont je me souviens était un Mohawk, un artiste du nom de Richard Glazer Danay. Richard et moi nous sommes liés avec un professeur d'anthropologie pour former ce qui, je crois, a été la première organisation indienne sur le campus. Mais mon souvenir de ces années est très flou. La seule chose dont je me souviens clairement est un sondage.

Ni Richard ni moi n'avions la moindre idée du nombre d'Indiens qu'il pouvait y avoir sur le campus, mais, en 1969 ou 1970, le service des admissions a ajouté un bref sondage dans les trousses envoyées à tous les nouveaux étudiants, où il leur était loisible de déclarer leur ethnie. Lorsque les sondages sont revenus remplis, il y avait une soixantaine d'étudiants qui avaient coché la case « Indien ». J'étais ravi. Moi qui avais espéré trouver une dizaine d'Indiens à Chico, voilà que j'en avais six fois plus. Alors, Richard et moi nous sommes mis à appeler ces étudiants pour leur souhaiter la bienvenue à Chico, et nous avons alors découvert que la vaste majorité de ceux qui avaient coché la case « Indien » n'étaient pas du tout des Indiens. « En fait, je ne suis pas indien, m'a dit un étudiant, mais je suis avec vous de tout cœur. »

C'était comme ça à la fin des années 1960 et au début des années 1970 en Amérique du Nord. Tout le monde voulait être indien. Même les Indiens.

En 1969, de nombreux Autochtones n'étaient pas au courant de ce qui se passait en pays indien. Ceux d'entre nous qui étaient sur les campus un peu partout en Amérique du Nord aimaient penser que nous étions à la page, mais notre connaissance des choses était limitée par nos antécédents et notre expérience. Les universités n'offraient pas de cours

« indiens ». Nous savions ce que nous savions, mais c'était un savoir fragmenté, et j'imagine que c'était également vrai des Indiens vivant sur les réserves, dans les villes et les campagnes. Momaday, avec son prix Pulitzer en 1968, était sûrement un sujet de fierté pour nous, mais je ne crois pas que les Autochtones aient été nombreux à lire son *House Made of Dawn*. Nous lisions cependant *Custer Died for Your Sins* (1969) de Vine Deloria. Nous étions au courant de l'existence du AIM, bien sûr, mais sans savoir exactement ce que cette organisation faisait. Les modèles indiens étaient rares. En 1969, seules quelques figures familières étaient parvenues – pour une raison ou une autre – à se tailler une place dans la conscience de l'Amérique du Nord : Sitting Bull, Louis Riel, Crazy Horse, Big Bear, Jim Thorpe, Tom Longboat et Billy Mills.

Puis, le 20 novembre 1969, quatre-vingt-neuf Indiens de diverses tribus américaines partirent de Sausalito, une enclave pour richards dans la baie de San Francisco, et occupèrent la vieille prison fédérale qu'on appelait Alcatraz. Ou « le Caillou ».

Ce n'était pas la première fois que des Indiens mettaient le pied sur l'île. D'après la tradition orale indienne, les premiers Américains allaient y dénicher des œufs d'oiseaux, ou y trouvaient refuge contre les moines franciscains qui asservissaient les Indiens de la Californie pour bâtir leurs missions. Certaines tribus de la région considéraient que l'île était un lieu sacré. D'autres l'évitaient comme la peste.

Peu importe ce que l'île était au juste. Au début des années 1860, Alcatraz était devenue une prison. En 1895, le gouvernement américain y écroua dix-neuf Indiens hopis. D'après un article du *San Francisco Call*, ces Hopis avaient été arrêtés parce qu'ils « ne permettaient pas à leurs enfants d'aller à l'école ».

Crime d'une gravité sans nom, c'est sûr.

Le *Call* rassura par la suite ses lecteurs en leur laissant savoir que les Hopis (que le journal avait au préalable qualifiés erronément d'« Apaches au regard meurtrier ») n'étaient pas maltraités. « Ils n'ont pas souffert, écrivait le journal, si ce n'est qu'ils ont été arrachés brutalement à l'affection de leurs familles et qu'ils resteront enfermés tant et aussi longtemps qu'ils n'auront pas compris les bienfaits d'une bonne éducation. »

Le journal ne précisait pas en quoi consistaient ces bienfaits.

Soit dit en passant, les Hopis n'étaient pas les premiers prisonniers indiens sur l'île. En 1873, un Indien du nom de Paiute Tom fut envoyé à Alcatraz de Camp McDermit, au Nebraska. Son séjour fut bref. Il fut abattu par un garde deux jours après son arrivée. La même année, deux Modocs, Barncho et Sloluck, aboutirent à Alcatraz. En 1874, le frère de la militante pour les droits des Indiens Sarah Winnemucca, Natchez (un Paiute), passa quelques semaines peu agréables à la prison, et un chef apache chiricachua du nom de Kaetena se retrouva lui aussi sur le Caillou, politesse du vieil adversaire des Indiens, le général George Cook.

L'occupation de 1969 ne fut pas non plus la première « prise » d'Alcatraz par des Indiens. En 1964, un groupe de Lakotas avait débarqué sur l'île et en avait réclamé la possession pacifiquement. Ils furent délogés par les marshals fédéraux avant la fin de la journée.

Donc, avant même que l'armada de contestataires n'investisse l'île en 1969, Alcatraz et les Indiens avaient un riche passé en commun. N'empêche que l'occupation de 1969 galvanisa les cœurs. Parler d'agir, c'est une chose – et il est vrai qu'on avait déjà beaucoup parlé –, mais agir en est une autre. L'action. La prise d'Alcatraz était une action.

Ce qui ne veut pas dire que ce fut l'action la mieux organisée qui fût. Personne, semble-t-il, n'avait songé à s'équiper de choses indispensables comme des vêtements de rechange, de la nourriture, des couvertures, du papier hygiénique, de l'eau potable. Le genre de trucs dont on aurait besoin pour un séjour prolongé sur le Caillou.

D'un point de vue esthétique, les Indiens n'auraient pas pu choisir territoire plus laid ou plus lugubre à occuper. Le temps qu'il faisait sur l'île était volontiers changeant : venteux, frais, chaud, dégagé, brumeux et pluvieux, le même jour. Le Caillou était gris, les édifices étaient gris, le ciel était gris, l'océan était gris. Même par temps de grand soleil, même si l'on n'était pas écroué dans quelque cellule, Alcatraz était un lieu déprimant.

Quelques contestataires plus astucieux que les autres avancèrent que les Indiens s'étaient emparés d'Alcatraz parce que l'endroit avait l'air d'une réserve. En fait, comme me l'a rappelé Helen, la « proclamation d'Alcatraz » originale avait dressé la liste des points communs entre la prison et une réserve :

1.   Elle est éloignée des facilités modernes et dépourvue de moyens de transport adéquats.
2.   Il n'y a pas d'eau courante.
3.   Il n'y a pas de sanitaires.
4.   Il n'y a pas de droits pétroliers ou miniers.
5.   Il n'y a pas d'industries, donc le chômage y sévit.
6.   Il n'y a pas de services de santé.
7.   Le sol est rocailleux et infertile, et le gibier ne peut y vivre.
8.   Il n'y a pas d'écoles.
9.   La population a toujours excédé l'assise territoriale.
10. La population a toujours été captive et tributaire de l'aide extérieure.

Il y avait de beaux côtés, cependant : Alcatraz abritait quelques jolis bassins naturels ainsi qu'une colonie de goélands d'Audubon, de cormorans et d'aigrettes. Et ce n'est pas tout : la vue sur les gratte-ciel de San Francisco et le pont du Golden Gate était imprenable.

Mais Alcatraz restait une île, ce qui voulait dire que les personnes et les vivres devaient être transportés par traversier dans la baie de San Francisco. Et parce que c'était une île, petite en plus, les autorités auraient pu aisément en faire le siège en coupant l'eau et le courant, et ainsi les Indiens auraient été contraints de quitter le Caillou avant quinze jours.

Mais ce n'est pas ce qui s'est passé. L'époque a peut-être joué en faveur des squatters. Peut-être était-ce la magie folle de San Francisco. Peut-être les gens cherchaient-ils une diversion pour oublier la guerre du Vietnam et le massacre de My Lai. Peut-être y avait-il un peu de tout ça. Quelles que fussent les raisons, Alcatraz devint instantanément une *cause célèbre.*

Alors que les Indiens peinaient pour s'organiser et prolonger l'occupation, alors que le gouvernement cherchait le moyen d'évincer ces « Peaux-Rouges casse-pieds », les célébrités se mirent à visiter l'île. Des stars d'Hollywood comme Jonathan Winters, Jane Fonda, Marlon Brando, Anthony Quinn, Buffy Sainte-Marie, Dick Gregory et Candice Bergen apparurent à Alcatraz pour témoigner leur solidarité. Les dons en argent affluèrent. Personne ne sait combien les occupants ont reçu : la comptabilité laissait à désirer. Horace Spencer, qui siégeait au conseil d'Alcatraz, estime que les dons oscillèrent entre 20 dollars et 25 millions de dollars.

Ironiquement, l'événement médiatique d'Alcatraz fut, à maints égards, plus réussi que l'occupation comme telle. En dépit des problèmes sur le plan des ressources, en dépit des dissensions et des insulaires qui changeaient tout le temps, l'occupation dura près de dix-neuf mois. Mais dans les faits, l'action se termina beaucoup plus tôt que ça. Il y avait trop de monde sur le Caillou, et pas assez. Certains étaient sincères et résolus, d'autres n'étaient là que pour le pique-nique. Même avec l'adrénaline de l'enthousiasme, l'environnement était dur, les conditions de vie austères. Il n'y avait pas de plan qui se tenait, pas d'autorité véritable, pas de continuité possible. Les médias se fatiguèrent vite : les médias se fatiguent toujours très vite de ce genre de chose, et bon nombre des vedettes qui s'étaient précipitées à Alcatraz trouvèrent d'autres bonnes causes dignes de leur intérêt et prometteuses de généreuses couvertures médiatiques.

Ce qui ne veut pas dire qu'il faut mettre en doute le courage de certains contestataires comme Richard Oakes, LaNada Means, Stella Leach, Joe Bill, John Trudell, Ed Castillo, Denise Quitaquit et Ross Harden. L'occupation était tout simplement un mouvement trop échevelé et trop anarchique.

Mais ce fut quand même une réussite. Non pas parce qu'on a réussi à faire de l'île une attraction culturelle, ou une institution vouée à l'indianisme américain, ou un lieu de rassemblement spirituel, ou quelque fondation indienne pour l'écologie. Non, l'occupation a fait d'Alcatraz un emblème de la résistance et de la fierté autochtones.

Vine Deloria fils l'a bien dit : « Alcatraz a été un symbole important parce que, pour la première fois en ce siècle, les Indiens étaient pris au sérieux. » Chose certaine, l'épisode a capté l'attention du gouvernement ; mais j'imagine qu'Alcatraz fut oubliée un mois après que les contestataires furent évincés de l'île. J'incline à croire, toutefois, que Deloria ne parlait pas seulement des politiciens de Washington. J'incline à croire qu'il parlait plutôt des Indiens qui se prenaient eux-mêmes désormais au sérieux, qui entrevoyaient, pour la première fois depuis longtemps, ce qu'il était possible de faire avec de l'imagination, de la résolution et un peu d'organisation.

L'occupation d'Alcatraz prit fin le 10 juin 1971, quand la police locale et les agents fédéraux expulsèrent les quinze dernières personnes qui s'y trouvaient.

Chaque fois que je vais en Californie, que j'emprunte le pont du Golden Gate et que je vois Alcatraz en bas, j'imagine comment cela se passerait si nous y retournions avec une meilleure planification. Nous aurions avec nous, cette fois, plein d'eau potable et de nourriture. Des panneaux solaires, des générateurs, des cuisinières portatives, des casseroles et des chaudrons, des ustensiles, des toilettes à compost, du papier hygiénique, des sacs de couchage et des couvertures, des ordinateurs, une caméra, une radio à ondes courtes, des cellulaires. Nous prendrions soin d'emmener avec nous un médecin, plusieurs infirmières, un électricien, un plombier, un menuisier, des conteurs et des artistes, un médiateur qui réglerait les conflits éventuels, un journaliste accrédité qui s'occuperait de la publicité et des communiqués de presse, un grand tambour et quelqu'un avec une guitare qui pourrait chanter Don Ross, Robbie Robertson et Buffy Sainte-Marie.

On aurait probablement besoin d'un avocat, et si son voisinage finissait par nous peser, on pourrait prendre l'acteur Wes Studi pour jouer son rôle. Ah, et des tas de livres écrits en gros caractères.

Des Indiens retraités. Ce serait l'aspect essentiel de la nouvelle occupation. On se lancerait à l'assaut d'Alcatraz avec des personnes âgées. Des anciens Autochtones. Ceux d'entre nous qui n'ont rien de mieux à faire et qui cherchent une histoire à raconter à leurs petits-enfants. Les jeunes gens sont trop occupés pour aller glander sur un gros caillou gris au milieu d'une grande baie également grise. Ils ont une vie à vivre, une famille à élever. La seconde occupation d'Alcatraz serait l'affaire de vieillards oisifs. Bien sûr, il y aurait des travaux à faire, cela demanderait des efforts, mais avec un peu de chance, personne ne ferait d'infarctus ni ne se casserait la hanche, et Hollywood pourrait faire un film sur nous.

Je me demande qui jouerait mon rôle.

Deloria avait raison. La valeur d'Alcatraz était largement symbolique. Mais l'affaire a également révélé tout l'écheveau des lignes de faille dans les relations Indiens-Blancs, et au moment où allaient se calmer les derniers soubresauts de l'occupation, de nouvelles secousses se sont mises à faire trembler des portes et à casser des vitres partout en Amérique du Nord. L'épicentre de cette activité sismique était l'American Indian Movement. L'AIM avait été de l'occupation d'Alcatraz, et en novembre 1970, alors que le Caillou tenait encore l'affiche, il a organisé une protestation le jour de l'Action de grâce : ses partisans ont investi Plymouth Rock au Massachusetts et aspergé de peinture rouge la pierre éponyme. Puis, les occupants ayant été évincés d'Alcatraz depuis à peine un mois, l'AIM s'est présenté sans invitation au mont Rushmore, le 4 juillet 1971, pour les fêtes du jour de l'Indépendance américaine.

Difficile de décrire l'AIM. L'organisation est née à l'été 1968 à Minneapolis, et elle avait pour objet de contrer la brutalité policière à l'endroit des Autochtones dans la région des villes jumelles. Sous la direction initiale de militants comme George Mitchell, Dennis Banks et Clyde Bellecourt, tous des Ojibwés, l'AIM a organisé des patrouilles de militants indiens pour suivre les policiers dans l'exercice de leurs fonctions et contrôler leur action. De même, le mouvement a créé des écoles alternatives – la Little Red Schoolhouse et Heart of the Earth – pour enfants autochtones, dont bon nombre éprouvaient des difficultés dans les écoles publiques, et réclamé des programmes pour le compte des familles indiennes qui avaient été forcées de se reloger dans les villes jumelles à cause de la réinstallation.

J'ignore si les chefs de l'AIM se voyaient comme des chevaliers errant dans la nuit et chassant le dragon dans les campagnes. Et même s'ils s'étaient considérés comme une unité paramilitaire, une équipe volante, comme certains l'ont affirmé, leur formation était insuffisante, leur coordination aussi, et ils n'avaient pour ainsi dire pas d'armes. L'AIM fut, dès le début, un groupe improvisé de femmes et d'hommes autochtones qui en avaient tout simplement ras le bol et qui avaient décidé, étant donné qu'ils avaient le choix entre ne rien faire et agir, qu'ils allaient agir.

La manière dont l'AIM allait agir et les endroits où il le ferait furent largement dictés par des circonstances extérieures. Aucune des grandes confrontations et occupations de l'AIM ne fut planifiée comme telle. Chaque action était à l'origine une opération visant à corriger une injustice ou à hausser le profil de quelque revendication. Lorsque ces protestations ont versé dans la violence, et ce fut parfois le cas, l'antipathie gouvernementale et la brutalité de l'intervention policière furent responsables des dégâts autant que l'AIM. Parfois plus.

En février 1972, l'AIM se rendit à Gordon, au Nebraska, pour protester contre la mort d'un Indien de cinquante et un ans, Raymond Yellow Thunder. L'homme avait été kidnappé par quatre Blancs et une Blanche, qui l'avaient déculotté, l'avaient emmené à la salle de la Légion américaine de Gordon, puis l'avaient poussé, à demi-nu, sur la piste de danse. Yellow Thunder était soûl. Ses agresseurs aussi. Après, ils avaient sorti l'homme dehors pour le rosser. Tout cela ne devait être qu'une plaisanterie. C'était un samedi soir, après tout. Quoi de mieux pour faire la fête que d'avaler quelques verres, de tabasser un Indien et de se payer ainsi une pinte de bon sang ? Où était le mal ?

Huit jours plus tard, le corps de Yellow Thunder fut retrouvé dans l'habitacle d'une camionnette sur le terrain d'un marchand de véhicules usagés. Le coroner détermina que la mort avait été causée par une hémorragie cérébrale. Le procureur du comté de Sheridan qualifia l'affaire de blague cruelle. L'AIM affirma qu'il y avait eu meurtre et exigea une enquête complète, ce qu'elle obtint, en plus d'une seconde autopsie. Melvin et Leslie Hare, les deux frères qui s'étaient largement chargés de passer l'Indien à tabac, furent arrêtés, traduits en justice, reconnus coupables d'homicide involontaire et condamnés à un an de prison.

Un an.

Je sais que ce n'est pas beaucoup, mais il faut savoir que les frères Hare, si l'on en croit la tradition orale de la région, étaient les premiers Blancs à être reconnus coupables d'avoir tué un Indien.

À l'automne de 1972, l'AIM, de concert avec la Fraternité nationale des Indiens, le Conseil national de la jeunesse indienne et cinq autres collectifs autochtones, organisa la Piste des traités bafoués, une caravane de voitures qui allaient se rendre de la côte ouest jusqu'à Washington pour plaider en faveur de la souveraineté indienne et des droits issus de traités, et attirer l'attention sur les problèmes que posait la pauvreté dans les réserves.

La caravane, qui regroupait un millier de personnes, arriva à Washington au début de novembre, une semaine avant les élections présidentielles. On était censé avoir pris des dispositions pour loger les militants, mais à cause d'une mauvaise planification ou du fait de la duplicité gouvernementale, ils ne trouvèrent pas à se loger. Fatigués et ulcérés, les militants marchèrent sur le Bureau des affaires indiennes et l'occupèrent. Pendant les sept jours qui suivirent, les Indiens en colère saccagèrent l'immeuble.

J'étais à Salt Lake City à l'époque, et j'étais conseiller auprès des étudiants autochtones à l'Université de l'Utah. La communauté autochtone en ville était allée à la rencontre des participants de la Piste des traités bafoués lorsque la caravane était passée dans le coin. Certains d'entre nous avaient hébergé des marcheurs pour la nuit. D'autres les avaient ravitaillés – couvertures, sacs de couchage, aliments en conserve – pour le long voyage vers l'est. Tout le monde les avait encouragés.

Au début, aucun d'entre nous n'a voulu croire en cette histoire de vandalisme. Détruire des dossiers du Bureau revêtait peut-être quelque pouvoir symbolique, mais la perte de ces archives pouvait aussi nuire aux tribus revendicatrices, qui verraient ainsi leurs négociations avec le gouvernement retardées, autorisant Washington à traîner les pieds. Un tel gâchis ne tenait pas debout. Et quand les médias de Salt Lake City sont venus nous interviewer pour connaître notre opinion sur cette affaire, nous avons tous murmuré les platitudes d'usage sur les droits des Autochtones et la malhonnêteté du gouvernement; mais en privé, entre nous, nous jugions que ces destructions n'avaient pas de sens.

Nous comprenions leur rage, oui, mais le vandalisme relevait tout de même de la dernière stupidité.

Des années plus tard, lors d'une conférence à Phoenix, j'ai fait la connaissance d'un type qui avait pris part à l'occupation du Bureau des affaires indiennes de Washington. J'ai eu la sottise de lui faire connaître mon avis sur la destruction des dossiers, et nous en sommes presque venus aux mains. « Tu n'y étais pas, m'a-t-il dit, donc tu ne comprends rien. Tu n'as pas vu ces dossiers. Ces dossiers contenaient toutes nos vies. Ces salauds nous avaient enfermés dans des classeurs de métal. »

Nous n'avons pas pu nous entendre, mais il avait raison sur un point. Je n'y étais pas.

Je n'étais pas à Custer non plus, dans le Dakota du Sud.

Le 20 janvier 1973, Darld Schmitz et Wesley Bad Heart Bull se trouvaient au Bill's Bar de Buffalo Gap, un hameau situé à près de quarante-deux milles au sud-est de Custer. C'était un samedi soir. Les deux hommes avaient bu. Schmitz était particulièrement agressif, se vantant qu'un jour « il se paierait la peau d'un Indien ». Les deux hommes eurent des mots, et plus tard, à l'extérieur du saloon, Schmitz s'en prit à Bad Heart Bull et le tua d'un coup de couteau. Schmitz avait menacé Bad Heart Bull à l'intérieur du bar, hurlant qu'il allait tuer le « fils de pute ». Des témoins avaient entendu ces menaces, et d'autres avaient vu Schmitz assassiner Bad Heart Bull. Schmitz finit même par avouer qu'il avait tué Bad Heart Bull.

Mais au lieu d'être inculpé d'homicide au premier ou au second degré, Schmitz fut accusé d'homicide involontaire au second degré et libéré séance tenante.

Le 6 février, Dennis Banks et Russell Means, deux chefs de l'AIM, accompagnés de quatre-vingts partisans, débarquèrent à Custer au milieu d'un blizzard pour y rencontrer le procureur du comté, Hobart Gates. L'AIM fit valoir que l'accusation pesant contre Schmitz devait être modifiée pour celle de meurtre au premier ou au second degré. Gates refusa. En dépit de toutes les preuves et des témoignages entendus, Gates n'avait vu là qu'une querelle d'ivrognes qui avait mal tourné. Le refus du procureur déchaîna les Indiens. Certains s'énervèrent. La police intervint avec des matraques et des gaz lacrymogènes. Les Indiens se défendirent avec des chaises, des pierres et des briques, tout ce qui leur tombait sous la main. Puis, en un instant, une émeute totale, qui dura tout l'après-midi, éclata à l'intérieur comme à l'extérieur du tribunal.

Quelque vingt-sept Indiens furent arrêtés, dont Means et Sarah Bad Heart Bull, la mère de Wesley, qui fut inculpée d'«émeute avec incendie». Elle fut plus tard reconnue coupable et condamnée à une durée d'emprisonnement d'un à cinq ans. Schmitz fut accusé d'homicide au second degré et acquitté par un jury entièrement composé de Blancs. Sarah Bad Heart Bull purgea cinq mois de sa peine. Schmitz ne fit même pas un jour de prison.

Vingt et un jours après l'affrontement de Custer, l'AIM et cinquante-quatre voitures remplies de sympathisants quittèrent Calico, dans le Dakota du Sud, investirent la réserve de Pine Ridge et s'emparèrent du village de Wounded Knee. Pine Ridge se trouvait au beau milieu d'une guerre civile, dans laquelle nombre des Lakotas plus traditionnels s'opposaient au président du conseil tribal, Dick Wilson, et à sa garde personnelle, appelée les «Goons» (Gardiens de la nation oglala). Même avant l'arrivée de l'AIM, Pine Ridge était un lieu violent, en proie à la dissension, où le taux d'homicide dépassait celui de Détroit. Symboles inquiétants de ces déchirements : les sacs de sable empilés devant le bureau du conseil tribal et les mitrailleuses de calibre 50 montées sur le toit.

L'apparition de l'AIM à Pine Ridge ne surprit personne. L'organisation y avait été invitée par une faction de la réserve qui voulait son appui dans sa lutte contre Wilson ; et le FBI disposait d'informateurs au sein de l'AIM. Dans ses mémoires, *Wounded Knee 1973 : A Personal Account,* Stanley Lyman, le surintendant du Bureau des affaires indiennes à Pine Ridge, se souvient d'avoir demandé au marshal Reese Kash comment il pouvait en savoir autant sur les plans de l'AIM. Kash lui avait répondu que ses informations lui venaient d'une «source très sûre». Donc, lorsque les militants de l'AIM débarquèrent dans la réserve de Pine Ridge, le 27 février, les marshals fédéraux et les agents du FBI les y attendaient de pied ferme.

Mais au lieu de s'en prendre aux occupants du bureau du conseil tribal, les cinquante et quelques véhicules de la caravane de l'AIM filèrent tout droit et s'emparèrent du village de Wounded Knee.

Ainsi commença le siège de Wounded Knee. Au plus fort du siège, les fédéraux avaient à leur disposition près de 15 véhicules blindés, plus 100 000 balles pour alimenter les M-16, des fusils mitrailleurs, des masques à gaz, des gilets pare-balles, des fusils de tireurs d'élite équipés de lunettes nyctalopes, et un nombre illimité de marshals fédéraux, d'agents du FBI, de militaires et de policiers locaux. Ils étaient peut-être 250 Indiens entassés dans Wounded Knee. Comparativement à l'arsenal fédéral, l'AIM disposait de trente ou quarante armes à feu, surtout de petit calibre. La pièce la plus imposante était un AK-47 qui appartenait à un Kiowa de l'Oklahoma appelé Bobby Onco. Si le souvenir de Dennis Banks est exact, Onco n'avait même pas de munitions pour son fusil, mais il avait brandi son arme pour impressionner les médias. Il n'y avait pas beaucoup de munitions pour les autres armes à feu non plus. Personne n'avait fait de reconnaissance pour sécuriser le village ni ne savait ce qu'il fallait faire pour en prolonger l'occupation. D'un point de vue logistique, Wounded Knee rappelait beaucoup l'affaire d'Alcatraz, mais sans la mer ni la vue.

Mais contrairement à l'histoire d'Alcatraz, Wounded Knee n'attirait pas la sympathie générale. Dès le début, les médias traitèrent cette affaire sans la moindre délicatesse. Cette fois-ci, les vedettes d'Hollywood ne se bousculèrent pas pour aller réconforter les militants et manifester leur solidarité aux actualités. L'argent ne suivit pas comme à San Francisco. La magie qui avait fait Alcatraz ne se manifesta pas ici. Un journal rappela à ses lecteurs que le Dakota du Sud, ce n'était pas la Californie. Comme si ça ne se savait pas déjà.

Le soutien au siège de Wounded Knee fut davantage l'œuvre des militants indiens de la base. Presque immédiatement, partout en Amérique du Nord, des manifestations et des marches furent organisées pour attirer l'attention des médias sur l'occupation et recueillir des dons. Alors que le FBI et les marshals s'efforçaient d'isoler le village du monde extérieur, des groupes et des individus décidés, Indiens et Blancs, organisaient des parachutages de vivres à partir de petits aéronefs et empruntaient les ornières du pays ingrat du Dakota du Sud – les arroyos et les coulées – pour contourner les lignes des forces gouvernementales et ravitailler le village à la faveur de l'obscurité.

À un moment donné au cours de l'occupation, je ne me souviens plus quand exactement, il y eut un grand ralliement sur les marches du Capitole de l'État de l'Utah, à Salt Lake City, en appui aux assiégés de Wounded Knee. On y prononça des discours, on appela à l'action directe. Une couverture circula dans la foule pour recueillir des dons, et nous y avons tous jeté de l'argent, du tabac et des timbres alimentaires. Puis, une dame âgée s'est levée et a posé la question qui allait revenir maintes et maintes fois pendant cette période de l'histoire indienne.

« Où sont les guerriers ? »

Où sont les guerriers ? Encore aujourd'hui, j'ai le sang qui bout à me rappeler cet appel aux armes. En tout cas, j'avais le sang qui bouillait à Salt Lake City ce jour-là. À la fin de la manifestation, une dizaine d'hommes sont montés dans une fourgonnette et trois voitures, et ont pris la route 80, direction est. J'étais l'un de ces hommes. Nous avons franchi les montagnes et, les passions s'étant alors quelque peu refroidies, je me rappelle avoir pensé que je commettais une erreur. Après tout, j'avais un travail, j'étais marié, père d'un enfant. Je travaillais avec des étudiants indiens à l'université. Ce n'était pas comme si je ne faisais pas déjà ma part. Mais les assiégés de Wounded Knee avaient probablement un travail eux aussi. Nombre d'entre eux avaient des enfants. Rien ne me distinguait des autres. J'étais tout simplement... en sécurité.

Quand nous avons franchi la frontière du Wyoming, la police nous a arrêtés. C'était peut-être un guerrier qui avait sauté dans la fourgonnette à Salt Lake City, mais celui qui en sortit était seulement un administrateur universitaire de vingt-neuf ans qui tremblait dans ses culottes. J'avais déjà eu des démêlés avec la police, mais jamais auparavant on n'avait braqué un pistolet sur moi. Les policiers avaient appris je ne sais trop comment que nous étions en route. Ils ont posé des questions sur le ralliement de Salt Lake City et sur Wounded Knee. Nous leur avons dit que nous faisions du tourisme, et la police nous a répondu de « fermer nos sales gueules ». Ce numéro a duré presque une heure, après quoi une dépanneuse est venue confisquer la fourgonnette.

Après ça, la police est partie. J'ai dû voir les policiers partir, mais je ne m'en souviens pas. Tout à coup, ils avaient disparu. Nous avons attendu un moment sur cette route glacée, car nous n'étions pas sûrs de ce que nous allions faire. Puis, nous nous sommes entassés dans les voitures et nous sommes rentrés chez nous.

Pendant soixante et onze jours, les forces gouvernementales autour du périmètre de Wounded Knee et les Autochtones à l'intérieur du village ont échangé des invectives, des menaces, ont essayé aussi de négocier, et ils se sont tirés dessus. Lorsque l'occupation a pris fin, un marshal fédéral, Lloyd Grimm, avait été blessé, paralysé des jambes, et deux Indiens,

Franck Clearwater et Lawrence Lamont, avaient été abattus par les tireurs d'élite fédéraux. Ils sont nombreux à être convaincus que l'AIM fut la seule vraie organisation militante autochtone en Amérique du Nord. Et ces gens croient que le mouvement se préoccupait surtout de provoquer des affrontements et d'organiser des occupations au niveau national – activités faites pour susciter l'attention des médias, qui donneraient un profil international à l'AIM et un visage humain aux revendications autochtones. Ces deux idées sont à la fois vraies et fausses. Au début du XIXe siècle, Opechancanough, Tecumseh et son frère Tenskwatawa, Pontiac, Osceola et d'autres ont mené des actions de résistance, bien avant que ne naisse l'AIM, des actions qui étaient beaucoup plus intenses et plus meurtrières. L'AIM n'était pas non plus la première organisation panamérindienne en Amérique du Nord. La Society of American Indians (SAI) fut fondée, ironiquement, le jour de la fête de Christophe Colomb en 1911 par un grand nombre d'intellectuels autochtones de l'époque : le docteur Carlos Montezuma (Yavapai-Apache), Charles Eastman (Dakota), Thomas L. Sloan (Omaha), Charles E. Dagenett (Peoria), Laura Cornelius (Oneida) et Henry Standing Bear (Lakota Oglala). Pendant les vingt années qui allaient suivre, ce fut le principal lobby indien aux États-Unis. Dans les années 1930, le regroupement s'éclipsa de la scène publique, et le mouvement ne reprit qu'en 1944 avec la formation du Congrès national des Indiens d'Amérique. Le Congrès marqua des points dans nombre de ses démarches – en 1954, il parvint à faire rejeter les lois qui auraient autorisé les États à assumer la compétence civile et criminelle par rapport aux Indiens –, mais, comme la SAI, il tendait à être prudent et conciliateur. À un moment donné, dans les années 1960, un pan de son slogan opérationnel était : « les Indiens ne manifestent pas ».

Cette idée que « les Indiens ne manifestent pas » n'était pas faite pour rapprocher le Congrès national des Indiens d'Amérique d'organisations comme le Conseil national de la jeunesse indienne (ou National Indian Youth Council, NIYC) et le Women of All Red Nations (WARN). Le NIYC fut fondé en 1961 lors d'une conférence à Chicago sous la direction de personnalités comme Clyde Warrior (Ponca) et Mel Tom (Paiute de Walker River). Le WARN fut formé en 1974 sous l'égide de Lorelei DeCora Means (Lakota Minneconjou), Madonna Thunderhawk (Lakota Hunkpapa) et Phyllis Young (Lakota Hunkpapa également).

À maints égards, le NIYC et le WARN étaient tout aussi militants que l'AIM dans certains dossiers. Dans les années 1960, le NIYC mena des activités en faveur des droits civiques et monta au front lors du contentieux sur les droits de pêche des Indiens dans le Nord-Ouest. Dans les années 1970, il vint en aide aux tribus qui résistaient à l'exploration minière pour le charbon et l'uranium. Au même moment, il se donna beaucoup de mal pour améliorer l'accès à l'éducation et à la formation professionnelle, et pour encourager les Autochtones à jouer le jeu politique à leurs propres conditions. Le WARN, quant à lui, avait été créé à l'origine pour soutenir l'AIM, mais il ne tarda pas à élargir son rayon d'action, concentrant son énergie sur les droits civiques des Indiens et, surtout, les droits des femmes autochtones et de leurs familles.

Tout de même, pour le meilleur et pour le pire, l'AIM fut l'organisation qui attira le plus l'attention des médias. Et ce fut elle, en particulier ses chefs, qui fut la première victime de la répression policière.

Au Canada, les organisations politiques autochtones

débutèrent avec la création de la Ligue des Indiens du Canada en 1919. La Ligue fut fondée par F. O. Loft (Mohawk) et se voulait un prolongement du Council of Tribes américain. Elle avait pour mandat d'encourager Ottawa à reconnaître les droits fonciers des Autochtones et de faire valoir les divers griefs que ces derniers avaient envers le gouvernement fédéral. La Ligue était peut-être une bonne idée, mais elle n'avait pas le soutien d'un grand nombre de nations, et son action était fermement découragée par le gouvernement. D'ailleurs, Ottawa codifia son hostilité à de telles initiatives en 1927, avec l'adjonction d'une disposition à la Loi sur les Indiens qui interdisait aux Autochtones de créer des organisations politiques. Cette disposition s'ajoutait à celle qui interdisait aux Indiens de parler leur langue maternelle.

Les Noirs américains ont obtenu le droit de vote en 1870, mais les lois Jim Crow dans le Sud leur interdisaient tout engagement politique. Les femmes américaines ont obtenu le droit de vote en 1909. Les Canadiennes non autochtones ont obtenu le vote au fédéral en 1918. Si les Noirs et les femmes pouvaient voter, avait songé Loft, il serait peut-être temps pour les Indiens d'avoir une organisation politique à eux.

C'était une erreur de logique, bien sûr, mais on voit que Loft avait peut-être pensé cela parce que l'idée d'égalité était dans l'air.

On ne devrait pas être surpris d'apprendre que la Ligue des Indiens du Canada ne fit pas long feu. Étant donné la générosité et les encouragements du gouvernement, il fallut attendre la fin de la Seconde Guerre mondiale pour que naisse une nouvelle organisation politique vouée aux intérêts des Autochtones. Bien sûr, les organisations politiques indiennes ne disparurent pas tout simplement du fait qu'elles ne plaisaient pas aux gouvernements. Elles prirent le maquis. J'ai entendu une histoire à ce sujet : au début de certaines de ces rencontres politiques, pour éviter d'être inquiétés par les autorités, les participants entonnaient l'hymne protestant *En avant, soldats du Christ!* Si quelque curieux leur demandait ce qu'ils faisaient là, ils pouvaient toujours répondre qu'ils appartenaient à un cercle de lecture biblique. Je ne sais pas si cette histoire est vraie, mais je la crois. Même que je l'aime, cette histoire. Ça nous donne un petit air... authentiquement subversif.

En 1945, il y eut une autre tentative visant à créer une organisation nationale, la North American Indian Brotherhood, qui tourna court elle aussi, en partie du fait qu'elle était d'inspiration catholique. Seize ans plus tard, en 1961, le Conseil national des Indiens fut formé. Il devait rassembler les Indiens inscrits, les Indiens non inscrits et les Métis, mais ces trois groupes n'ayant pas su collaborer, l'organisation se scinda en deux courants : le Conseil national des Autochtones du Canada, qui devait voir aux besoins des Indiens non inscrits et des Métis, et la Fraternité nationale des Indiens, qui devait s'occuper des besoins des Indiens inscrits.

Le Conseil national des Autochtones du Canada ne fit guère mieux que le Conseil national des Indiens, et en 1983, les Métis s'en séparèrent pour former leur propre organisation nationale, le Ralliement national des Métis. Avant cela, les Inuits, en 1971, avaient fondé l'Inuit Tapirisat du Canada. Les Inuits ne s'étaient pas joints au Conseil national des Autochtones du Canada ni à la Fraternité nationale des Indiens, mais avaient attendu leur heure et formé leur organisation pour voir à leurs propres besoins. Puis, en 1982, la Fraternité nationale des Indiens élargit son mandat pour inclure tous les Autochtones, changea de nom pour devenir l'Assemblée des Premières Nations, et se mua en une organisation nationale plus représentative, même si, au bout du compte, elle ne représentait vraiment que les Indiens inscrits.

Ce ne sont pas toutes les bandes du Canada qui appartiennent à l'Assemblée des Premières Nations, tout comme ce ne sont pas toutes les tribus qui sont membres du Congrès national des Indiens d'Amérique. Mais ces deux organisations, pour le meilleur et parfois pour le pire, sont les principaux acteurs dans le jeu politique autochtone en Amérique du Nord.

Une fois la poussière retombée, après toutes ces réformes et restructurations, les Autochtones se sont retrouvés à l'aube du nouveau millénaire avec le Congrès national des Indiens d'Amérique du côté américain et, du côté canadien, l'Inuit Tapirisat du Canada, le Ralliement national des Métis et l'Assemblée des Premières Nations.

Quant à l'AIM, il avait exercé une grande influence, mais il avait duré le temps que durent les roses. En 1990, la plupart de ses chefs étaient sous les verrous ou avaient vu leur vie ravagée par les sanctions gouvernementales, légales et illégales.

Il y a encore beaucoup de gens, Indiens aussi bien que Blancs, qui ont peu de bien à dire de l'AIM, qui maintiennent que ses chefs étaient des brutes et des criminels. Les détracteurs rappellent le saccage du Bureau des affaires indiennes de Washington, l'émeute de Gordon, au Nebraska, l'occupation de soixante et onze jours de Wounded Knee à l'hiver de 1973, pour affirmer que l'AIM tenait la violence et la destruction de la propriété pour des moyens légitimes de combattre l'injustice.

Au fil des ans, j'ai pris part à des tables rondes avec des gens comme ça, tous bien intentionnés. Ils soutiennent toujours d'entrée de jeu que des organisations comme l'AIM devraient avoir davantage foi dans les lois du pays et le système judiciaire. C'est joli, en théorie. La formule est simple, élégante. Je peux voir ce qu'elle a de séduisant. C'est le genre de jugement qui vient aisément à quelqu'un qui ne connaît rien à l'histoire des Indiens et qui se fait des illusions sur l'intégrité du système judiciaire.

L'idée que la justice est impartiale et que tous sont égaux devant la loi me rappelle cette fable traditionnelle que j'ai entendue souvent dans ma vie, où un coyote essaie de convaincre une famille de canards qu'il a son intérêt à cœur. Même si on ne connaît pas l'histoire, rien que le début a de quoi faire rire.

Assiégés par les coyotes à Ottawa et à Washington, les Autochtones avaient cessé de demander justice et s'étaient mis à l'exiger. Les requêtes d'autrefois n'avaient rapporté que de vagues encouragements paternalistes. L'AIM et les autres groupes militants en avaient assez de quêter, en avaient assez d'être laissés pour compte. Existait-il des moyens de faire valoir les préoccupations autochtones autrement que par les manifestations, les affrontements et, occasionnellement, la violence?

Non.

Je ne fais pas dans la provocation, ici. Le fait est que le réflexe d'Ottawa et de Washington, quand il s'agit de transiger avec les Indiens, est de faire comme si on n'existait pas. Les gouvernants savent que la justice favorise les puissants et les nantis et que, si l'on croit en l'existence d'une justice impartiale, les bandes et les tribus risquent de s'engager dans des procédures longues, compliquées et coûteuses qui ont pour objet de les avoir à l'usure et de les acculer à la faillite.

Il faut faire le bon garçon. Respecter les règles du jeu. Ne pas faire d'histoires.

C'est un jeu de dupes. L'AIM et les autres organisations militantes le savaient. Nom de Dieu, toute organisation militante qui se respecte sait cela. Ce n'est un secret pour personne. Mais les gouvernements de ce monde savent aussi que la crainte et la pauvreté peuvent perpétuer l'injustice, peu importe combien elle est flagrante, combien elle est obscène.

Lors du sommet du G-20 à Toronto, le premier ministre du Canada, Stephen Harper, a dit : « Si les pays les plus riches et les plus puissants ne règlent pas les problèmes les plus épineux du monde, ces problèmes perdureront. »

Nulle ironie dans son propos, semble-t-il. Ce qui explique pourquoi, j'imagine, le réchauffement de la planète, la pauvreté dans le monde et les conflits internationaux sont tous là pour rester.

Assez. Si le pessimisme et l'optimisme ont été les principaux ingrédients de cette bouillie qu'est l'histoire des rapports entre Indiens et Blancs, il n'y a pas de raison pour ne pas changer de recette. On pourrait, si on le voulait, oublier le passé. On pourrait dire qu'on recommence à neuf aujourd'hui. On pourrait, si on en avait le désir, décider de tout reprendre à zéro.

Pourquoi on ne ferait pas ça ? Et si on essayait ?

SEPT

Table rase

Dans le grand roman indien de l'Amérique, quand il sera enfin écrit,
Tous les Blancs seront des Indiens, et tous les Indiens seront des fantômes.

SHERMAN ALEXIE, « How to Write
the Great American Indian Novel »

Aujourd'hui est un jour nouveau. On va fêter ça ensemble, voulez-vous?

Résolution tonique. J'aime. Le moment est peut-être venu pour les Autochtones – comme moi – de cesser de râler à propos du passé. Mieux encore, le moment est peut-être venu d'effacer le passé d'un grand coup de brosse.

Et si on recommençait tout en 1985?

C'est l'année où mon deuxième enfant est né. Traçons la ligne de l'oubli cette année-là. Je vais trouver tout ce que je peux sur l'histoire des Indiens d'Amérique du Nord avant 1985, en faire un gros tas dans un champ et y mettre le feu. On oublie tout. Les massacres, les privations, les déprédations, les traités bafoués, les mensonges du gouvernement. Wounded Knee, 1890, où 487 soldats armés jusqu'aux dents du 7ᵉ de Cavalerie ont pris position sur une butte avec des mitrailleuses Hotchkiss et des fusils et ont ouvert le feu sur un campement de 350 Lakotas. Tout dépend de qui on croit, mais entre 200 et 300 Lakotas furent massacrés, des femmes et des enfants pour la plupart.

On oublie tout ça.

Par après, le Congrès a remis la Médaille d'honneur du Congrès à vingt des soldats qui avaient pris part au massacre. On oublie ça aussi.

Wounded Knee, 1890, on met ça dans la pile. On peut y jeter aussi le Wounded Knee de 1973, et avec ça Louis Riel et la piste des Pleurs. Les empoisonnements au mercure de Grassy Narrows. Les pensionnats. Les déplacements. Les réinstallations. Le massacre des troupeaux de bisons. Kit Carson. John Chivington. Alcatraz. Le Wild West Show. Les films westerns de série B. La route G-O dans le nord de la Californie. Le coup de tomahawk des fans des Braves d'Atlanta. Les guerres du Wisconsin autour de la pêche. Le Livre blanc de 1969. Leonard Peltier.

J'aimerais maintenant faire une petite pause et traiter d'une brochure publiée par l'Interstate Congress for Equal Rights and Responsabilities. *Are We Giving America Back to the Indians?* – c'est le titre – est une série de questions-réponses, un survol socratique des affaires indiennes, qui laisse peu de doutes dans l'esprit du lecteur quant au fait que les Indiens sont une bande de profiteurs qui vivent grassement de l'aide généreuse du gouvernement, et que les tribus sont au-dessus de la loi et libres de faire tout ce qui leur passe par la tête. « Comment définit-on une tribu indienne ? » demande la brochure. Réponse : « C'est une entreprise dirigée par quelques particuliers. »

Je suis con. Moi qui pensais que c'était la définition générale d'un gouvernement.

À la question « Pourquoi l'aide financière du gouvernement fédéral n'a-t-elle pas apporté d'améliorations au sein dés populations indiennes? », la réponse est : « Mais parce qu'il est évident pour les observateurs que ces dons fréquents n'ont fait qu'augmenter la capacité des Indiens d'exister et de rester chez eux à ne rien faire, avec plein de temps devant eux pour demander plus. »

À une question évoquant une possible expansion de la réserve Uintah et Ouray, en Utah, les gens de l'Interstate Congress for Equal Rights and Responsabilities répondent que « nous ne voulons sûrement pas voir les Utes élargir leur réserve, à moins qu'ils n'acquièrent des terres à leur juste valeur marchande de gens disposés à leur en vendre. Nous voulons que les Indiens possèdent et contrôlent ce qui leur appartient, mais nous ne voulons pas les voir acquérir des biens qui ne sont pas à eux ».

Je me demande si les Indiens en question pensent la même chose : qu'ils ne veulent pas voir les Blancs élargir leur territoire, à moins qu'ils acquièrent des terres à leur juste valeur marchande d'Indiens qui seraient disposés à leur en vendre. Dans les premières années du contact entre Blancs et Indiens, les Autochtones considéraient que la terre était une ressource à partager et non une marchandise. Mais depuis ce temps, nous avons appris notre leçon.

Cette brochure a été publiée en 1976. Même si son racisme foncier m'écœure, je la fous dans la pile pour le bûcher.

L'année 1985. Tout ce qui vient avant ira au bûcher. Tout ce qui vient avant est condamné au feu. Tout redeviendra cendres.

Dans l'esprit de générosité qui préside aux nouveaux commencements, et pour vous prouver que je suis sérieux, je vais ajouter à l'oubli Gustafson Lake (1995), l'Observatoire du mont Graham (1997) et Burnt Church (1999), bien que ces événements soient postérieurs à ma date butoir. Je vais même jeter dans la pile le recours collectif qu'Elouise Cobell (Pied-Noir) a intenté contre le ministère américain de l'Intérieur pour la mauvaise gestion évidente des milliards de dollars qui n'ont jamais abouti dans les comptes particuliers des Autochtones américains. Il a fallu quatorze ans pour régler la poursuite, qui s'est soldée par un jugement de 3,4 milliards de dollars contre le gouvernement américain.

À titre de corollaire, je suis même prêt à admettre que les Autochtones ont eux aussi commis de graves erreurs de jugement. Nous avons fait preuve d'un certain talent lorsqu'il s'agissait de nous saboter nous-mêmes, sans l'aide des Blancs. Par exemple, nous nous sommes querellés pendant des années sur la question de savoir qui étaient les bons Indiens. Les Indiens au sang pur contre les sang-mêlé. Les Indiens vivant sur les réserves par opposition aux Indiens urbains. Indiens inscrits et non inscrits. Ceux qui sont inscrits au rôle d'une tribu et ceux qui ne le sont pas. Ceux d'entre nous qui ont l'air indien et ceux qui n'en ont pas l'air. Nous avons été et restons cruels quand il s'agit de ces distinctions, comme si c'était une variante de l'ethnocentrisme.

Helen, qui lisait par-dessus mon épaule quand j'écrivais ces choses, m'a rappelé la question des affranchis cherokees.

J'aurais préféré éviter cette question, mais puisque nous faisons table rase, je vais traiter des faits saillants de cette histoire. Sauf que « faits saillants » est loin d'être le terme juste.

Depuis le milieu du XIXe siècle, les Cherokees sont aux prises avec un conflit politico-économico-racial sur la question de savoir qui est cherokee et qui ne l'est pas, ou, plus exactement, qui est assez cherokee pour avoir le droit de vote aux élections de la nation et avoir sa part des biens de la tribu.

Les Cherokees pratiquaient l'esclavage. En 1835, il y avait plus de 1 500 esclaves noirs au sein de la nation. Quand les Cherokees furent contraints de migrer vers le Territoire indien, bon nombre de leurs esclaves les y suivirent. Puis, en 1866, après la guerre de Sécession, les Cherokees signèrent un traité avec les États-Unis qui, entre autres choses, conférait la citoyenneté cherokee aux esclaves qui avaient été affranchis par la Déclaration d'émancipation. Ces anciens esclaves, qui étaient de sang africain ou africain-cherokee, devaient, selon les termes du traité, jouir de « tous les droits qu'[avaient] les Cherokees de naissance ».

Mais ils étaient nombreux, chez les Cherokees, à ne pas trop aimer l'idée d'avoir des affranchis au sein de leur nation, et dans les années 1970, Ross Swimmer, chef principal des Cherokees, décréta que les citoyens de la nation devaient avoir un certificat indiquant leur degré de sang indien. Il y a trois groupes distincts dans la nation cherokee : les Cherokees au sang pur, les affranchis et les Blancs mariés à des Cherokees. Le décret de Swimmer avait pour objet de faire en sorte que le seul groupe ayant le droit de vote soit les Cherokees pur sang. Ce qui eut pour effet de priver les affranchis de leur droit de vote.

À la fin des années 1980, Wilma Mankiller devint la chef principale et confirma le décret sur le certificat de pureté et le droit de vote. Mais en 2004, Lucy Allen, descendante d'un affranchi, le contesta devant la Cour suprême des Cherokees, et le tribunal, dans un arrêt partagé, statua que les descendants des affranchis étaient en effet des Cherokees eux aussi : ils pouvaient donc s'inscrire au registre de la tribu et avoir le droit de vote.

La réaction ne tarda pas : en 2006, le chef principal Chad Smith fit voter une révision constitutionnelle qui restreignait l'appartenance à la tribu et le droit de vote.

Cette mesure suscita une flopée de poursuites qui sont toujours en cours, mettant aux prises Cherokees et affranchis. Les Cherokees font valoir que, en tant que nation souveraine, la tribu est seule habilitée à définir son règlement d'adhésion. Ce qui est parfaitement exact. Mais la souveraineté et la gouvernance sont assorties d'obligations, certaines d'ordre juridique, d'autres d'ordre moral. Dans le cas des affranchis, si le vote de 2006 modifiant la constitution de la nation était une affirmation de la souveraineté cherokee, c'était aussi un vote où intervenaient des considérations économiques et raciales. La triste réalité, c'est que de nombreux Cherokees ne voulaient pas partager les biens de la tribu avec les affranchis, et ils ne voulaient pas non plus voir des Noirs appartenir de plein droit à la nation.

La saga des affranchis me rappelle l'adage qui dit que la démocratie, ce doit être plus que deux loups et un mouton qui votent à propos du menu.

Je pourrais dire quelque chose de banal comme : « Voilà un triste chapitre dans l'histoire des Cherokees », mais le propos est éculé. Tout de même, dans notre histoire, les Cherokees ont déjà mieux paru et se sont déjà mieux conduits.

Et puisqu'on en est aux péchés des Indiens, je devrais probablement admettre que l'alcoolisme, la toxicomanie, la pauvreté, la criminalité et la prévarication affligent nombre de réserves. Les médias ne se sont pas privés, en tout cas, de signaler ces défaillances au grand public, et je félicite la presse pour sa diligence candide. Vous devriez maintenant avoir une idée du poids que l'histoire fait peser sur ces problèmes compliqués. Néanmoins, c'est à nous, en fin de compte, qu'il appartient de trouver des solutions.

Bon. On a fini.

Mais avant de continuer, j'aimerais rappeler à mes aimables lecteurs que, contrairement aux récits qui paraissent régulièrement dans les journaux et aux actualités télévisées en soirée, où l'on fait la chronique de la pauvreté et du désespoir dans les communautés autochtones, nombre de tribus nord-américaines se tirent assez bien d'affaire. Certaines se sont dotées d'assises économiques solides. Bien sûr, ça aide si la tribu dispose de ressources naturelles, de pétrole, de charbon ou de bois – comme les Cris d'Hobbema, les Navajos de l'Arizona, de l'Utah et du Nouveau-Mexique, et les tribus de l'Alaska –, ou si la réserve se trouve dans une région qui se prête au tourisme et à l'écotourisme, comme c'est le cas pour les Séminoles de Floride.

Non seulement les Autochtones se portent mieux économiquement parlant, mais ils sont également plus présents en politique et dans les arts. Partout en Amérique du Nord, des centaines d'organisations autochtones – au niveau local, régional, national et international – ont mûri et poursuivent divers objectifs. Mentionnons notamment le Native American Rights Fund, l'Union des chefs indiens de la Colombie-Britannique, la Fondation nationale des réalisations autochtones (aujourd'hui Indspire), l'American Indian Policy Center, l'Association des femmes autochtones du Canada, le Minnesota Indian Affairs Council, le Congrès des peuples autochtones du Canada, l'Indian Arts and Craft Association, l'Association nationale des centres d'amitié, l'Inuit Tapirisat du Canada, la National Indian Child Welfare Association, le National Indian Women's Health Resource Centre et le Ralliement national des Métis.

Il y a aujourd'hui des Indiens qui sont agents de la paix, magistrats, écrivains, musiciens, peintres, militaires, danseurs, cuisiniers, hommes et femmes d'affaires, pilotes, architectes, hockeyeurs et chanteurs. Nous avons aussi des médecins, des avocats et des chefs indiens. Nous sommes partout. Absolument partout. Je dis cela simplement pour vous rappeler notre persévérance culturelle et notre faculté d'adaptation.

Mais assez de vantardise. Revenons à 1985 et à notre nouveau départ.

Soit dit en passant, l'idée de faire litière de l'histoire n'est pas de moi. C'est une approche de l'historiographie nord-américaine qui a fait ses preuves depuis quelque temps et qui semble gagner en popularité. Un des livres qui ont été publiés après la protestation des Mohawks contre l'expropriation immobilière à Caledonia, en Ontario, s'intitulait : *Helpless: Caledonia's Nightmare of Fear and Anarchy and How the Law Failed All of Us* (qu'on traduirait par : *Sans recours. Le cauchemar de la peur et de l'anarchie à Caledonia et comment la loi nous a trahis*). L'auteure, Christie Blatchford, alors journaliste au *Globe and Mail*, affectionne ce genre de perspective. Ignorons le passé, et restons dans le présent.

Dans son introduction, Blatchford écrit : « Ce livre n'a pas pour sujet les revendications foncières des Autochtones. Ce livre n'a pas non plus pour sujet le retrait en masse de sept générations de jeunes Autochtones de leurs réserves et de leurs familles [...] ou les sévices qui leur furent infligés dans les pensionnats [...] Ce livre ne traite pas des mérites douteux du système des réserves, qui répond surtout aux intérêts de ceux qui veulent voir les Indiens échouer [...]. »

D'où la question : de quoi s'agit-il ?

Il s'avère que le livre traite des effets malheureux que l'occupation du domaine de Douglas Creek a eus sur les résidants non autochtones de Caledonia, de la négligence des services policiers dans la protection des résidants et de leurs propriétés, et de la culpabilité des hauts officiers et des politiciens provinciaux, qui n'ont pas su faire respecter leur autorité.

Oublier le passé est sûrement une stratégie commode. Mais sans la revendication foncière des Autochtones, qui remonte au XVIIIe siècle, et qui a été ignorée et balayée du revers de la main par Ottawa et la province, un affrontement comme celui de Caledonia n'aurait jamais eu lieu. Tout de même, en faisant abstraction du contexte historique, le livre peut se concentrer sur les arbres et ignorer complètement la forêt.

Si l'on se servait de cette approche comme modèle, on pourrait écrire un livre sur le fait que les États-Unis ont largué deux bombes atomiques sur le Japon, sans avoir à mentionner une seule fois la Seconde Guerre mondiale. Mais une promesse est une promesse : essayons encore une fois de refaire l'histoire en commençant en 1985. Et portons toute notre attention sur le Canada. C'est un pays formidable, et pour la période post-1985, le Canada est des plus intéressants.

La loi C-31, par exemple.

Si l'on croit sincèrement que nous avons surmonté nos préjugés historiques, si l'on croit avoir terrassé le racisme, alors expliquer la loi C-31 risque d'être… compliqué.

La loi C-31 est une loi canadienne qui a été votée en 1985 pour modifier la Loi sur les Indiens et remédier aux inégalités qui existaient entre Indiens inscrits et Indiennes inscrites. L'Indien inscrit est un concept canadien. Cette notion n'existe pas aux États-Unis. Les Indiens des États-Unis doivent plutôt faire la preuve qu'ils ont du sang indien – on est ainsi un Indien pur, à moitié, au quart, au huitième et ainsi de suite – et être membre en règle d'une tribu reconnue par l'autorité fédérale. Au Canada, les Indiens inscrits sont simplement ceux dont le statut d'Indien est reconnu par le gouvernement fédéral. En général, ces Indiens que l'on dit inscrits sont également des Indiens par traité, mais il y a des réserves qui ont été créées par le législateur et non par voie de traité, et les membres des bandes qui les occupent sont des Indiens inscrits au même titre que les Indiens par traité.

Jusque-là, ça se tient.

Avant 1985 et la loi C-31, quand un Indien inscrit épousait une femme qui n'avait pas de statut, que celle-ci fût indienne ou non, la femme et les enfants issus de cette union devenaient des Indiens inscrits. Mais quand une Indienne inscrite épousait un homme privé de ce statut, qu'il fût indien ou non, elle et ses enfants perdaient leur statut d'Indiens inscrits. À cet égard, la Loi sur les Indiens était manifestement discriminatoire et bêtement sexiste.

Grâce à l'adoption de la loi C-31, l'Indienne qui avait perdu son statut d'Indienne inscrite pouvait recouvrer son statut. La loi bouchait aussi l'ouverture qui permettait à la femme non autochtone d'obtenir le statut d'Indienne inscrite par le mariage, dans la mesure où la loi stipulait désormais que l'on ne pouvait perdre ou acquérir le statut indien par le mariage – sauf que c'était un peu malhonnête. Si vous ne pouvez perdre ou acquérir le statut d'Indien par le mariage, vos enfants peuvent se ressentir de l'union que vous allez contracter.

Tant que les Indiens inscrits épousent des Indiennes inscrites et que leurs enfants épousent eux aussi des Indiens ou des Indiennes inscrits, personne ne perd son statut. Mais si des Indiens inscrits se mettent à épouser des Indiennes non inscrites (ou vice versa) ou des non-Autochtones, les enfants risquent de perdre leur statut d'Indiens.

Et une fois qu'on a perdu son statut d'Indien, pas moyen de le ravoir.

Donc, disons que vous avez un frère, un jumeau identique. Vous êtes tous les deux des Indiens inscrits, de sang pur. Vous, vous épousez une Indienne pure qui a le statut d'Indienne inscrite, mais votre jumeau épouse une Indienne pure qui a perdu son statut. Vous avez une fille. Votre frère a une fille. Les deux filles ont le statut d'Indiennes inscrites.

Les deux filles grandissent, tombent amoureuses et se marient. Votre fille épouse un Indien de sang pur et inscrit. La fille de votre frère épouse un Indien de sang pur, mais qui n'a plus le statut d'Indien inscrit. Votre fille et la fille de votre frère donnent naissance à des garçons. Regardez bien. Ma manche est vide de tout trucage. Le fils de votre fille, qui est indien de race pure, reste un Indien inscrit. Le fils de la fille de votre frère, qui est un Indien de race pure lui aussi, n'est plus un Indien inscrit. Un enfant a le statut d'Indien inscrit. L'autre enfant, non. Même si les deux enfants ont les mêmes grands-parents indiens inscrits, même si tous ont épousé des Indiens de race pure. Ce que vous venez de voir s'appelle la « règle d'exclusion après la deuxième génération ». Épousez sur deux générations quelqu'un qui n'a pas de statut, et les enfants de la seconde union ne seront plus des Indiens inscrits.

Est-ce que ce sont les Autochtones qui ont réclamé cette mesure draconienne ? Ou était-ce une initiative imaginée par le gouvernement pour éliminer le statut d'Indien inscrit ?

Pensons-y une minute.

Puisque les Indiens épousent aussi bien des personnes qui ont le statut que des personnes qui ne l'ont pas, tant et aussi longtemps que restera en place la règle de l'exclusion après la deuxième génération, un plus grand nombre de nos enfants vont perdre leur statut d'Indiens. Si ça continue, à un moment donné, peut-être du vivant de mes petits-enfants, il pourrait ne plus y avoir d'Indiens au Canada. Il subsistera encore des terres protégées par les traités, détenues en fiducie pour les Indiens inscrits. Il y aura encore des Indiens, de race pure ou mixte, qui auront maintenu leurs affiliations tribales et leur culture, voire leur langue. Mais les réserves d'Hobbema et de Standoff, de Curve Lake et de Brantford, de Penticton et de Bella Bella, de Cross Lake et de Nelson House seront des villages fantômes. Ou des musées.

C'est un plan brillant. Plus besoin désormais de dégager des crédits pour améliorer les conditions de vie sur les réserves. Plus de raison de bâtir le centre de santé qu'on promettait depuis trente ans. Plus besoin de radouber les systèmes d'aqueduc ou d'égouts, ou de rajeunir le matériel scientifique des écoles. Sans Indiens inscrits, la terre pourra être recyclée par le gouvernement et transformée en quelque chose d'utile, par exemple des domaines résidentiels et des terrains de golf, et Ottawa, enfin, pourra se décharger de ses obligations envers les Indiens.

Ottawa n'a jamais su s'y prendre de toute manière.

La loi C-31 sera probablement contestée un jour devant les tribunaux, mais ce que je ne comprends pas, c'est pourquoi cette perte du statut et la perte potentielle de notre assise territoriale n'ont pas préoccupé plus que cela les organisations autochtones du Canada. Peut-être qu'elles ont protesté et que j'avais la tête ailleurs. Ce dont les chefs autochtones et les responsables du gouvernement *ont* parlé, c'est de modifier la Loi sur les Indiens pour donner plus d'autonomie aux bandes ou d'abolir la loi. Jusqu'à maintenant, ce furent parlottes en pure perte. Les traités ne sont pas négociables dans la loi. Techniquement, je crois que les traités pourraient fonctionner sans la loi. Je pense qu'ils fonctionneraient encore mieux.

Mais sans les traités, la Loi sur les Indiens est un parasite sans hôte.

La triste réalité, c'est que, même si les efforts concertés des organisations locales et nationales arrivaient à stopper cette attaque contre le statut d'Indien, cela voudrait dire qu'on reviendrait tout simplement à 1985. On ne serait pas rendu plus loin. Tous les problèmes que nous éprouvons comme Autochtones seraient encore là. Et une telle campagne, même si elle réussissait, n'aiderait en rien les quelque 200 000 Indiens sans statut du pays, qui restent en marge de la Loi sur les Indiens et n'ont aucun droit sur les territoires des bandes.

L'autre solution est de ne rien faire – ce qui est beaucoup

plus commode et attrayant, je l'admets – et de laisser les sept prochaines générations, s'il en reste, se débrouiller avec leurs problèmes.

Si la loi C-31 nous permet d'entrevoir la métaphysique de la haine du fédéral pour les Indiens, le Rapport de la Commission royale sur les peuples autochtones, sa réception et sa mise en œuvre nous offrent une vue panoramique de la question.

La Commission royale sur les peuples autochtones fut créée en 1991 ; c'était un comité de personnalités éminentes formé de 4 Autochtones et de 3 non-Autochtones. La commission avait à l'origine un budget de 8 millions de dollars pour 3 ans, mais la recherche a pris 5 ans et coûté près de 58 millions. La commission a visité 96 communautés, tenu 178 audiences partout au pays, dans les réserves, les centres communautaires et les prisons, les Autochtones – qui forment 4 % de la population canadienne – constituant plus de 18 % de la population carcérale.

Le rapport final, qui faisait plus de 4 000 pages et s'étendait sur 5 volumes (6 livres), représentait l'étude la plus complète jamais faite sur les peuples autochtones, l'histoire des Autochtones et la politique relative aux Autochtones.

Le dernier volume du rapport contient 440 recommandations ; on y reconnaît entre autres que « le droit à l'autodétermination existe pour tous les peuples autochtones du Canada » ; que « les Autochtones du Canada bénéficient d'une forme particulière de double citoyenneté » ; que le gouvernement du Canada devrait dissoudre le ministère des Affaires indiennes et du Nord canadien pour le remplacer par « deux nouveaux ministères : le ministère des Relations avec les Autochtones et le ministère des Services aux Indiens et aux Inuits » ; que le gouvernement du Canada doit rencontrer les gouvernements et les membres des Premières Nations et s'engager à « fournir d'ici dix ans les logements convenables dont

ont besoin les membres des Premières Nations » ; et que « les représentants des peuples autochtones [doivent participer] à toutes les étapes de la planification et de la préparation de toute conférence constitutionnelle convoquée par le gouvernement du Canada ».

Le rapport faisait d'autres recommandations dans des domaines comme la gouvernance, la santé, le logement, l'éducation, les droits des femmes autochtones, les droits des Métis et le développement économique. On s'attendait à ce que le gouvernement se saisisse du rapport pour renouveler, modifier et restructurer ses relations avec les Premières Nations du Canada.

Mais rien de tel n'est arrivé. Dès que le rapport a paru, il s'est retrouvé sur les tablettes avec tous les autres rapports des commissions royales précédentes : la Commission royale d'enquête sur la situation de la femme au Canada, celle sur la radio et la télévision, celle sur le bilinguisme et le biculturalisme, celle sur la peine capitale, celle sur la réforme électorale – sauf que, soyons juste, certaines recommandations de ces autres commissions royales ont été effectivement mises en vigueur.

L'aspect probablement le plus embarrassant du rapport de la Commission royale sur les peuples autochtones fut la vitesse à laquelle il fut enterré. Rapide comme l'éclair. Peut-être fut-il victime des aléas de la vie politique. Les conservateurs de Mulroney l'avaient commandé, mais les libéraux de Chrétien étaient au pouvoir quand il a été publié. Peut-être aussi que la raison ne se situe pas dans les intrigues de la politique partisane. Peut-être, comme me l'a expliqué Helen, que les rapports de commissions royales sont devenus le moyen d'action privilégié des Canadiens.

Étant donné que nous nous intéressons maintenant à 1985 et aux années qui ont suivi, nous ne devons pas passer sous silence l'Accord du lac Meech, qui se composait d'une série de modifications à la Constitution canadienne visant à encourager le Québec à regagner le « giron constitutionnel » canadien. Même si le processus lié à cet accord chevauche notre date, la rencontre primordiale eut lieu au lac Meech en avril 1987, et le texte définitif de l'accord fut approuvé à la fin de juin de la même année.

Le texte reconnaissait officiellement que le Québec constituait une « société distincte », donnait à la province des pouvoirs nouveaux et étendus dans le domaine de l'immigration et sur le plan des nominations au Sénat et à la Cour suprême, et opérait des changements dans les institutions nationales. Il accordait aussi au Québec (et aux autres provinces) la faculté de se retirer de tout programme fédéral que la province estimerait contraire à ses intérêts supérieurs.

Si l'Accord du lac Meech donnait satisfaction au Québec sur bien des points, il ne disait mot sur les peuples autochtones. L'accord prévoyait la tenue d'une conférence des premiers ministres au moins une fois l'an, qui serait vouée à l'examen des questions d'intérêt national. Les chefs autochtones voulaient être représentés à cette table. Ils voulaient que l'on reconnaisse officiellement les sociétés indiennes comme étant elles aussi des « sociétés distinctes », expression que le Québec avait réussi à imposer. Ils voulaient que l'on reconnaisse les droits et les aspirations des Autochtones. Et ils voulaient qu'on leur garantisse que le droit de veto et les pouvoirs de retrait que l'on accordait aux provinces n'aient pas d'impact sur les Premières Nations du Canada.

Mais les Autochtones n'étaient même pas mentionnés dans le texte de l'accord. Le Canada était le confluent de trois peuples fondateurs – les Autochtones, les Anglais et les Français –, mais l'accord ne reconnaissait que les courants anglais et français.

L'entérinement de l'Accord du lac Meech était condition-
nel au respect d'un délai de trois ans, qui prenait fin
le 23 juin 1990. Les dix provinces devaient avoir ratifié l'accord à cette date, sans quoi celui-ci devenait caduc. Au début
de juin 1990, huit l'avaient avalisé. Il n'en manquait que deux :
le Manitoba et Terre-Neuve.

Aux élections provinciales du Manitoba de 1990, les pro-
gressistes-conservateurs de Gary Filmon prirent le pouvoir
avec trente des cinquante-sept sièges. Les néo-démocrates
avaient vingt sièges, les libéraux, sept. L'Accord du lac Meech
ne faisait pas l'unanimité, mais les leaders des trois partis
convinrent de le soumettre au vote de l'assemblée législative.

Mais avant qu'il y eût vote, le processus nécessitait des
audiences publiques. Des audiences publiques aussi tar-
dives auraient repoussé le débat au-delà de la date butoir pour
la ratification de l'accord. Filmon proposa donc une motion
qui aurait fait l'économie de ce débat et permis la tenue
du vote à l'assemblée. Ce vote, qui aurait eu pour effet de dis-
penser l'assemblée de tenir des audiences publiques, devait
être unanime, et ici l'Accord du lac Meech se buta à Elijah
Harper.

Harper était un Cri, député de la Red Sucker Lake First
Nation, dans le nord du Manitoba, et le premier Indien par
traité à être élu à l'assemblée provinciale. Quand le vote eut
lieu, il se leva et vota non.

Non. Non. Non.

Et sur ce, l'Accord du lac Meech mourut de sa belle mort.

Deux ans plus tard, un autre train de réformes constitutionnelles, l'Accord de Charlottetown, qui avait pour objet lui
aussi de réviser la Constitution canadienne, fut mis de l'avant.
Cette fois, contrairement à ce qui s'était passé avec l'Accord
du lac Meech, les représentants de l'Assemblée des Premières
Nations, du Congrès des peuples autochtones du Canada, de

l'Inuit Tapirisat du Canada et du Ralliement national des Métis prirent part aux consultations publiques.

Le texte de l'accord stipulait que les peuples autochtones avaient le droit de « préserver leurs langues, leurs cultures, leurs traditions, et d'assurer l'intégrité de leurs sociétés » ; on reconnaissait que les gouvernements autochtones « constituaient l'un des trois ordres de gouvernement au Canada ». Et l'on assurait aussi aux nations autochtones que rien dans l'accord « n'abrogeait ou ne limitait les droits autochtones ou issus de traités des peuples autochtones du Canada », et que ces peuples avaient « le droit inhérent à l'autonomie gouvernementale ». L'accord suggérait même que les Autochtones auraient droit à des sièges garantis dans un Sénat réformé.

Cela dit, les « possibilités » qu'on mentionne dans les documents gouvernementaux sont généralement des euphémismes pour dire : « Jamais de la vie. » Et le « droit inhérent à l'autonomie gouvernementale » est clarifié plus tard par la mention : « Nulle loi adoptée par un gouvernement autochtone, ou tout autre exercice de sa compétence fondé sur la disposition relative au droit inhérent à l'autonomie gouvernementale [...] ne saurait être incompatible avec les lois essentielles au maintien de la paix, de l'ordre et du bon gouvernement au Canada. »

Ce qui se tient parfaitement. Autrement, les nations autochtones seraient... souveraines.

Contrairement à l'Accord du lac Meech, qui devait être entériné par les assemblées législatives provinciales, l'Accord de Charlottetown fut soumis à un référendum national. Et rejeté catégoriquement. Même si cet accord comportait des garanties pour les peuples autochtones qui étaient absentes de l'Accord du lac Meech, et même si les leaders autochtones y étaient favorables et l'ont défendu sur la place publique, les Autochtones, dans leur ensemble, votèrent contre.

Je ne pourrais pas vous dire pourquoi, cependant. Peut-être qu'à ce stade-ci de nos relations avec les non-Autochtones, nous avions cessé de croire que le gouvernement était là pour nous aider. Mais ce ne fut pas le vote autochtone qui tua l'Accord de Charlottetown. En 1992, les électeurs de l'Alberta, de la Colombie-Britannique, du Manitoba, de la Nouvelle-Écosse, de la Saskatchewan et du Québec votèrent contre. Les électeurs du Nouveau-Brunswick, de Terre-Neuve, de l'Ontario et de l'Île-du-Prince-Édouard votèrent pour. Les Territoires du Nord-Ouest dirent oui aussi. Le Yukon dit non. Mais ce fut un vote serré : 49,6 % étaient pour, 50,4 % étaient contre.

L'Accord de Charlottetown donnait aux peuples autochtones des garanties inexistantes dans l'Accord du lac Meech, comme je l'ai dit ; et cette « générosité » a peut-être joué un petit rôle dans son rejet. Chose certaine, j'ai entendu des gens se plaindre qu'on allait « encore gaspiller de l'argent pour les Indiens », même si l'accord ne nous rapportait pas un sou. Cependant, l'aigreur suscitée par l'Accord de Charlottetown était surtout dirigée contre le Québec.

Une fois la poussière retombée, après l'échec de ces deux accords, les Autochtones du Canada étaient revenus à 1985.

Ah, j'ai failli oublier. Vous vous rappelez le différend foncier survenu en 2006 à Caledonia, en Ontario, que j'ai mentionné plus tôt ? Où les Mohawks avaient investi un projet de valorisation immobilière pour protester contre la construction de nouvelles maisons sur le territoire qu'ils estimaient être à eux ? L'affaire a connu un dénouement heureux. En 2011, le gouvernement de l'Ontario a réglé le contentieux pour la somme de 20 millions de dollars.

Mais pas pour les Mohawks.

Non, l'argent est allé aux propriétaires de maisons et aux entreprises qui avaient souffert du blocus de six semaines.

Que le règlement fût intervenu quelques mois avant les élections provinciales, alors que le gouvernement libéral en place marquait le pas dans les sondages, selon les sources gouvernementales, n'avait absolument rien à voir avec cette pluie d'or. Les réclamations des Mohawks et la revendication foncière elle-même furent reléguées aux oubliettes – une preuve de plus que l'Amérique du Nord est décidée à renier ses engagements. La preuve aussi que l'Amérique du Nord n'a pas son pareil pour se raconter des histoires.

Aux États-Unis, la période post-1985 fut sauvée par l'adoption, en 1990, de la Loi sur la protection et la restauration des tombeaux des Indiens d'Amérique, qui oblige les agences et institutions fédérales à rendre les biens culturels et les restes humains des Autochtones aux tribus qui ont été dépouillées. On assista aussi au règlement de diverses revendications foncières : le Règlement foncier du Massachusetts avec les Wampanoags en 1987, le Règlement foncier de l'État de Washington avec les Puyallups en 1989, le Règlement foncier avec les Sénécas en 1990, le Règlement foncier avec les Mohegans en 1994, le Règlement frontalier avec les Crows en 1994, le Règlement foncier avec les Cherokees, les Choctaws et les Chickasaws en 2002, et le Règlement foncier avec les Pueblos de San Ildefonso en 2006, pour n'en mentionner que quelques-uns. Cependant, la période fut surtout dominée par l'apparition des établissements de jeu sur les réserves. Selon le point de vue qu'on a, les jeux de hasard pourraient être considérés comme une entreprise économique ou une guerre économique.

Tout a commencé fort simplement en 1972, quand Russell et Helen Bryan, un couple chippewa qui vivait sur la réserve indienne de Greater Leech Lake, dans le nord du Minnesota, ont reçu une facture de taxe foncière du comté d'Itasca. Les Bryan refusèrent d'acquitter la taxe, faisant valoir que leur maison mobile se trouvait sur une terre tribale. Le tribunal donna gain de cause au comté d'Itasca, et les intimés en appelèrent devant la Cour suprême du Minnesota, qui confirma le jugement du tribunal de première instance. L'affaire finit par aboutir devant la Cour suprême des États-Unis, où le juge William Brennan fils rédigea l'arrêt unanime du tribunal. Si l'on résume simplement les choses, il y était dit que les États n'avaient pas le droit de taxer des Indiens qui vivaient sur des réserves fédérales. De même, la cour statua que les États n'étaient pas habilités à réguler les activités ayant lieu sur les réserves indiennes. L'affaire Bryan n'avait rien à voir avec le droit d'ouvrir des casinos, mais le jugement Brennan ouvrit la porte à cette possibilité ; et lorsque la notion d'autonomie gouvernementale fut définie dans deux autres grandes causes, *Seminole v. Butterworth* en 1981 et *California v. Cabazon Band of Mission Indians* en 1987, la question fut tranchée. Les tribus avaient désormais le droit d'ouvrir des établissements voués aux jeux de hasard sur les terres tribales.

Bien sûr, l'affaire fit des mécontents. Les gouvernements des États étaient furieux, en partie parce qu'ils perdaient le contrôle de terres qu'ils estimaient leur appartenir, et en partie à cause de la perte de recettes fiscales. Les grandes entreprises nationales propriétaires de casinos avaient des intérêts énormes dans des villes comme Atlantic City et Las Vegas, et elles voyaient dans l'avènement des casinos indiens une concurrence directe à leur monopole. Donald Trump, un monsieur qui veille jalousement sur ses profits, se montra particulièrement hostile à l'idée des casinos indiens.

L'idée que des Autochtones puissent être indépendants et maîtres de leur destin était tout simplement insupportable, et presque aussitôt les gouvernements des États – avec l'appui de collectifs civiques opposés aux jeux de hasard de toutes sortes, le cartel du jeu lui-même, le Bureau des affaires indiennes et le Congrès – se concertèrent pour trouver le moyen de neutraliser l'arrêt Brennan.

Après tout, la possibilité que des Indiens se prennent en main et gèrent leurs propres affaires était antithétique aux idéaux américains que sont la démocratie, l'équité et la libre entreprise.

Ce qui est arrivé après est à la fois complexe, illégal et sordide. Mais, étant donné l'histoire des affaires indiennes, il n'y avait là rien d'inattendu. Les États, de concert avec le gouvernement fédéral et des intérêts privés, firent savoir que, si les tribus avaient le droit d'ouvrir des établissements de jeu sur leurs réserves, ils pourraient en appeler aux tribunaux jusqu'à la fin des temps. Ce qu'il fallait, dirent les puissants de ce monde, c'était un compromis.

Joli mot, *compromis*. Beaucoup plus généreux en tout cas que *chantage*.

En 1988, le Congrès reconnut officiellement le droit qu'avaient les Autochtones américains d'ouvrir des établissements de jeu avec l'adoption de la Loi réglementant les jeux de hasard en territoire indien. Les États étaient d'accord avec cette loi parce qu'elle obligeait les tribus à négocier le type de jeux qui seraient permis. Et si la loi affirmait noir sur blanc que les gouvernements tribaux seraient les seuls propriétaires et les principaux bénéficiaires des jeux de hasard, en réalité les tribus se voyaient forcées de signer des ententes garantissant aux États une part généreuse des revenus que les Indiens tireraient des machines à sous et des tables de jeu.

Le genre d'offre qu'on ne peut pas refuser.

Aux États-Unis, donc, en vertu de la Loi réglementant les jeux de hasard en territoire indien de 1988, on retrouvait désormais trois catégories de jeux de hasard sur les réserves indiennes : les jeux de catégorie I, ceux de catégorie II et ceux de catégorie III.

Les jeux de hasard de catégorie I étaient définis comme étant les jeux traditionnels ou sociaux où l'on ne remporte que de petits prix. Seule la tribu pouvait profiter des revenus de cette catégorie, et ceux-ci n'étaient pas assujettis aux règles de la Loi réglementant les jeux de hasard en territoire indien. Les jeux de hasard de catégorie II comprenaient généralement le bingo et les autres jeux semblables. Ils étaient régulés par les gouvernements tribaux et contrôlés par la Commission nationale des jeux de hasard indiens.

Les jeux de hasard de catégorie III englobaient tous les autres jeux de hasard qui ne relevaient pas des deux premières catégories ; il s'agissait de manière générale des jeux de type casino. C'était fort semblable au genre de jeux qui avaient cours dans des lieux comme Atlantic City et Las Vegas, et c'est ici que la question devint... intéressante. Si une tribu voulait se lancer dans les jeux de hasard de catégorie III, il fallait que l'État autorise les jeux de catégorie III. La tribu devait aussi négocier une entente avec l'État, laquelle devait recevoir l'approbation du secrétaire de l'Intérieur. Enfin, la tribu devait établir un règlement sur les jeux de hasard, qui serait avalisé par la Commission nationale des jeux de hasard indiens.

Je n'aime pas beaucoup l'idée du jeu comme source de revenus pour les Indiens. C'est le genre d'argent qui réveille généralement les pires instincts chez les gens, Indiens ou pas. Mais après plusieurs siècles d'oppression économique, et étant donné l'absence d'autres solutions, les jeux de hasard professionnels, pour de nombreuses tribus, promettaient des recettes optimales pour un effort minimal. Cependant, à part l'argent liquide coulant de source et les emplois qui peuvent être créés, les jeux de hasard de type industriel ajoutent bien peu de valeur à la vie en général.

Cela dit, on pourrait en dire autant des mines terrestres et de la téléréalité.

À ce jour, il y a environ 15 casinos indiens au Canada et plus de 350 casinos et salles de bingo dans 30 États, qui rapportent plus 25 milliards de dollars par an. Et ces chiffres continuent de gonfler. Ainsi, un consortium de bandes indiennes du Manitoba et les Chippewas de Red Lake, au nord du Minnesota, ont collaboré pour ouvrir le Casino de Spirit Sands, près du parc provincial de Spruce Woods. Le casino sera la première entreprise de jeux de hasard intégralement indienne et pourrait être un modèle de développement futur.

Le nouveau bison. C'est ainsi que quelqu'un a baptisé les jeux de hasard indiens. *Le nouveau bison.*

À l'automne 2010, mon frère et moi avons fait un voyage en voiture qui nous a conduits en Oklahoma. Sur la route 40 qui mène à Oklahoma City et sur la 44 qui va à Tulsa, nous avons longé une série de casinos que les Cherokees ont bâtis. Ils étaient propres et léchés. Plus gros que des restaurants de fast-food, plus petits que le MGM Grand de Las Vegas. Chris, mon frère, disait que c'étaient des casinos « avec service au volant ».

Je ne suis pas fou des jeux de hasard, mais dans un esprit de curiosité et de solidarité tribale, Chris et moi avons fait halte pour nourrir le bison. Quinze dollars chacun. Tout bien considéré, j'aurais préféré mettre cet argent dans un hôpital ou un système d'eau potable sur une réserve.

Plus du tiers des tribus reconnues par l'État fédéral en Amérique du Nord se sont lancées dans une forme de jeu organisé quelconque, et d'autres tribus s'y ajoutent tous les jours. Même les Navajos, qui par deux fois avaient voté contre l'établissement de casinos sur leurs réserves, ont fini par succomber à l'attrait de l'argent facile et des emplois. La première entreprise de la tribu dans la catégorie III, le Fire Rock Casino, un peu à l'est de Gallup, devrait lui rapporter près de 32 millions de dollars par an.

Difficile de lever le nez sur autant d'argent et sur les emplois que cette industrie génère.

Personne ne peut dire quels seront les effets du jeu sur les Autochtones des réserves. J'espère que nous serons assez intelligents pour utiliser le jeu dans le but de nous lancer dans d'autres industries, et qu'en solidifiant les infrastructures tribales, nous pourrons aussi diriger une partie des profits vers des entreprises plus diversifiées et plus viables. Mais qu'on ne s'y trompe pas. Quand les États, les provinces et les municipalités considèrent le jeu organisé chez les Indiens, ils ne voient que le pactole que cela rapporte. Depuis 2003, les tribus de l'Arizona ont versé près de 430 millions à l'État. Le Connecticut, qui abrite les grands casinos indiens Foxwoods et Mohegan Sun, touche environ 200 millions par année. En 2003, le gouverneur de la Californie, Gray Davis, aux prises avec un déficit public énorme, a « invité » les tribus à faire à l'État un don de 1,5 milliard, soit un tiers des profits du jeu.

Ironiquement, la Californie est l'État qui, au milieu du XIXe siècle, a activement encouragé le massacre des Indiens, offrant des primes pour leurs cadavres et leurs scalps sans égard au sexe ou à l'âge des victimes. Vingt-cinq dollars pour un adulte. Cinq dollars pour un enfant. C'est le même État qui a vendu plus de 4 000 enfants indiens en esclavage à des prix se situant entre 60 dollars pour un garçon et 200 pour une fillette.

Dieu merci, le passé est le passé, et aujourd'hui, c'est aujourd'hui. Nous aimerions bien mieux être appréciés qu'être traqués, mais nous devons comprendre que nos nouveaux amis les politiciens réclament chaque fois une part plus grosse du gâteau lorsqu'ils débarquent chez nous, et qu'ils ne cesseront de revenir tant qu'il subsistera quelques miettes dans l'assiette.

Après tout, c'est du gâteau indien, et nous, un rien suffit à nous sustenter.

Mais la période post-1985, ce n'est pas que des lois nouvelles, et des gouvernements et des politiciens qui viennent piquer l'argent des Indiens. Le présent, tout comme le passé, comporte sa juste part de saloperies, de racisme et de meurtres.

Il y a des gens qui sont sincèrement troublés par ce qu'ils croient être, erronément, un traitement préférentiel pour les Indiens. Bon nombre de ces voix se sont rassemblées en petits groupes et en organisations locales, comme Protect Americans' Rights and Resources ou Stop Treaty Abuse (des noms qu'on pourrait traduire par « Protéger les droits et les ressources des Américains » et « Mettez fin aux abus des traités »), qui ont été formés respectivement en 1987 et en 1988 pour protester contre le droit à la pêche au harpon conféré aux Ojibwés par voie de traité au Wisconsin. D'autres organisations, comme la Citizens Equal Rights Alliance (ou l'Alliance pour l'égalité des droits civiques, CERA), qui compte des chapitres dans plus d'une dizaine d'États, sont plus imposantes et mieux financées, et ont l'oreille des législateurs des États et du gouvernement fédéral. L'énoncé de mission de la CERA est succinct et va droit au but : « La politique fédérale en matière de relations avec les Indiens est inadmissible, destructive, raciste et anticonstitutionnelle. La CERA a donc pour mission d'assurer une protection égale devant la loi à tous les citoyens, telle qu'elle est garantie par la Constitution des États-Unis d'Amérique. »

C'est à croire que la CERA parle du tort infligé aux Autochtones par la politique indienne du gouvernement fédéral. Que non. Le groupe « lésé » que la CERA a fait vœu de protéger, ce sont les Blancs.

La haine et la désinformation sont à la base de bon

nombre de ces organisations. Mais certains groupes ne se donnent même pas la peine de donner le change. En 1999, un dépliant fut distribué dans le Dakota du Sud et le Nebraska. Le texte ressemblait à un avis officiel du ministère des Pêches et de la Chasse du Dakota du Sud, annonçant une saison spéciale sur les réserves des Lakotas au cours de laquelle les chasseurs blancs pourraient chasser l'Autochtone ou, comme le disait le dépliant, ces « enfants de salauds rouges, ces bouffeurs de viscères, ces nègres des Prairies ». La chasse, disait l'avis, avait pour objectif « d'éliminer ces putains d'Indiens ».

Le dépliant limitait le nombre d'Indiens qu'on pouvait tuer – 10 Indiens par jour – et restreignait les meutes de chasse à pas plus de 150 personnes et 35 « chiens de chasse assoiffés de sang et féroces ». D'autres règles interdisaient de tuer un Indien dans une taverne pour éviter qu'une balle « ne fasse ricochet et ne tue des Blancs civilisés ». On ne pouvait pas non plus poser de pièges à moins de quinze pieds d'un magasin d'alcools, tirer sur un Indien dormant sur le trottoir ou tirer dans le sens de la longueur sur une queue d'assistés sociaux. Spirituel, non?

Benjamin Nighthorse Campbell, le sénateur du Colorado et le troisième Indien à être élu au Congrès – le premier à présider la commission des affaires indiennes du Sénat –, adressa une copie du dépliant au ministère de la Justice, mais la faible lueur de l'intérêt judiciaire ayant effarouché les auteurs du texte, ceux-ci rentrèrent dans leur trou et disparurent.

J'aimerais pouvoir dire, ne serait-ce que parce que je suis fier d'être canadien, que ce sont là des passe-temps exclusivement américains, mais ce serait mentir.

En 1988, Helen et moi vivions à Lethbridge, en Alberta. Nous possédions l'une de ces maisons de banlieue de modèle récent, fabriquées en série, deux niveaux, murs de stuc et toit de fausses tuiles. Dans la cour, de l'herbe et un olivier russe, qui doit bien être le seul genre d'arbre capable de survivre dans les hautes prairies. Ses feuilles minces et grises lui donnaient un air agonisant, ce qui déjouait les éléments, qui pensaient ne pas avoir à se soucier d'un arbre aussi souffrant et sur le point de rendre l'âme.

Je suis allé me balader par un beau samedi, m'arrêtant à toutes les maisons où il y avait visite libre. Je ne voulais pas acheter. Juste regarder. Et à Lethbridge, en 1988, aller fouiner dans les maisons à vendre était essentiellement la seule distraction qui s'offrait à vous le samedi après-midi.

Ainsi, en fouillant à gauche et à droite, je suis tombé sur un petit bungalow sur la 7ᵉ Avenue, à quelques pas du magasin Woodward, du Lethbridge Lodge et des coulées qui surplombent le lit de la rivière. C'était un charmant petit bungalow sur un coin de rue, entouré d'une belle haie. À l'intérieur, trois chambres à coucher, une salle d'eau, une cuisine, une salle à dîner et un salon au premier. Le sous-sol n'était pas aménagé, mais on voyait qu'il y avait moyen d'y installer aisément une salle d'eau complète, deux chambres à coucher et une salle familiale.

Je suis rentré chez moi à toutes jambes, j'ai alerté Helen, qui est allée voir, et avant la fin du mois nous avions vendu notre maison et acheté le bungalow.

Lethbridge est située aux abords de la réserve des Pieds-Noirs, et l'on y trouve, comme aurait dit Walt Whitman, toutes les aménités et tous les préjugés qu'on peut penser trouver dans une telle géographie sociale : « Je suis vaste, j'abrite des multitudes. » Non pas que ces multitudes s'entendaient toujours bien, mais à l'époque, il y avait une sorte de paix malaisée entre cow-boys et Indiens. Le racisme était audible mais tu, visible mais filtré.

Nous habitions notre bungalow depuis quelques mois

quand j'ai trouvé un soir un dépliant dans ma boîte aux lettres. Il provenait d'un grand courtier immobilier de la ville. Je ne dirai pas son nom, car je ne veux pas rouvrir de vieilles blessures, et également parce qu'à ce stade-ci il n'y aurait rien à y gagner ou à y perdre. Le dépliant était une simple feuille de papier, de couleur jaune, qui signalait aux braves gens du coin qu'une famille du traité 7 venait d'emménager dans le quartier. Je suis à peu près sûr que nous n'étions pas la famille en question. Le traité 7 ne fait aucune mention des Cherokees. Il s'agissait du traité conclu avec les Pieds-Noirs en septembre 1877. Dans le cas du dépliant, cependant, *traité 7* n'était qu'un mot de code pour dire « Indiens », donc peut-être que le courtier immobilier avait pensé à moi aussi.

Pas besoin d'être un grand clerc pour deviner ce que tout cela voulait dire : attention, les Indiens se sont installés parmi nous. La valeur de vos maisons pourrait fléchir. Pour protéger votre placement et votre propre personne, appelez-moi, je vais vendre votre maison et vous aider à emménager dans un quartier de la ville qui est plus sûr – sur le plan économique et social, s'entend.

Au début, ça m'a fait sourire. Puis, ça m'a fâché, et je n'étais pas le seul, il y avait des tas de gens à Lethbridge et sur la réserve qui ne la trouvaient pas drôle non plus. Et pourquoi pas ? Cet imbécile avait enfreint la règle numéro un du racisme : on a le droit d'être raciste dans sa tête, mais on n'a pas le droit de le dire.

Donc, ce dépliant fut la goutte qui fit déborder l'égout, pour ainsi dire. Le courtier recula d'un pas, parce que l'égout était profond, puis il reprit son élan et se mit à expliquer que tout cela n'était qu'un malentendu. Son dépliant n'avait rien de raciste, c'était seulement une occasion pour lui comme pour d'autres de faire un petit profit. Si une famille du traité 7 avait tellement aimé le quartier, au point d'y emménager, peut-être que d'autres familles du traité 7 voudraient s'y établir aussi. Le prix des maisons pourrait augmenter. L'offre et la demande, mon vieux. Ce n'était pas la voix du racisme que nous avions entendue, plaida-t-il, c'était la locomotive du capitalisme qui faisait son petit bonhomme de chemin au cœur de la ville.

La locomotive du capitalisme. C'était peut-être la même chose que j'avais entendue des années auparavant à Salt Lake City, quand j'avais essayé d'acheter une maison là-bas. Après avoir passé plusieurs semaines à visiter des dizaines de maisons et agacé mon agent immobilier avec mon indécision, ce dernier avait fini par me demander : « Mais qu'est-ce que vous voulez au juste ? Passer le reste de vos jours sous un tipi ? »

Quelqu'un m'a dit un jour que le racisme nous blesse tous. Peut-être dans un sens social plus large, oui. Tout ce que je sais, c'est qu'il semble que certains soient plus blessés que d'autres.

Nous avons été plusieurs à nous plaindre de ce dépliant sur le traité 7. Je ne sais pas à quoi je devais m'attendre, mais j'ai été surpris quand un fonctionnaire municipal m'a dit : « Vous autres, là, vous devriez vous calmer un peu. » Il faut vivre et laisser vivre, m'a-t-il dit. Il n'y a pas eu mort d'homme, quand même. Tout le monde peut se tromper. Suivez le mouvement. Que celui qui n'a jamais péché jette la première pierre. Ne jugez pas si vous ne voulez pas être jugé.

C'est ça, le problème avec la Bible, non ? L'Ancien Testament regorge de dieux ulcérés et de sales histoires, et le Nouveau Testament suinte d'évangiles et d'épîtres, mais on n'y trouve pas beaucoup de bonnes citations qui permettent de contrer la haine. « À moi la vengeance, à moi la rétribution » (Romains 12,19) semble suggérer une certaine manière d'agir, mais le verset invite en fait le chrétien à *ne pas* chercher vengeance. On nous rappelle ainsi que le règlement des injustices appartient au royaume de Dieu seul, et à personne d'autre. Nous (les humains) sommes censés pardonner à nos bourreaux, présenter l'autre joue et tout le bataclan, mais la Bible n'explique pas la noblesse qu'il y a à être méprisé. Ou le profit qu'on peut trouver à prendre des baffes.

Oui, d'accord, les Béatitudes sont pleines de promesses pour les passifs et les croyants : les simples d'esprit et les persécutés hériteront du ciel, les miséricordieux bénéficieront de la miséricorde divine, les cœurs purs verront Dieu, les endeuillés seront réconfortés, et les faibles hériteront de la terre. Si vous prenez Matthieu au pied de la lettre, vous ne courez aucun risque. Et certains versets de l'Épître aux Romains (12,20-21) disent que si vous donnez à manger à votre ennemi, vous entasserez sur sa tête des charbons ardents ; mais, comme les Béatitudes, c'est là simplement une métaphore générale et non une obligation contractuelle.

Moi, je croyais que l'agent immobilier serait réprimandé par la chambre immobilière, mais il ne lui arriva rien du tout. Je ne crois pas que quiconque ait cru son explication, mais encore là, son petit dépliant n'était pas un appel au lynchage dans le Mississippi ni le massacre de Sand Creek. Ce n'était qu'un de ces fragments de haine sur lesquels on se coupe les mains quand on fouille dans la mosaïque canadienne.

Puis, il y eut cette affiche malheureuse qu'une jeune employée de Tim Hortons à Lethbridge, en Alberta, avait collée dans la vitrine du service au volant en 2007. Il y était dit : « Pas d'Indiens ivres. » Les accusations de racisme fusèrent, Tim Hortons rassura la population en lui garantissant que ses comptoirs n'étaient pas des foyers de haine raciale, mais le plus intéressant, ce fut la réaction du grand public. Il y eut autant de gens qui téléphonèrent aux lignes ouvertes de la radio ou qui écrivirent au journal local, le *Lethbridge Herald,* pour exprimer leur indignation qu'il y en eut pour marquer leur solidarité avec la jeune employée. L'intéressée raconta pour sa part qu'elle n'avait voulu que plaisanter.

Je suis le premier à déplorer l'ivresse publique. Mais j'ai vécu à Lethbridge dix ans, et je peux affirmer avec toute l'équanimité dont je suis capable qu'il y avait beaucoup plus d'ivrognes blancs que d'ivrognes indiens qui sortaient des bars les vendredis et samedis soir. C'est seulement qu'en Amérique du Nord les ivrognes blancs tendent à être invisibles alors que les gens de couleur qui boivent ne le sont pas.

En fait, les ivrognes blancs ne sont pas seulement invisibles, ils sont comiques, aussi. On se souvient du plaisir qu'on avait à regarder Dean Martin, Red Skelton, W. C. Fields, John Wayne, John Barrymore, Ernie Kovacs, James Stewart et Marilyn Monroe jouer les ivrognes au grand écran, et parfois dans la vraie vie. Ou Jodie Marsh, Paris Hilton, Cheryl Tweedy, Britney Spears ou feue Anna Nicole Smith, pour n'en mentionner que quelques-unes qui ont l'âge de ma fille. Sans oublier certains de nos hommes politiques qui contrôlaient la destinée de leur nation : Winston Churchill, John A. Macdonald, Boris Eltsine, George Bush, Daniel Patrick Moynihan. Tous des hommes qui buvaient sec.

Ce que j'essaie de dire, malaisément, c'est que nous semblons pardonner plus facilement aux ivrognes de race blanche. Ce n'est rien de grave, s'ils ne sont pas au volant. Et s'ils conduisent éméchés, comme le roi du beigne et du café au Canada, Tim Horton lui-même, l'ancien premier ministre de l'Alberta Ralph Klein, les acteurs Kiefer Sutherland et Mel Gibson, l'étoile du Super Bowl Lawyer Milloy, ou Mark Bell des Maple Leafs de Toronto, on espère seulement qu'ils ne se feront aucun mal au volant. Ou qu'ils ne feront pas de mal à d'autres.

Pour être plus précis, ces gens ont des défaillances qui témoignent de leur humanité et non d'une race entière.

Le racisme est endémique en Amérique du Nord. Il est aussi systémique. Alors qu'il frappe l'ensemble de la population, il est également enfoui dans les institutions qui sont censées nous protéger contre de tels abus.

Un soir de novembre 1971, à Le Pas, au Manitoba, une jeune Crie de dix-neuf ans, Helen Betty Osborne, rentrait chez elle à pied. Elle fut approchée par quatre jeunes hommes de race blanche, qui la jetèrent dans leur véhicule et l'emmenèrent dans une cabane près du lac Clearwater, où elle fut battue, violée et poignardée plus de cinquante fois. Dire que la mort d'Osborne était un meurtre, c'est oublier la férocité patente du crime. Il faut plutôt parler de massacre.

L'enquête initiale visa les amis autochtones d'Osborne, mais en mai 1972, la police reçut une lettre où l'on nommait trois Blancs, Lee Colgan, James Houghton et Norman Manger, que l'on disait être les auteurs du crime. Un quatrième nom fut ajouté à la liste plus tard, celui de Dwayne Johnston.

La police se saisit du véhicule de Colgan et y trouva des preuves indiquant qu'il avait servi à kidnapper la jeune Osborne.

Osborne fut assassinée avant ma date butoir de 1985, donc vous allez peut-être penser que je triche, mais j'ai inclus ce meurtre parce que la véritable enquête n'a commencé qu'en 1985, quand la Gendarmerie royale du Canada, qui n'avait rien fait pendant quatorze ans, a enfin pris ce meurtre au sérieux.

En 1983, le gendarme Robert Urbanoski, du détachement de Thompson, rouvrit le dossier et réexamina les faits. Deux ans plus tard, en juin 1985, la GRC fit paraître une annonce dans le journal local invitant les citoyens de Le Pas à collaborer. Chose surprenante, cette fois-ci, plusieurs personnes s'avancèrent. Colgan et Johnston avaient parlé ouvertement du meurtre et confié des détails à des amis, et en octobre 1986 la Gendarmerie, munie de preuves anciennes et nouvelles, inculpa de meurtre Colgan et Johnston. Colgan exigea immédiatement l'immunité en échange de son témoignage et accabla Johnston et Houghton. En 1987, Johnston fut reconnu coupable de meurtre, Houghton fut acquitté, et Colgan s'en tira indemne. Norman Manger ne fut jamais inquiété. Je suis peut-être injuste quand je dis que la police « n'avait rien fait ». La raison officielle de cette inaction était que la police, même si elle savait qui avait tué Osborne, estimait qu'elle n'avait pas assez de preuves pour entamer des procédures. Peut-être qu'elle n'avait pas songé à faire appel à la collaboration du public en 1971. Ou peut-être qu'à l'époque le meurtre d'une jeune Autochtone ne la dérangeait pas tant que ça. C'était peut-être aussi un peu la faute d'Osborne. Peut-être qu'elle aurait dû être blanche.

En 1999, la Commission d'enquête sur l'administration de la justice et les Autochtones, au Manitoba, conclut que le meurtre de Betty Osborne avait été motivé par le racisme. « Il est évident, disait le rapport, que Betty Osborne n'aurait pas été assassinée si elle n'avait pas été autochtone. » Cependant, la commission ne fit aucun reproche à la GRC pour ses quatorze années d'inaction, préférant plutôt féliciter le gendarme Robert Urbanoski pour la persévérance qu'il avait mise à traduire en justice l'assassin de la petite Osborne.

Bon, d'accord. En mars 2012, l'Aboriginal Commission on Human Rights and Justice et l'Institute for the Advancement of Aboriginal Women remirent à Urbanoski leur prix pour la justice sociale, pour le travail qu'il avait accompli dans l'affaire Osborne. Honneur bien mérité.

Mais seize ans ? Alors que tout le monde savait ? Alors que les meurtriers parlaient ouvertement du crime qu'ils avaient commis? Même l'observateur le plus généreux doit s'interroger sur la Gendarmerie et son attitude à l'égard des Autochtones.

Ou peut-être pas.

Un autre soir de novembre, cette fois en 1990, un jeune Cri de dix-sept ans, Neil Stonechild, disparut à quelques pâtés de maisons du domicile de sa mère. Le lendemain, il fut retrouvé mort gelé dans un champ au nord de Saskatoon. Un ami, Jason Roy, l'avait vu la veille, menotté et assis à l'arrière d'une auto-patrouille conduite par les agents Larry Hartwig et Brad Senger du Service de police de Saskatoon. Le service de police fit une brève enquête, bâclée, et conclut que Stonechild était mort de froid. Affaire classée.

L'affaire Stonechild resta classée encore dix ans. Puis, en janvier 2000, un autre Autochtone, Darrell Night, fut cueilli par les agents Dan Hatchen et Ken Munson du Service de police de Saskatoon, conduit hors de la ville et relâché sur la route. Il faillit mourir de froid, mais il put gagner une centrale électrique où un employé de quart, Mark Evoy, lui donna asile.

Night avait eu de la chance. Il avait survécu. Le lendemain, Rodney Naistus, un homme de vingt-cinq ans de la réserve d'Onion Lake, fut retrouvé mort de froid à environ un kilomètre au sud du lieu où Night avait été relâché. Puis, quelques jours plus tard, au début de février, Lawrence Wegner, de la nation des Saulteaux, fut retrouvé lui aussi mort de froid dans le même secteur.

Les trois morts – celles de Wegner, de Naistus et de Stonechild dix ans plus tôt – présentaient des similitudes remarquables. Il s'agissait dans les trois cas de jeunes Autochtones qui avaient été retrouvés morts de froid dans le même secteur aux abords de Saskatoon. Trois des quatre hommes avaient aussi pour dénominateur commun le fait que la dernière fois qu'ils avaient été vus, ils étaient assis à l'arrière d'une auto-patrouille du Service de police de Saskatoon.

Comme il y avait eu trois fois mort d'homme, quatre presque, les gens de Saskatoon auraient pu se douter que ces morts comportaient une motivation raciale. Et ils auraient eu raison. La police savait même où étaient les fautifs. Depuis 1976, déjà, les agents du Service de police de Saskatoon avaient l'habitude de conduire les jeunes Autochtones trop remuants aux frontières de la ville et de les y laisser. Dans la mythologie de Saskatoon, on avait une expression poétique pour ça : les « promenades sous les aurores boréales ». Vous pourriez dire que ce genre d'activité n'était que du harcèlement, le genre de harcèlement dont se rendent coupables les services de police de toute l'Amérique du Nord depuis des siècles, qui cause le plus souvent des embêtements et de la rancœur, mais rarement la mort.

Mais dans les Prairies, au cœur de l'hiver, ces promenades sous les aurores boréales étaient ni plus ni moins que des exécutions.

C'est ce qui était arrivé à Neil Stonechild, Rodney Naistus et Lawrence Wegner. Darrell Night aurait pu y laisser sa peau lui aussi s'il n'avait pas trouvé un abri à temps.

La police…

Il y eut enquête publique. Un certain nombre de hauts policiers et d'agents à la retraite en sortirent blessés au vif, avec leur réputation entachée. Les deux agents responsables des malheurs de Darrell Night furent reconnus coupables et condamnés à huit mois de prison, mais on les relâcha plus tôt. Les deux agents qui avaient été vus pour la dernière fois avec Lawrence Wegner à bord de leur auto-patrouille furent congédiés.

Personne ne fut inculpé ou condamné pour aucun des décès.

Mil neuf cent quatre-vingt-cinq.

Sur le plan des attitudes, en termes de dépossession et d'intolérance, pas grand-chose n'a changé ; 2012 ressemble beaucoup à 1961. C'est l'année où j'ai achevé mon secondaire, et l'année où 400 délégués de 77 tribus se sont réunis à Chicago pour rédiger la Declaration of Indian Purpose, ou Déclaration de la raison d'être des Indiens, qui valorisait la préservation de la culture et de la liberté afin que les Indiens puissent déterminer leur destin. Et l'année 2012 ressemble comme une jumelle à 1911, quand l'écrivain lakota Charles Eastman publia *The Soul of the Indian,* et quand Ishi quitta l'espace vierge du comté de Butte dans le nord de la Californie pour entrer dans le monde moderne. Ou à 1864, quand Kit Carson et l'armée américaine se saisirent des Navajos et les conduisirent à la pointe du fusil vers Bosque Redondo. Ou à 1812, quand les Britanniques s'enfuirent du champ de bataille et laissèrent Tecumseh affronter seul les Américains, lors de la bataille de la Tamise. Ou à 1763, quand Pontiac prit la tête des diverses tribus des Grands Lacs contre les Britanniques afin de les chasser de la région.

D'après un témoignage de cette époque, l'armée britannique avait songé à laisser derrière elle des couvertures abritant le bacille de la vérole, afin d'infecter les Indiens et de briser leur résistance, mais on n'a jamais pu prouver que ce plan avait bel et bien été mis en œuvre, donc je ne reviendrai pas là-dessus.

Mil neuf cent quatre-vingt-cinq.

Vous voyez le problème que j'ai ? L'histoire que j'essaie d'oublier, ce passé que je propose de convertir en autodafé, c'est notre présent. Ce pourrait être aussi notre avenir.

HUIT

Ce que veulent les Indiens

> *Ce dont nous avons besoin, c'est d'un accord cultu-*
> *rel où ils s'engageraient à nous laisser tranquilles, en*
> *esprit comme en réalité.*
>
> VINE DELORIA FILS, *Custer Died for Your Sins*

Un avenir.
Quelle bonne idée! Mais il y a un problème. Si les Autochtones veulent un avenir qu'ils auront façonné eux-mêmes, il faudra que cet avenir s'appuie dans une large mesure sur la souveraineté.

La souveraineté, c'est le genre de sujet sur lequel tout le monde a une opinion, mais chaque fois qu'on tente de l'aborder à une réunion ou à une conférence, on préfère sortir jouer au hockey à la place. Je vais être franc avec vous : j'hésite moi aussi à l'aborder. Mais si on veut parler des Indiens dans l'Amérique du Nord d'aujourd'hui, on est bien obligé de parler souveraineté. La question est comme qui dirait incontournable.

La souveraineté, par définition, est une autorité suprême et illimitée. Cependant, en pratique, en tant que structure de gouvernance fonctionnelle, la souveraineté n'est jamais absolue. C'est plutôt un assortiment de pouvoirs tangibles qui englobe, entre autres, le pouvoir de lever des impôts et de déterminer les critères d'octroi de la citoyenneté, la réglementation du commerce, et la négociation d'ententes et de traités.

Précisons-le tout de suite : la souveraineté autochtone est une réalité. Elle est reconnue dans les traités, les constitutions canadienne et américaine, et dans la Loi sur les Indiens. Elle a été confirmée je ne sais combien de fois par les arrêts de la Cour suprême dans les deux pays. Je dis ça au cas où vous ne le sauriez pas.

En 2007, les Nations Unies ont adopté la Déclaration sur les droits des peuples indigènes, où il est admis que les peuples indigènes ont droit à « l'autodétermination », et qu'ils ont le droit de déterminer « librement leur statut politique et d'assurer librement leur développement économique, social et culturel ». La déclaration n'emploie pas le mot *souveraineté,* mais les quarante-six articles qui définissent les droits, libertés et responsabilités des peuples indigènes s'en approchent pas mal. Du moins, c'est assez proche pour constituer un gouvernement.

Le chroniqueur canadien Jeffrey Simpson, dans un article paru dans le *Globe and Mail* d'août 2009, proposait une approche plus pragmatique de la question de la souveraineté autochtone. « Notre politique autochtone est habitée par un mythe, écrivait Simpson, à savoir que les "nations", au sens sociologique du terme, peuvent être des "entités" souveraines effectives, dans la mesure où elles peuvent faire ce qu'on attend d'un gouvernement souverain. Quand cette "nation" ne compte que quelques centaines de personnes, ou même quelques milliers, c'est verser dans la blagologie, que l'on soit autochtone ou non autochtone, si l'on pense que cette souveraineté peut être autre chose que partielle. »

L'érudit cherokee-creek Craig Womak est moins dédaigneux et plus terre à terre. « La souveraineté, en dépit de tous les problèmes et de toutes les contradictions qu'elle comporte, écrit-il, est une réalité en pays indien ; elle est inscrite dans la Constitution américaine et dans deux siècles de législation fédérale. Bref, c'est ce que les Autochtones ont, c'est la donne qu'ils ont. Ce qui ne veut pas dire, bien sûr, que les Autochtones n'ont pas le droit de rêver d'en avoir plus, ou même d'en réclamer davantage, mais il faut aussi prendre acte des réalités du moment. »

Une des réalités qui ont peut-être échappé à Simpson, c'est que les Navajos du Sud-Ouest, les Pieds-Noirs de l'Alberta et les Mohawks des deux côtés de la frontière gèrent leurs propres affaires depuis quelque temps déjà. Les trois tribus ont assumé le contrôle de leurs services de santé, d'éducation et de logement. Pour leur part, les Iroquois ont exercé leur souveraineté en émettant et en utilisant leur propre passeport de la Haudenosaunee Confederacy.

En 2009, le Congrès national des Indiens d'Amérique a achevé de construire son ambassade des nations tribales à Washington. À la cérémonie d'inauguration, le président Jefferson Keel a déclaré qu'il voulait ainsi voir les peuples autochtones « mieux affirmer leur souveraineté et faciliter une relation de nation à nation beaucoup plus forte avec le gouvernement fédéral ».

Même le président Obama a parlé publiquement de la « relation de nation à nation » que l'Amérique du Nord a avec les tribus indiennes.

Tout cela est très bien, *en apparence.* Bien sûr, le gouvernement n'est que trop heureux de se délester de ses obligations et de les balancer sur le dos des réserves. La combinaison parfaite : Ottawa et Washington contrôlent encore les crédits et dictent les règlements, mais sans plus avoir les responsabilités qui viennent avec. L'émission de passeports est un exercice légitime de la souveraineté, mais en 2010, quand l'équipe nationale iroquoise de crosse a voulu se rendre à Manchester,

en Angleterre, pour prendre part au championnat international en utilisant ses passeports iroquois, l'Angleterre lui a
refusé le droit d'entrer. Les joueurs avaient pu passer du
Canada aux États-Unis avec leurs passeports iroquois, mais
uniquement parce que la secrétaire d'État, Hillary Clinton,
était intervenue dans le dossier et leur avait fait accorder une
exemption ponctuelle. Au bout du compte, cependant, au lieu
de prendre part au tournoi, l'équipe a fini par regarder les
matchs à la télé dans un Comfort Inn de New York.

L'ambassade des nations tribales est une belle idée, et il est
certes encourageant d'entendre le président Obama prononcer le mot *souveraineté* et le mot *Indien* dans la même phrase,
même si nous savons tous qu'il y a loin de la rhétorique à
l'action dans le domaine politique. Un élément révélateur,
dans mon esprit du moins, est l'émission de radio diffusée
en 2010 où le maire de New York, Michael Bloomberg, a pris
à partie le gouverneur de l'État, David Paterson, pour qu'il
redresse un peu l'échine dans le conflit opposant son gouvernement à la tribu des Sénécas, pour la perception de la taxe de
vente sur les cigarettes. « C'est ce que j'ai dit à David Paterson,
a expliqué Bloomberg. Trouve-toi un chapeau de cow-boy et
un fusil. Imagine la vidéo formidable que ça donnerait, toi au
milieu de la route qui traverse l'État de New York et qui dis :
"Écoute-moi bien, mec : c'est ça, la loi du pays, et moi, je fais
respecter la loi ici." »

Ce brave maire Bloomberg. Quel sens de l'humour
exquis. Il me rappelle beaucoup John Wayne dans *La Prison-
nière du désert*.

L'historien américain David Wilkins résume bien les
choses quand il dit : « La relation entre les tribus des Indiens
d'Amérique et le gouvernement fédéral est une épreuve de
force constante dont l'enjeu est la souveraineté. » Et s'il n'y
a pas de gagnant déclaré pour l'instant, la réalité est que,

peu importe les précédents historiques et juridiques, ni le Canada ni les États-Unis ne sont très empressés de reconnaître les diverses variantes de la souveraineté autochtone. Les deux gouvernements cherchent surtout à réduire le budget des Affaires indiennes. Ils sont également désireux de rogner la masse territoriale qu'occupent les Indiens. Mais ils ont démontré peu de goût pour le maintien des traités et n'ont encouragé en rien des nations souveraines ou semi-souveraines à exercer leurs attributions dans les limites de leur territoire.

Si vous ne me croyez pas, allez en parler aux Québécois. Ou prenez un cours sur la guerre de Sécession américaine.

En fait, l'une des thèses en vogue en ce moment est que les Autochtones d'Amérique du Nord doivent être libérés des réserves, de la Loi sur les Indiens, du ministère canadien des Affaires indiennes et du Bureau américain des affaires indiennes. Les Autochtones auraient trop souffert de l'intervention gouvernementale et de l'oppression bureaucratique, avance-t-on, et la seule solution consiste à abroger les traités, à supprimer les garanties fédérales, à diviser les terres indiennes en blocs immobiliers sans tenure, et à permettre aux Autochtones de participer librement au marché économique que le capitalisme occidental a créé.

Les tribus seraient un mode de gouvernance obsolète. Les traités seraient des obstacles au *rapprochement** entre Blancs et Autochtones.

Rapprochement. Rien de tel qu'un joli mot français jeté dans la conversation pour donner du poids à un argument.

Après tout, on est au XXIe siècle, non? On ne tolère plus le travail des enfants (le travail au dépanneur de papa-maman

---

* En français dans le texte.

ne compte pas). On n'exécute plus les condamnés sur la place publique. La peine capitale est administrée en toute humanité dans des installations sous l'égide des États. Les femmes ont obtenu de contrôler le droit à la reproduction. Pour l'instant, en tout cas. Au vu de tels progrès, pourquoi l'entreprise individuelle serait-elle limitée, ou pourquoi l'avancement de la civilisation occidentale serait-il entravé par d'anciennes ententes et des promesses d'un autre temps?

Slade Gorton, un politicien de l'État de Washington, a bâti sa carrière sur une vendetta à mort contre les tribus de son État, et du pays tout entier. En 1998, Gorton a parrainé un projet au Sénat qu'il a appelé, malhonnêtement, la Loi sur l'égalité juridique pour les Indiens d'Amérique. Il s'agissait d'une attaque frontale contre la souveraineté tribale. La rubrique 8, au chapitre sur les constatations, faisait valoir que le principe de souveraineté autochtone « frustre et provoque des tensions sociales et des troubles qui gênent la paix sociale »; à la rubrique 9, le législateur invitait le Congrès à supprimer la souveraineté indienne parce qu'aucun « gouvernement ne saurait être au-dessus des lois ».

Le *New York Times* ne la trouva pas drôle. « Le sénateur Slade Gorton, disait un article, déclare la guerre une fois de plus aux Indiens. Ayant échoué l'an dernier dans sa tentative visant à saper la notion de souveraineté indienne par le biais d'un amendement sournois à une loi sur les finances, le représentant républicain de l'État de Washington propose maintenant un projet de loi indépendant, faussement intitulé "Loi sur l'égalité juridique pour les Indiens d'Amérique", qui n'est qu'une réédition de son amendement de l'an dernier. »

À son grand mérite, Gorton ne se trouvait pas avec la foule en colère qui s'est amassée en 1989 au Wisconsin pour jeter des pierres aux Indiens et leur lancer des épithètes racistes, dont « nègres de la forêt », insulte qui a résisté à l'usure du temps, et de nouvelles trouvailles comme « guerriers de l'assistance sociale » ; et ce n'était pas lui non plus qui brandissait la pancarte disant : « Sauvez un poisson, harponnez une sauvagesse. Sauvez deux poissons, harponnez une sauvagesse enceinte. »

Mais il aurait été d'accord avec le sénateur de l'État de Washington Jack Metcalf, dont le mémoire au Sénat, en 1983, invitait instamment le Congrès à « abroger tous les traités existants ». Il aurait aussi été d'accord avec la résolution que John Fleming a proposée au congrès républicain de l'État de Washington en 2000, qui réclamait l'abolition de tous les gouvernements tribaux de l'État. Fleming avait claironné que, si les tribus résistaient à cette mesure, « alors l'armée, l'aviation, les Marines et la Garde nationale [devraient] les repousser ». Vous me direz qu'un type comme Fleming n'est qu'un clown et que sa résolution n'était que de la rhétorique politique vide de sens, mais non : la résolution fut adoptée par un vote de 248 pour et 2 contre, et devint partie intégrante du programme électoral du Parti républicain.

L'un des plus grands apôtres de la suppression des droits indiens a pour nom Thomas Flanagan, professeur de sciences politiques à l'Université de Calgary et auteur de *First Nations? Second Thoughts* et de *Beyond the Indian Act*. Flanagan n'aime pas beaucoup les traités ni le statut d'Indien, et il a plaidé vigoureusement, à titre d'éducateur et de conseiller du premier ministre Harper, pour la dissolution des réserves et du statut d'Indien. « Appelez ça de l'assimilation, de l'intégration ou de l'adaptation, dit Flanagan, appelez ça comme vous voulez : il faut que ça se fasse. »

Les tenants de la vision de Flanagan à l'égard des Indiens au XXIe siècle s'entêtent à dire que les Autochtones ne devraient pas avoir droit à l'autodétermination quelle que soit sa forme, qu'ils ne devraient pas avoir droit à des fonds fédéraux ou à des exemptions fiscales. Si l'on fermait le ministère des Affaires indiennes et le Bureau des affaires indiennes, affirment-ils, on économiserait des milliards tous les ans. Mais surtout, ces exterminateurs des temps modernes veulent soustraire les terres tribales à la protection des traités, en faire des lotissements négociables et planter une pancarte gigantesque à l'entrée des Prairies : À VENDRE.

Ainsi, les agents immobiliers s'en mettront plein les poches, et on pourra tirer le gibier des fenêtres du train.

Tout bien considéré, le principal attrait de cette pensée tient au fait qu'elle est simpliste et ne requiert aucune négociation, aucun compromis. Qu'on se débarrasse de l'Indien comme entité juridique, et qu'on le fasse tout de suite, ça presse.

Mais pourquoi vouloir répéter les erreurs du passé ? Pourquoi tirer cette politique d'extinction du cimetière où elle a échoué, alors que l'histoire a prouvé hors de tout doute que cette stratégie est désastreuse ? Pour les Indiens *comme* pour les Blancs. Pourquoi réclamer la fermeture du ministère des Affaires indiennes et du Bureau des affaires indiennes, ou l'abrogation de la Loi sur les Indiens, quand le problème ne tient pas simplement à la loi, mais à son interprétation et à son utilisation ?

Parlant expressément de la Loi sur les Indiens, Harold Cardinal, dans son best-seller *The Unjust Society* (1969), a écrit : « Nous ne voulons pas conserver la Loi sur les Indiens parce que c'est une bonne loi. Ce n'est pas du tout le cas. Elle est intégralement discriminatoire. Mais c'est un levier entre nos mains et un embarras pour le gouvernement, et c'est bien fait. Aucune société juste et aucune société ayant même la prétention de l'être ne pourrait tolérer bien longtemps une telle loi, mais nous préférons vivre dans la servitude sous le régime d'une loi inéquitable comme la Loi sur les Indiens que de renoncer à nos droits sacrés. Le jour où le gouvernement voudra honorer ses obligations, nous serons plus que disposés à l'aider à rédiger une nouvelle loi sur les Indiens. »

En 2010, le chef de l'Assemblée des Premières Nations Shawn Atleo s'est fait l'écho de ce que disait Cardinal et a lancé une discussion sur la manière dont on pourrait abolir la Loi sur les Indiens et la remplacer par quelque chose d'autre. Atleo a fait valoir, à juste titre, que les traités et l'ensemble des droits autochtones qui ont été reconnus en droit international et en vertu de l'article 35 de la Loi constitutionnelle du Canada de 1982 pourraient structurer une relation de collaboration entre les Premières Nations et le gouvernement fédéral. Ce ne sont pas exactement ses propos, mais c'est tout à fait le même cadre qu'on employait dans les premiers jours de la colonisation européenne, avant que la Loi sur les Indiens et le principe de l'assimilation ne viennent tout gâcher.

C'est une excellente idée, mais je ne crois pas qu'elle ait beaucoup d'avenir. Les traités et les droits autochtones présentent une lacune fatale : ils sont fondés sur le principe de la souveraineté autochtone, et si Ottawa et Washington peuvent imaginer un monde où la responsabilité fédérale envers les Indiens n'existe plus, aucune des deux capitales n'admettra une entente qui remue la question de la souveraineté autochtone. Il a fallu beaucoup de temps aux deux pays pour enterrer cette idée. Dites-vous bien qu'ils ne sont pas à la veille de la déterrer.

Il n'y a strictement rien de nouveau dans tout ce débat sur les droits autochtones, l'autodétermination et la souveraineté indienne. Même Ely S. Parker (un Sénéca), qui fut le premier commissaire aux Affaires indiennes d'origine autochtone, avait ses doutes sur la souveraineté autochtone. Dans son rapport paru en 1869, Parker avança que « les tribus indiennes des États-Unis ne sont pas des nations souveraines, capables de conclure des traités, étant donné qu'aucune d'entre elles n'a de gouvernement organisé doué d'une légitimité telle qu'elle pourrait assurer l'obéissance de son peuple à des conventions de cette nature ».

L'année précédente, le gouvernement américain avait signé le traité de Fort Laramie avec les Lakotas, qui leur garantissait la jouissance exclusive des Black Hills. Neuf ans plus tard, quand on y découvrit de l'or, Parker vit les non-Autochtones envahir les Black Hills; son propre gouvernement fut incapable « d'assurer l'obéissance de son peuple à des conventions de cette nature ». En 1877, Parker était toujours là quand Washington confisqua unilatéralement les Black Hills et les céda aux mineurs et aux colons blancs.

Parker mourut en 1895. En ces années-là, les États-Unis étaient devenus très efficaces lorsqu'il s'agissait d'enfreindre les ententes et de manquer aux promesses faites aux peuples autochtones. Parker avait peut-être alors saisi l'ironie de sa première observation. Peut-être avait-il compris que la souveraineté a peu à voir avec la faculté qu'a un gouvernement de contrôler les agissements de ses citoyens.

La superbe ironie que comporte la souveraineté autochtone est que, si l'on réunissait la Loi sur les Indiens, les traités, les constitutions canadienne et américaine, la Charte canadienne des droits et libertés, la Déclaration américaine des droits, tous les arrêts de la Cour suprême et toutes les décisions prises par la Commission canadienne des droits de la personne, on se retrouverait avec un manuscrit hétéroclite et contradictoire fort semblable à la Bible. Un manuscrit où les saints comme les coquins peuvent trouver confirmation pour des principes contraires et croire dans les mêmes passages, ainsi que trouver une jurisprudence justifiant toutes les malversations imaginables.

Mais c'est peut-être perdre son temps que de discuter de

souveraineté comme s'il s'agissait d'une notion absolue. Peut-être qu'il conviendrait davantage de s'entendre sur la signification de la souveraineté en termes pratiques et de poser la question : quel est l'élément de la souveraineté qui est essentiel pour les nations autochtones d'Amérique du Nord? Chaque nation devrait bien sûr y répondre pour son propre compte. Cependant, comme les conseils que je prodigue sont gratuits et que je ne suis que trop heureux de vous en faire part, je répondrai qu'il faut se concentrer sur l'appartenance aux tribus et la mise en valeur des ressources naturelles. J'irais même plus loin, en disant que ces deux enjeux sont peut-être les questions les plus importantes qui se posent au XXIe siècle pour les peuples autochtones d'Amérique du Nord.

L'appartenance à une nation autochtone est une combinaison quelque peu effarante de lois fédérales, de traités fédéraux et d'ententes, où entrent en jeu la proportion de sang indien en vous, les recensements effectués au XIXe siècle, ainsi que des règlements tribaux et des coutumes. Au Canada, la Loi sur les Indiens ainsi que les traités posent certaines conditions pour l'appartenance à une bande indienne, alors qu'aux États-Unis l'appartenance est fondée en partie sur la reconnaissance fédérale d'une tribu et les listes que le gouvernement a établies pour compter les Autochtones.

Au Canada, comme on l'a vu plus tôt, les Autochtones sont plus ou moins divisés en trois catégories : les Indiens inscrits, les Indiens par traité, les Indiens non inscrits. Dans la plupart des cas, les Indiens inscrits et les Indiens par traité, c'est la même chose. Ce sont des Indiens en règle. Les Indiens non inscrits ne sont tout simplement pas des Indiens, ou, plus exactement, ils ne sont pas des Indiens en règle.

Aux États-Unis, les Indiens en règle sont membres d'une tribu reconnue par le gouvernement fédéral; les autres Indiens de ce pays sont privés, comme leurs homologues canadiens, du statut d'Indien. En fait, avec l'adoption de l'Indian Arts and Crafts Act en 1990, l'artiste indien qui produit et vend ses œuvres ne peut pas se réclamer de son affiliation tribale s'il n'est pas officiellement membre de cette tribu. Passer outre vous expose à une amende pouvant aller jusqu'à 250 000 dollars.

L'Indian Arts and Crafts Act avait pour objet de mettre fin au commerce d'objets d'art indiens que des marchands sans scrupules importaient de pays comme le Japon, Taiwan, la Corée et l'Inde ; et dans cette optique, cette loi tombait bien. Mais l'effet secondaire malheureux de la loi est qu'on a a « privé de leur statut d'Indien » un grand nombre d'artistes autochtones qui étaient Indiens par le sang, mais qui, pour diverses raisons, n'étaient pas officiellement membres d'une tribu. Nombre d'entre eux vivaient dans une communauté autochtone. Nombre d'entre eux avaient des parents par le sang qui vivaient dans ces communautés. Pourtant, en vertu de cette loi, ils pouvaient être traduits en justice s'ils disaient être qui ils étaient, car, légalement, ils ne l'étaient pas.

Jimmie Durham est un artiste qui se trouve dans ce cas. Il est cherokee, mais comme il ne peut pas prétendre légalement qu'il l'est, il n'est pas cherokee. Je n'aurais probablement pas dû mentionner son cas, car il est peut-être illégal pour moi… d'écrire ça. Vous voyez ce que je veux dire. Durham est lui-même plutôt circonspect quand il parle d'identité. « Je suis un artiste contemporain au sang pur, dit Durham, du sous-groupe (ou clan) qu'on appelle les sculpteurs […] Je ne suis pas un "Autochtone américain", et j'estime aussi que "l'Amérique" n'a pas le droit de me nommer ou de me dénommer. J'ai déjà déclaré que je devrais être considéré comme un sang-mêlé ; c'est-à-dire que j'affirme être un homme même si, en réalité, un seul de mes parents était un homme. »

De nos jours, presque toutes les nations autochtones

déterminent qui est membre ou non. Si les règles diffèrent d'une tribu à l'autre, d'une bande à l'autre, on exige en général un rapport de sang entre un Indien inscrit ou un ancêtre figurant sur le rôle de la tribu et la personne qui veut être déclarée membre. Parfois, il y a aussi un degré sanguin requis. Les Pieds-Noirs de l'Alberta et les Comanches de l'Oklahoma, par exemple, exigent en ce moment, outre le lien sanguin, que leurs membres aient au moins un quart de sang indien. Mais s'ils le voulaient, ils pourraient abaisser cette exigence relative à la proportion du sang ou l'abolir purement et simplement. C'est ce qu'ont fait les Ottawas, les Séminoles, les Wyandots, les Creeks, les Choctaws et les Chickasaws. Pour ces tribus et d'autres, tout descendant d'un membre de la tribu a aussi le droit d'être membre de la tribu, peu importe la quantité de sang indien en lui.

Mais d'autres facteurs peuvent également intervenir. Les Cherokees, par exemple, ont quinze rôles tribaux qui ont été créés entre 1817 et 1914. Un grand nombre de Cherokees peuvent retracer leur nom sur l'un de ces rôles, mais à moins que le nom de votre ancêtre apparaisse sur le rôle de Baker de 1924 qui regroupe les Cherokees de l'Est ou sur les rôles Dawes-Guion-Miller de 1898-1914, vous ne pouvez pas être considéré comme membre d'une de ces trois tribus cherokees reconnues par le gouvernement fédéral : les Cherokees de l'Est, les Cherokees de l'Ouest et la bande United Keetoowah. Ni le rôle de Baker ni les rôles Dawes-Guion-Miller ne sont une compilation complète des familles cherokees, mais ces rôles sont la seule source documentaire dont les tribus se servent pour déterminer qui peut être membre de leur nation.

Pour compliquer les choses, les Keetoowahs exigent que leurs membres aient à la fois un quart de sang indien et un ancêtre inscrit aux rôles Dawes ou à la liste de la bande United Keetoowah, qui fut dressée en 1949. Jusqu'en 1994, les Keetoowahs accordaient aussi le statut de membre associé aux Cherokees qui ne pouvaient pas prouver qu'ils avaient des ancêtres inscrits aux rôles, et à des personnalités connues ou influentes : Bill Clinton, par exemple. Certains membres associés recevaient une carte d'inscription numérotée, mais ces membres ne pouvaient être inscrits sur le rôle officiel de la tribu Keetoowah et n'avaient pas droit aux prestations fédérales.

Je mentionne ces détails juste au cas où vous penseriez que l'appartenance à une nation indienne est quelque chose de simple.

En ce moment, la tendance dans les bandes et tribus d'Amérique du Nord consiste à limiter le nombre de membres. L'assise foncière et les ressources que les Indiens contrôlent sont limitées. Mais les populations autochtones ne cessent de croître, et l'idée en vogue veut qu'on limite l'accès aux ressources tribales strictement aux Indiens jugés « authentiques », expression lourde d'hypothèses dangereuses et aux conséquences également périlleuses. Parmi les Cherokees, vous avez des Cherokees qui le sont par le sang et ceux qui ont un ancêtre figurant sur les rôles anciens, et vous avez des Cherokees qui le sont par le sang, mais dont les ancêtres ne figurent pas sur les rôles requis. Il y a un groupe qui est « authentique », et un autre qui ne l'est pas.

À mon avis, une distinction qui sent autant l'hypocrisie est vouée à l'échec.

Au Canada, où les gens des Premières Nations sont définis par la Loi sur les Indiens, il n'y a pas moyen en ce moment de créer de nouveaux Indiens inscrits, si ce n'est par la naissance. Les bandes peuvent accorder le statut de membre aux Indiens non inscrits et même à des non-Autochtones, et il est possible que ces personnes reçoivent le droit de vote aux élections de la bande et soient autorisées à vivre sur ses terres (la question de la résidence n'a toutefois pas encore été tranchée), mais ils n'auraient droit à aucune prestation remise à la bande en vertu de la Loi sur les Indiens ou d'un quelconque traité. La souveraineté permet aux nations indiennes de dresser des obstacles à l'appartenance, ou d'abaisser ces obstacles et d'ainsi conférer le statut de citoyen à de nouveaux membres. Les deux approches ont leurs avantages et leurs inconvénients. Les obstacles sont parfois sécurisants. Le nombre rend plus fort, aussi. Dans le débat du XXIe siècle sur l'appartenance tribale, j'espère que les nations autochtones vont user avec intelligence et générosité de la force que donne la souveraineté.

L'autre question que doivent méditer les Autochtones en matière de souveraineté est celle de savoir comment créer une assise économique pour les réserves. Si les statistiques sont exactes, il y a presque autant d'Indiens hors réserve que sur les réserves ; alors que les entreprises hors réserve dirigées par des Autochtones sont importantes pour la santé économique des communautés aussi bien autochtones que non autochtones, le développement et l'expansion de l'entreprise sur les réserves sont essentiels si nous voulons préserver nos communautés et notre assise foncière.

Jusqu'à présent, s'il est vrai que les réserves ayant une assise foncière considérable ont plus de choix économiques que celles qui ont une assise foncière plus étroite, la gamme de ces choix demeure limitée. Et certains sont franchement inquiétants.

Les dépotoirs, pour ne prendre qu'un exemple.

À la fin des années 1980 et au début des années 1990, l'Amérique du Nord a décidé que les terres autochtones seraient des endroits parfaits pour y enfouir ses déchets. Les entreprises de gestion des déchets – qui traitent un peu de tout, des matières inoffensives aux rebuts nucléaires – se sont

mises à envahir le pays indien armées de colliers de verro-
terie et de promesses, résolues à convaincre les chefs des tribus que la conversion de leurs terres en décharges était
rentable. Ce scénario a débouché sur un véritable théâtre de
l'absurde quand on a vu tout à coup les entreprises de gestion
des déchets se faire les avocates des droits autochtones et de
la souveraineté tribale. Évidemment, ces entreprises se foutaient totalement de la souveraineté indienne, mais elles
étaient enthousiastes à l'idée que le statut juridique des terres
indiennes les soustraie à la tyrannie de la réglementation
environnementale.

Je n'irai pas jusqu'à dire que les communautés autochtones ont été simplement des victimes dans cette affaire, ou
qu'elles ne voulaient rien savoir du commerce des déchets. De
nombreuses réserves étaient si pauvres que tout commerce
avait du bon. Des petites tribus (comme la bande de Campo
des Indiens de la mission, aux abords de San Diego) aux
grands groupes (comme les Chickasaws, les Sauks et les
Renards de l'Oklahoma, les Yakamas de l'État de Washington
et les Apaches Mescalero du Nouveau-Mexique), les nations
autochtones se sont mises à courtiser elles-mêmes ces entreprises pour ouvrir des dépotoirs à ciel ouvert sur des terres
fiduciaires et attirer des revenus dont elles avaient grand
besoin.

La question des déchets fut, comme on pouvait s'y
attendre, controversée, et le débat divisa plusieurs tribus.
Ce qui était un peu amusant, c'était de voir les écologistes et
les non-Autochtones inquiets sermonner les Indiens à propos
de leurs croyances traditionnelles et des normes éthiques.
Alors que les Autochtones sont, depuis longtemps, victimes
du développement blanc à proximité des réserves – songeons
aux empoisonnements au mercure à Grassy Narrows, dans le
nord de l'Ontario, au dépotoir de la General Motors près

d'Akwesasne, au drainage du lac Pyramid dans le Nevada, au barrage de Kinzua en Pennsylvanie –, l'inquiétude se hausse d'un cran, la réaction est plus vive quand ce sont des communautés blanches qui se sentent menacées par le développement autochtone.

John Dossett, l'avocat général du Congrès national des Indiens d'Amérique, pense que le conflit entourant l'utilisation du territoire est surtout affaire de race et de privilèges. « C'est plus qu'injuste, dit Dossett, de voir des tribus, qui ont été les dernières à profiter de la manne du développement économique, obligées de maintenir l'intégrité de leurs terres alors que tout le monde autour d'elles se lance dans le développement à tous crins. »

Pour une tribu comme celle des Navajos, les bienfaits du développement économique et la nécessité de protéger l'intégrité des terres sont au cœur d'un débat qui fait rage depuis des lustres. Jusqu'à présent, ce sont les tenants du développement qui ont gagné la bataille. Depuis les années 1940, les Navajos pratiquent l'exploitation minière. Si presque tout le territoire navajo est désertique, il recèle de grands gisements d'uranium, et des gisements de charbon encore plus imposants. En 1948, l'Atomic Energy Commission des États-Unis a déclenché un boom minier au Nouveau-Mexique, au Colorado, en Utah et en Arizona quand elle a annoncé qu'elle achèterait tout le minerai d'uranium à des prix garantis.

L'uranium, c'était du travail pour les Navajos. Personne ne parlait alors des risques de l'uranium, même si on connaissait les dangers du gaz radon, surtout dans les années 1950, et que l'on disposait de preuves scientifiques assez solides. Personne ne parlait non plus des coûts environnementaux de l'uranium et de ses effets sur la santé des mineurs.

Puis, en juillet 1976, quelques mois après la fusion partielle du cœur du réacteur nucléaire de Three Mile Island, en

Pennsylvanie, un barrage a cédé à la centrale nucléaire de Church Rock, au Nouveau-Mexique, aux abords de la réserve navajo : plus de 1 100 tonnes de déchets radioactifs et 93 millions de gallons d'effluents miniers sont tombés dans la rivière Pueblo, contaminant pour l'éternité la rivière et la nappe phréatique.

Three Mile Island mobilisa l'attention de la presse, mais Church Rock fut un désastre écologique d'une ampleur beaucoup plus dévastatrice, et quand les Navajos ont fini par interdire l'uranium et le traitement de l'uranium sur la réserve, en 2005, ils se sont retrouvés avec un legs meurtrier de bassins de décantation, d'eaux polluées, de mines abandonnées et de maladies chroniques : leur seul salaire pour le mal qu'ils s'étaient donné pour se doter d'une économie viable.

Outre les gisements d'uranium, la nation navajo est également propriétaire d'une des plus grandes exploitations charbonnières du monde. Les redevances que touchent les Navajos de la Peabody Energy constituent le gros du budget annuel de la tribu. De même, l'exploitation du charbon, de concert avec les entreprises avoisinantes, emploie des milliers de Navajos.

Mais, comme pour l'uranium, les désavantages de cette industrie sont colossaux. Le charbon est encore plus polluant que l'uranium. La centrale de Four Corners, qui est entrée en activité en 1963, opère en marge de la réglementation normale, sans aucune limite quant aux émissions. Quel que soit le barème qu'on utilise, Four Corners est un cauchemar écologique : la centrale émet plus de 15 millions de tonnes de dioxyde de souffre, d'oxydes d'azote et de dioxyde de carbone chaque année, de même que 600 livres de mercure. Aucune autre centrale électrique aux États-Unis ne pollue autant l'air et l'eau que celle de Four Corners. Elle est dans une catégorie à part. Les réserves navajo et hopi jouissaient auparavant d'une pureté de l'air sans pareille aux États-Unis. Aujourd'hui, à cause de Four Corners et des autres centrales électriques au charbon dans le Sud-Ouest, la pollution de l'air y est au moins dix fois pire que dans une ville comme Los Angeles.

La question de l'exploitation minière sur les réserves me préoccupe beaucoup, et je n'aime pas voir ces réserves servir de dépotoirs. Pour moi, cela ressemble trop à un livre qui s'intitulerait : *Le Colonialisme, deuxième partie.* Je comprends que ces projets génèrent des recettes dont on a grand besoin dans ces communautés autochtones qui vivent dans l'indigence. Mais je sais aussi qu'une fois la ressource dissipée et les dépotoirs remplis à ras bord, les Autochtones ne légueront à leurs enfants qu'une terre dévastée et toxique.

On a beaucoup parlé du potentiel de l'énergie solaire, éolienne et marémotrice sur les réserves indiennes. Les Pueblos lagunas du Nouveau-Mexique, la nation cowessess de Saskatchewan, les Assiniboines et les Sioux de Fort Peck, au Montana, les Pieds-Noirs de Browning, également au Montana, la nation t'sou-ke près de Sooke, en Colombie-Britannique, les Sioux de Spirit Lake à Fort Totten, dans le Dakota du Nord, et les nations m'chigeeng et wikwemikong de l'île Manitoulin, en Ontario, sont tous engagés dans des projets d'énergie renouvelable qui pourraient assurer la transition de projets pilotes vers des industries à grande capacité.

Ce qui nous ramène au chapitre précédent et à la croissance de l'industrie des jeux de hasard chez les Autochtones. Comparativement aux dépotoirs commerciaux, à l'exploitation minière, au traitement de l'uranium, à l'entreposage des déchets nucléaires et à l'incinération des ordures, les entreprises autochtones œuvrant dans le jeu et le tourisme sont relativement vertes et ne posent qu'un risque limité pour la dégradation de l'environnement.

Je n'irai pas jusqu'à dire que le développement économique impulsé par les lieux de villégiature et les casinos autochtones vaut mieux. La face cachée de cette industrie – alcool, drogues, prostitution, dépendance au jeu, crime organisé – peut être tout aussi toxique qu'un bassin de décantation des résidus. Mais les casinos et le pactole qu'ils rapportent ont permis à certaines tribus de faire des choses que je ne pensais jamais voir de mon vivant.

Je savais que les casinos indiens rapportaient gros. Je savais que plusieurs d'entre eux tiraient de jolis profits des machines à sous, des bingos, du blackjack et des autres jeux de hasard. Ce que je ne savais pas, c'est ce que les tribus faisaient de leurs profits. Je m'étais imaginé que les conseils de bande en redistribuaient une part à leurs membres selon quelque formule de paiement par personne, qu'ils les consacraient à des infrastructures dont le besoin était criant, ou qu'ils investissaient à long terme dans des obligations ou des actions.

Ce qui est d'ailleurs le cas. Mais les bandes achètent aussi des terres.

Dans le haut de l'État de New York, la nation oneida a utilisé une part des profits du Turning Stone Resort and Casino pour acquérir plus de 17 000 acres de terres. Au Minnesota, les Sioux shakopees ont puisé dans la caisse de leur Mystic Lake Casino Hotel pour acheter 750 acres, et songent à en acheter 1 000 de plus. Les Cherokees de l'Oklahoma ont acheté des terres longeant les grandes artères routières de l'État, alors que la bande sycuan de la nation kumeyaay dans le sud de la Californie achète des terrains au centre-ville de San Diego et dans la région environnante.

Mais au lieu de pourchasser le rêve américain de l'enrichissement personnel, les tribus ont soumis leurs transactions immobilières à l'approbation du secrétaire de l'Intérieur en lui demandant d'ajouter ces terres au territoire de leur réserve et de les en nommer fiduciaires. Il ne s'agit pas seulement ici d'un retour à un passé communal. C'est une manœuvre habile visant à préserver et à élargir l'assise foncière autochtone au profit des générations futures.

Ce type d'achat et de conversion est utilisé également par d'autres tribus américaines. En 2003, la nation tohono o'odham a acheté un terrain de 130 acres à Glendale, en Arizona. Le terrain a été converti de fief simple en fiducie foncière, et la tribu dresse des plans pour y construire un casino de 600 millions de dollars. Cette acquisition a semé la consternation chez les politiciens de Glendale, qui ont vu ainsi une parcelle parfaite de terre en fief simple retirée de l'assiette fiscale de la municipalité et de l'État.

Agitant le spectre d'une bande d'Indiens écervelés et incontrôlables, le procureur de la ville, Craig Tindall, a déclaré : « Dès que ces gens quittent ce secteur et mettent le pied dans notre juridiction, nous sommes pris avec eux. Quel que soit l'état où ils se trouvent, dès qu'ils sortent de chez eux, ils deviennent notre problème. »

Je m'étais imaginé que ces « gens » dont parlait Tindall étaient des Indiens, et que sa parole avait dépassé sa pensée, mais maintenant que j'y pense, je me demande s'il ne s'inquiétait pas plutôt des Blancs de Glendale qui rentraient chez eux après une soirée de plaisirs fous au casino de la nation tohono o'odham.

Les responsables de l'urbanisme ont bien vu que le casino allait créer un grand nombre d'emplois stables et stimuler l'économie locale, mais l'idée d'avoir une réserve pour voisine s'est avérée intolérable pour les bureaucrates du lieu. En 2010, la Ville a intenté une poursuite contre le gouvernement fédéral au motif que la loi fédérale de 1986 autorisant la tribu tohono o'odham et d'autres à acquérir de nouvelles terres était contraire à la Constitution. Mais je ne devrais pas montrer Glendale du doigt. Partout en Amérique, la réaction locale à l'élargissement de l'assise foncière tribale et à la conversion des terres acquises en fiducie immobilière a été largement hostile.

Il y a presque cent cinquante ans de cela, le secrétaire de l'Intérieur Carl Schurz disait : « De nombreuses réserves établies par voie de traités se sont avérées d'une valeur supérieure en ressources agricoles et minérales qu'on ne l'avait imaginé à l'origine, et elles sont désormais convoitées âprement par la population blanche [...] Certains font valoir que les Indiens ne peuvent pas mettre ces ressources en valeur ; que le pays n'a pas les moyens de laisser de vastes districts en friche [...] Cette demande devient plus pressante chaque année, et même si dans de nombreux cas ces exigences sont sans fondement juridique, il s'agit là d'un fait [...] qui doit être pris en compte dans le façonnement de notre politique indienne. »

Ce grief du XIXᵉ siècle, suivant lequel les Autochtones n'utilisaient pas leur assise foncière et ne mettaient pas leurs ressources en valeur d'une manière acceptable, et cet avertissement voilé selon lequel les terres indiennes étaient « âprement convoitées par la population blanche » demeurent des facteurs puissants dans le jeu politique contemporain mettant aux prises Indiens et Blancs. La colère de Glendale n'a pas simplement pour objets la nouvelle réserve et le futur casino aux abords de la ville. Cette aigreur tient au fait que la terre en question devient propriété indienne et échappe désormais à l'emprise de la municipalité.

Jusqu'à présent, les réserves au Canada n'ont pas essayé de suivre l'exemple américain. Toute expansion des terres autochtones ne peut s'y faire que dans le cadre de revendications foncières ou par voie de décret parlementaire. Mais il serait intéressant de voir ce qui se passerait si, par exemple, les Ojibwés de.Rama achetaient des terres aux abords d'Orillia, en Ontario, et essayaient de repousser les bornes de leur réserve.

Cette nouvelle donne foncière commence tout juste à se manifester dans les tribunaux américains, et le contentieux ne se règlera peut-être pas de mon vivant. Quelle qu'en soit l'issue, je ne peux que goûter cette ironie. Les Nord-Américains ont toujours cru que la possession privée de la terre convertirait les Indiens en Blancs, alors que les Autochtones ont appris que le contrôle de la terre sous nos pieds nous permet de rester nous-mêmes.

Ce qui reste désolant, c'est que l'essentiel de ce qui passe pour un discours public et politique sur l'avenir des peuples autochtones est un discours de colère : de colère à l'idée que les Autochtones sont toujours là et continuent de poser un « problème » pour l'Amérique du Nord blanche, de colère à l'idée que nous possédons quelque chose que les non-Autochtones n'ont pas, de colère devant le fait qu'après toutes ces années où l'on a cherché à nous assimiler de force nous préférons toujours rester ce que nous sommes, cris et comanches, séminoles et salish, haidas et hopis, pieds-noirs et bella coolas.

Ce qui nous ramène à l'éternelle question nord-américaine : que veulent les Indiens au juste ? La souveraineté ? L'autodétermination ? Un avenir ? Des emplois bien rémunérés ? Une camionnette neuve dernier modèle ? Je me fais tout le temps poser la question. Que veulent les Indiens ? La bonne nouvelle, c'est que vous pourriez cocher n'importe laquelle de ces réponses et avoir raison.

Mais en fait, vous auriez tort.

NEUF

Tant que l'herbe restera verte

Achetez de la terre. Il ne s'en fait plus.

WILL ROGERS

Q ue veulent les Indiens? Excellente question. Le problème, c'est que ce n'est pas la bonne question à poser. S'il est vrai qu'il y a encore des Indiens en Amérique du Nord, les Indiens auxquels on songe en lançant cette question n'existent pas, eux. Les Indiens dans cette question sont les « Indiens » que le Canada et les États-Unis ont inventés pour leurs besoins. Et tant et aussi long-temps que la question restera posée ainsi, il sera impossible d'y répondre. Il vaut mieux demander ce que veulent les Cris du Lubicon, en Alberta, ce que veulent les Mohawks de Brant-ford, en Ontario, ou les Zunis du Nouveau-Mexique, ou les Hupas du nord de la Californie, ou les Tlingits de l'Alaska.

Moi, je préfère qu'on ne pose pas du tout la question. Il y a une autre question qui mérite davantage d'être examinée. Une question qui nous aidera à comprendre la nature de l'his-toire contemporaine de l'Amérique du Nord. Une question qu'on peut poser à propos du passé aussi bien que du présent.

Que veulent les Blancs?

Non, je ne demande pas ça pour vous embêter. Il n'y a ici nul sarcasme de ma part. L'histoire des Autochtones d'Amé-rique du Nord n'a jamais vraiment eu les Indiens pour sujet.

Ce qui comptait, c'était bien plus l'histoire des Blancs, de leurs besoins, de leurs aspirations. On ne s'est jamais vraiment préoccupé de savoir ce que voulaient les Indiens : ceux-ci n'ont jamais figuré parmi les priorités politiques ou sociales. Les Lakotas ne voulaient pas des Européens dans leurs Black Hills, mais les Blancs convoitaient l'or qui s'y trouvait. Les Cherokees n'avaient jamais songé à émigrer de la Géorgie vers le Territoire indien (l'Oklahoma), mais les Blancs voulaient leurs terres. Les Cris du Québec ne tenaient pas tant que ça à délaisser leurs foyers pour faire place au projet Grande-Baleine, mais il y avait beaucoup à gagner avec l'hydroélectricité. Les Indiens de la Californie n'avaient pas demandé aux Franciscains de les asservir pour leur faire construire leurs missions.

Alors que veulent les Blancs ?

La réponse est fort simple, et elle était évidente depuis les débuts.

La terre.

Les Blancs veulent la terre.

Bien sûr, les Blancs voudraient que les Indiens se volatilisent, ou ils voudraient que les Indiens s'assimilent, et ils voudraient par-dessus le marché que les Indiens comprennent que tout ce que les Blancs ont fait, c'était pour leur bien, parce que les Indiens, laissés à eux-mêmes, ne pouvaient pas se gouverner tout seuls.

Tout cela est vrai. Du point de vue des Blancs, du moins. Mais c'est une vérité moche. C'est une vérité comme on en improvise dans le feu de la discussion, et la vérité a évolué avec le temps. L'assimilation était une bonne chose dans les années 1950, mais l'idée avait mauvaise presse dans les années 1970. Les pensionnats représentaient la solution à l'éducation des Indiens dans les années 1920, mais au XXIe siècle les gouvernements ont dû demander pardon pour les sévices que les enfants indiens avaient subis aux mains des sectaires chrétiens, des pédophiles et des sadiques. Dans les années 1880, la sagesse du temps commandait d'annihiler les langues et les cultures autochtones pour que les Indiens voient les lumières de la civilisation. Aujourd'hui, les non-Autochtones gémissent que les langues et les cultures autochtones sont sur le point de disparaître. Ce sont là toutes des questions importantes, mais si vous leur accordez plus d'attention qu'elles n'en méritent, vous ne verrez pas le véritable enjeu.

L'enjeu qui s'est implanté sur nos rivages avec l'arrivée des Français, des Anglais et des Espagnols, l'enjeu qui a été la raison d'être de toutes les colonies, l'enjeu qui a fait son chemin d'un océan à l'autre, des Grands Lacs à l'Arctique, et qui nous occupe encore aujourd'hui, l'enjeu qui n'a jamais changé, n'a jamais dévié, n'a jamais faibli, c'est la terre. La terre a toujours été le seul véritable enjeu. Ce sera toujours la terre, tant qu'il subsistera un centimètre carré de terre en Amérique entre les mains des Autochtones.

À la conférence du lac Mohonk en octobre 1886, l'un des participants, Charles Cornelius Coffin Painter, qui servait de lobbyiste pour le compte de l'Indian Rights Association, a énoncé une vérité évidente, à savoir que les traités avec les Autochtones n'avaient été rien d'autre que des accommodements temporaires. Dans son exposé, Painter a cité le général William Tecumseh Sherman, qui avait dit que les traités « n'avaient jamais eu pour objet d'être respectés, mais de réaliser un but immédiat, de résoudre une difficulté sur le coup de la manière la plus simple qui fût, d'acquérir un bien convoité aux conditions les plus avantageuses qui fussent, et d'être écartés dès que ce but était compromis et que nous étions suffisamment forts pour imposer un nouvel arrangement plus avantageux pour nous ».

C'était le même général philosophe qui avait dit : « Plus on tuera d'Indiens cette année, moins on en aura à tuer l'an prochain. »

Painter n'était pas nécessairement d'accord avec Sherman ; toutefois, il comprenait que le but général des déplacements, des lotissements, des traités, des réserves, des cessations de droits et des réinstallations n'était pas simplement d'entraver les mouvements des Autochtones, mais, chose plus importante, de les dépouiller de leur assise territoriale.

La terre. Si vous ne comprenez rien d'autre à propos de l'histoire des Indiens en Amérique du Nord, vous devez comprendre ceci : que la seule chose qui compte vraiment, c'est la terre.

La terre a toujours fait partie de la définition de la culture autochtone. La terre abrite les langues, les récits, les histoires des peuples. Elle vous assure l'eau, l'air, le gîte et le couvert. La terre est partie intégrante des cérémonies et des chants. La terre, c'est votre chez-vous. Et je ne parle pas de manière abstraite.

Les Pieds-Noirs de l'Alberta vivent à l'ombre de Ninastiko, ou la Montagne Chef. La montagne est un sanctuaire pour les Pieds-Noirs, et des amis sur la réserve de Standoff m'ont dit plus d'une fois que, s'ils peuvent voir la montagne, ils se savent chez eux.

Pour les non-Autochtones, la terre est un bien, une chose dont le prix est fonction de ce qu'on peut en tirer.

Helen dit que c'est là une généralisation abusive. Elle croit qu'il y a toutes sortes de gens au Canada qui sont profondément attachés à la terre – et il ne s'agit pas seulement ici du chalet familial devant le lac où l'on va l'été – et qu'il y a des Autochtones qui ne se sentent pas d'affinités particulières avec une certaine géographie. Je ne suis pas en désaccord. Les gens peuvent vous jouer des tours, ils peuvent vous surprendre. Ce dont je parle, moi, c'est de l'attitude de la société nord-américaine par rapport à la terre.

Les sables bitumineux de l'Alberta illustrent parfaitement la compréhension non autochtone de la terre. Sur le plan environnemental, c'est sans le moindre doute le projet d'extraction énergétique le plus polluant et le plus cinglé de toute l'Amérique du Nord, probablement du monde entier, mais les entreprises qui dévastent le pays et les cours d'eau de l'Alberta poursuivent allègrement leur œuvre de destruction parce qu'il y a des milliards à gagner. Le public s'est montré remarquablement discret sur cette question, et ni les politiciens de l'Alberta ni les responsables à Ottawa ne sont intervenus pour dire « C'est assez ! » parce que, dans la société nord-américaine, quand il s'agit d'argent, on n'en a jamais assez.

Nous connaissons tous les faits et les chiffres. Les émissions de carbone pour la production d'un seul baril de pétrole provenant des sables bitumineux sont huit fois plus élevées que les émissions pour un baril de pétrole ordinaire. La production de chaque baril de pétrole bitumineux requiert au moins trois barils d'eau douce, dont 90 % ne regagne jamais les cours d'eau. Les eaux salies aboutissent dans une myriade de bassins de décantation qui couvrent près de cinquante kilomètres de surface, et elles sont si toxiques que le moindre contact avec elles peut vous tuer. Ce n'est qu'une question de temps avant que l'une des digues de terre qui maintiennent ces bassins en place ne s'effondre et que la boue toxique n'aboutisse dans la rivière Athabasca.

Tout aussi troublantes sont les structures surréalistes qui ont commencé à apparaître dans le paysage de l'Alberta. Le souffre, un sous-produit de la conversion du bitume en pétrole, est transformé en blocs immenses qui sont empilés comme des gratte-ciel dans les Prairies, parce que personne ne sait quoi en faire. Ces blocs vont se décomposer lentement, et le souffre qui va s'en dégager polluera la nappe phréatique.

Pourtant, en dépit de toutes les preuves scientifiques, les pétrolières, avec la complicité des gouvernements, élargissent leurs opérations, défrichant de nouveaux espaces, pour ainsi dire, et construisant des kilomètres de pipelines – le pipeline Keystone, le pipeline Northern Gateway, le pipeline Trans Mountain – qui vont transporter le pétrole brut de Fort McMurray vers les raffineries et les marchés des États-Unis (Illinois, Oklahoma et Texas) et du Canada (Kitimat et Vancouver).

Je sais, je sais, il y a des organisations qui luttent contre cet écocide depuis des années, mais malheureusement, elles ne regroupent qu'une infime minorité de la population. D'accord, elles ont remporté quelques victoires, mais il y a peu de chances que l'Amérique du Nord se dote d'une éthique fonctionnelle de la terre tant qu'elle n'aura pas surmonté sa dépendance irrationnelle au profit. Malheureusement, rien ne semble présager une telle éventualité.

En 1868, les Lakotas et le gouvernement américain ont signé un traité de paix à Fort Laramie qui garantissait que les Black Hills resteraient entre les mains des Lakotas et que le Pays de la rivière Powder, dans le nord-est du Wyoming, serait fermé à la colonisation blanche. Mais six ans plus tard, en 1874, une expédition menée par George Armstrong Custer (encore lui!) découvrit de l'or dans les Black Hills, à French Creek, et les mineurs blancs ne furent pas longs à envahir les Black Hills, à ouvrir des mines, à écluser les rivières, à trouer les flancs des montagnes à coups de canon hydraulique et à raser les forêts pour y prendre le bois d'œuvre. L'armée était censée empêcher les Blancs d'entrer dans les Black Hills. Mais elle n'en fit rien. Dans nombre de manuels d'histoire, on raconte que l'armée fut impuissante à endiguer l'inondation blanche, ces mineurs venus pour en extraire l'or, mais la vérité, c'est que l'armée n'a pas décroisé les bras.

Au printemps de 1875, la situation était devenue intenable, et les Lakotas se rendirent à Washington pour persuader le président Grant d'honorer le traité que les deux nations avaient signé. Les Lakotas voulaient que les Blancs quittent les Black Hills. Ils voulaient que l'on cesse de détruire leurs forêts et de polluer leurs rivières. Ils voulaient qu'on laisse les Black Hills tranquilles. Pour toute réponse, l'administration leur fit savoir qu'il fallait négocier un nouveau traité. Un traité où les Lakotas renonceraient à leurs prétentions sur les Black Hills pour la somme princière de 25 000 dollars. Et la tribu irait s'installer dans le Territoire indien.

Les Lakotas refusèrent de signer ce nouveau traité. Gardez votre argent, dirent-ils à Grant. Pour ce qui était d'émigrer vers le Territoire indien, Spotted Tail lui dit : « Si le Territoire indien est un si beau pays, vous devriez y envoyer les hommes blancs qui occupent notre territoire en ce moment et nous laisser tranquilles. »

Le traité de Fort Laramie demeure toujours valide, et les Lakotas n'ont jamais renoncé à leurs prétentions sur les Black Hills, et ils n'ont jamais cessé non plus de se battre pour qu'on leur rende leur pays. Je ne peux que m'imaginer ce qu'ils ont dû ressentir quand ils ont vu les Six Grandfathers, ou Six Grands-Pères, devenir une attraction touristique nationale.

Les Six Grandfathers, c'est la montagne des Black Hills qui est devenue plus tard le mont Rushmore, après qu'elle fut rebaptisée en l'honneur d'un avocat de New York, en 1885. De 1927 à 1941, le sculpteur américain Gutzon Borglum défit la façade de roc à coups de biseau et de dynamite jusqu'à ce que le granit acquière une ressemblance remarquable avec les visages de George Washington, Thomas Jefferson, Theodore Roosevelt et Abraham Lincoln.

Les Lakotas, pour qui la montagne était sacrée, ont dû apprécier à sa juste valeur cette nouvelle œuvre d'art.

Puis, en 1980, dans l'arrêt *United States v. Sioux Nation of Indians*, la Cour suprême statua que les Black Hills avaient été saisies illégalement. Mais la solution ne prévoyait pas leur restitution aux Lakotas. La cour ordonna plutôt que la somme prévue pour l'achat original, les 25 000 dollars, soit versée à la tribu plus les intérêts. Calculs faits, le total était de 106 millions de dollars.

Cent six millions.

Comme ils l'avaient fait en 1875, les Lakotas opposèrent une fin de non-recevoir. Il n'avait jamais été question d'argent pour eux. Ils voulaient qu'on leur rende leurs collines. Quant à l'argent, il est demeuré dans un compte bancaire portant intérêt depuis.

Les sables bitumineux de l'Alberta. Les Black Hills. Voilà ma réponse aux objections fallacieuses d'Helen.

Bon, d'accord, deux exemples ne font pas un traité, et j'ai la conviction qu'on pourrait trouver des cas où des tribus se sont engagées dans des activités douteuses quant à l'usage du territoire. Je vais vous aider à en trouver, tiens. Les Navajos et les Crows ont accordé des baux à des entreprises pour l'exploitation à ciel ouvert de mines de charbon sur leurs réserves respectives. Les Cris du Québec ont signé des ententes qui ont permis l'érection de barrages sur la rivière Grande-Baleine pour fabriquer de l'hydroélectricité. Les tribus des Territoires du Nord-Ouest et de la Colombie-Britannique se sont servies de leurs droits sur l'exploitation forestière et la pêche pour se doter d'une économie embryonnaire.

J'aimerais tracer ici une distinction entre la déprédation et le développement, mais je suis contraint d'admettre que je ne pourrai jamais tracer une limite suffisamment claire entre les deux notions pour que toutes les parties soient d'accord.

Donc, Helen a peut-être raison. Quant à moi, je n'arrive toujours pas à imaginer les sables bitumineux de l'Alberta comme une création possible de l'éthique autochtone.

Dans toute discussion sur les terres indiennes, un des problèmes tient au fait qu'il faut toujours parler des traités. Dans l'histoire des Indiens d'Amérique du Nord, les terres et les traités sont tellement imbriqués les uns dans les autres qu'il est impossible de les séparer. Alors que les rapports des Autochtones avec le Canada et les États-Unis comportent des aspects historiques et sociaux propres à chaque pays, ce n'est pas une coïncidence si la relation entre les uns et les autres demeure essentiellement de nature juridique.

Vous vous rappelez ce qu'on racontait plus tôt à propos des Indiens en règle ?

Du point de vue des Autochtones, la terre indienne est la terre indienne. D'un point de vue, disons, juridique contemporain et nord-américain, la terre indienne est une terre qui appartient au gouvernement fédéral et qui est prêtée indéfiniment à une certaine catégorie d'Autochtones. C'est enfoncer une porte ouverte que de dire que ces deux points de vue sont conflictuels.

Chose certaine, l'idée que la terre indienne est la terre indienne était à la base des premiers traités et accords. Mais au milieu du XIXᵉ siècle, de nouvelles attitudes s'étaient imposées, et un traité comme celui qu'avait signé la bande yanktonai des Dakotas à Fort Sully en 1865 stipulait ceci : « Toute modification à ce traité par le Sénat des États-Unis sera considérée comme étant définitive et exécutoire pour ladite bande, représentée par son conseil, comme étant partie intégrante du traité, de la même manière que si elle avait été présentée aux chefs de ladite bande et que ceux-ci y avaient donné leur accord. »

L'une des belles expressions que l'on doit au langage des

traités est celle-ci : « tant que l'herbe restera verte et que les eaux couleront ». L'idée générale à la base de cette expression remonte à la nuit des temps. Charlemagne aurait employé ces mots au VIIIe siècle, lorsqu'il aurait déclaré que « tous les Frisons seront entièrement libres, ceux qui sont de ce monde et ceux qui sont à naître, tant que le vent soufflera des cieux et que l'enfant pleurera, que l'herbe restera verte et que les fleurs fleuriront, tant que le soleil se lèvera et que le monde sera monde ».

La Grande-Bretagne, les États-Unis et le Canada ont signé plus de 400 traités – tout dépend comment on compte – avec les tribus indiennes d'Amérique du Nord. Je ne les ai pas tous lus, mais aucun de ceux que j'ai lus ne contient cette expression. Donc, je me suis demandé si l'expression « tant que l'herbe restera verte et que les eaux couleront » avait vraiment déjà été utilisée dans un traité.

Je sais qu'Andrew Jackson avait promis aux Choctaws et aux Cherokees que, s'ils quittaient leurs terres à l'est du Mississippi et passaient à l'ouest du fleuve, « là, au-delà des limites de tous les États, en possession de terres qui seront à eux, et qu'ils posséderont tant que l'herbe poussera et que les eaux couleront, je vais les protéger et serai leur ami et leur père ». Je sais aussi qu'en 1978, plus d'un siècle plus tard, David Sohappy père, un pêcheur yakama, a dit que les anciens lui avaient dit que le traité de 1885 avec les Yakamas était assorti de la promesse que ce traité serait valide tant et aussi longtemps que le mont Adams existerait, et tant et aussi longtemps que « le soleil se lèverait à l'est, que l'herbe serait verte au printemps et que les eaux couleraient ».

Je vous parie que les constructions poétiques comme « tant que l'herbe restera verte et que les eaux couleront », le « grand-père blanc » et les « enfants rouges » faisaient partie des spectacles, des discours et des promesses verbales qui accompagnaient la négociation des traités, mais qu'elles ne se retrouvaient pas dans les transcriptions officielles. S'il est vrai que l'expression « La hache de guerre restera enterrée pour toujours » figure dans l'article 13 du traité qu'ont signé les Cherokees en 1785, j'ai idée que les avocats et les politiciens ne prisaient guère les métaphores. En règle générale, les termes compris de tous ne sont pas les bienvenus dans les documents juridiques.

Après tout, les traités n'étaient pas des véhicules destinés à protéger ni même à partager les terres. C'étaient des outils faits pour acquérir des terres. À presque tous les coups, dans l'histoire de l'Amérique du Nord, quand les Indiens ont signé un traité avec les Blancs, ils ont fini par perdre leurs terres. Je ne peux pas songer à un seul traité où les Indiens s'en sont sortis avec plus de terres qu'au début. Une telle idée, d'un point de vue non autochtone, aurait été dangereusement absurde.

En fait, les traités ont tellement bien réussi à dépouiller les Indiens de leurs terres que je suis surpris qu'il n'y ait pas à ce jour de journée nationale fériée pour honorer leurs bienfaits. Mais ça peut s'arranger. On pourrait, si on le voulait, transformer la fête de Christophe Colomb (le Columbus Day américain) et la fête de la Reine en une fête des Traités. Après tout, Christophe Colomb n'a pas découvert l'Amérique, et la reine Victoria n'a jamais mis les pieds au Canada. Les Américains auraient leur journée de congé en octobre, au moment où les feuilles changent de couleur en Nouvelle-Angleterre, et les Canadiens – peut-être même les Québécois – auraient leur journée de congé en mai, au moment où presque toute la neige a fondu. On pourrait encourager les enfants dans les deux pays à mémoriser les dix plus grands traités, ceux qui ont rapporté les meilleures terres, et transformer ce savoir en une sorte de concours. On pourrait peut-être obtenir des

Pieds-Noirs qu'ils fassent don de dix acres sur leur réserve de la rivière Oldman pour le premier prix.

Bien sûr, personne au Canada ou aux États-Unis ne serait d'accord avec un jour férié qui ne serait pas une célébration de la puissance nationale ou de la générosité nationale : il nous faudrait donc le déguiser, comme on le fait avec l'Action de grâce.

Alors voilà. Disons le jour des Traités. Je ferais ma part. Je lirais le poème *The Gift Outright* de Robert Frost. Je chanterais quelques couplets de *This Land is Your Land* de Woody Guthrie dans le cadre des festivités.

Cela dit, que personne n'aille penser que je médis des traités. Ce ne sont pas les traités qui font problème. Mais tenir les promesses faites dans le cadre des traités, ça, c'est une autre histoire.

Un des griefs qu'ont les Blancs à l'égard des Autochtones, c'est qu'ils ne savent que faire de leurs terres, ou qu'ils ne mettent pas leurs terres en valeur pour en tirer suffisamment parti. Et l'Amérique du Nord a été rapide à faire sien l'aphorisme « *Use it or lose it* » (« Si ça ne sert pas, ça se perd »). Chose ironique, le Canada se trouve dans une position pseudo-autochtone dans l'Extrême-Nord. Sachant que l'Arctique est un trésor regorgeant de gaz et de pétrole, de minerai et de métaux précieux, sans parler du poisson qu'on y trouve, les États-Unis ont repoussé les frontières internationales, faisant valoir que le passage du Nord-Ouest faisait partie des eaux internationales et non du Canada. En 1969, les États-Unis ont dépêché le *S.S. Manhattan* dans le passage sans demander la permission du Canada au préalable. En 1985, le brise-glace américain *Polar Sea* a fait la même chose. Des mots méchants s'échangèrent de part et d'autre. On songe à régler ce contentieux en concluant un traité, où les États-Unis reconnaîtraient que le passage se trouve en eaux canadiennes et où, en échange, le Canada accorderait aux États-Unis le droit d'emprunter cette voie sans la moindre entrave.

Un traité avec les États-Unis. Voilà qui promet.

Dans tout ce ballet diplomatique, on oublie la saga des quatre-vingt-sept Inuits qui furent déplacés, en 1953, de Port Harrison vers Grise Fiord. Les bureaucrates canadiens disaient que cela permettrait aux Inuits de continuer de vivre de la terre et de conserver leur mode de vie traditionnel. La vraie raison, c'était que le Canada voulait se servir des Inuits pour occuper la place, dans le débat sempiternel sur les droits territoriaux et les ressources dans l'Arctique supérieur. Le gouvernement a toujours affirmé que les familles qu'on avait réinstallées étaient parties de leur propre gré, alors que les Inuits maintiennent qu'on les y avait contraints.

Peu importe où se situe la vérité : il est amusant de voir les politiciens se servir des Autochtones pour confirmer les prétentions territoriales du Canada dans l'Extrême-Nord. C'est à nous, dit Ottawa au reste du monde. Ce sont nos gens qui y vivent.

Quand il s'agit de terres, l'une des questions fondamentales est celle-ci : « Quel est l'usage convenable de la terre ? » C'est là une considération historique et contemporaine sur le plan des droits autochtones. À l'époque de la colonisation, on considérait que la chasse et la cueillette étaient des utilisations inférieures de la terre, comparativement à l'agriculture. Quand les Indiens pratiquaient l'agriculture, leurs pratiques étaient jugées inférieures à celles des Blancs. Et de nos jours, que Dieu vienne en aide à la tribu ou à la bande qui voudrait conserver une partie de ses terres dans son état naturel, alors qu'on pourrait si aisément y tailler un terrain de golf, ou y implanter une station de ski, ou encore y exploiter une mine à ciel ouvert.

Parfois, une lecture attentive de l'histoire nous aide à

comprendre la question de la terre, et parfois des histoires à valeur symbolique nous sont tout aussi utiles. Personnellement, je préfère les histoires. Et il se trouve que j'en ai quelques-unes à vous raconter.

Premier exemple.

En 1942, pendant la Seconde Guerre mondiale, le gouvernement du Canada cherchait un endroit où installer une base d'entraînement militaire. Surprise et miracle, il trouva justement l'endroit qu'il fallait sur la réserve des Ojibwés de Stoney Point, en Ontario.

Ipperwash.

Le gouvernement offrit à la bande quinze dollars l'acre pour la terre. La bande refusa, et le gouvernement confisqua la terre avec la promesse explicite qu'il la rendrait après la fin des hostilités.

Je dois signaler que les guerres ont toujours été de bons prétextes pour le vol de terres indiennes. Les Ojibwés de Stoney Point n'étaient pas les premiers à voir leurs terres confisquées dans l'intérêt de l'effort de guerre. En 1917, en plein cœur de l'hiver, l'armée américaine chassa les Nisquallys de leurs foyers dans l'État de Washington et « condamna » plus des deux tiers de la réserve. Puis, le terrain fut transféré au ministère américain de la Guerre, qui profita de ce don de 3 300 acres pour élargir la base de Fort Lewis et y aménager un champ de tir.

Plus à l'ouest, dans les Prairies, après la Première Guerre mondiale, des modifications à la Loi sur les Indiens accordèrent au ministère des Affaires indiennes du Canada, en 1918, le pouvoir de louer les terres d'une bande et de les donner à des non-Autochtones pour qu'ils puissent les cultiver comme il se devait. « Nous ne serions que trop heureux de faire en sorte que l'Indien utilise ces terres comme il faut, s'il acceptait de le faire, gémit Arthur Meighen, le ministre de l'Intérieur et surintendant des Affaires indiennes, mais il refuse de cultiver cette terre, et nous, nous voulons la cultiver ; tout est dit. »

Mais revenons à Ipperwash. La guerre s'acheva, comme cela finit toujours par arriver, mais la terre ne fut pas rendue à la bande. Au fil des ans, à divers moments, les Ojibwés de Stoney Point contestèrent la confiscation originale ; et en 1996, cette protestation se raviva.

En septembre de cette année-là, environ trente-cinq Autochtones occupèrent le parc pour attirer l'attention sur leur vieille revendication foncière. Au début, les choses se passèrent plutôt bien. Puis, il y eut de ces mots qui fâchent. La fenêtre d'une auto-patrouille de police fut fracassée. Quelqu'un lança une pierre à un conseiller de la bande qui était au volant de sa voiture. Une histoire selon laquelle une femme dans une voiture avait été attaquée avec un bâton de baseball s'avéra une invention de la police, supposément pour des raisons de relations publiques. Il y eut escalade de coups de part et d'autre, et l'affrontement dégénéra quand la police tira sur une voiture et un autobus scolaire, blessant deux contestataires autochtones et tuant Dudley George.

Je dois avouer que je sais peu de choses sur Ipperwash. Je n'ai jamais été dans ce parc. Ce que je sais de l'affrontement qui a causé la mort de Dudley George, je l'ai appris des journaux et de la télévision, et je me méfie toujours de ces sources. Mais j'ai eu une conversation intéressante avec un fonctionnaire, un an et des poussières après cette tragédie.

J'étais allé prononcer une conférence à Ottawa, et dans le vol qui me ramenait à Toronto, je me suis trouvé assis à côté d'un monsieur qui avait été mêlé à la revendication foncière des Ojibwés de Stoney Point à Ipperwash. Il était venu m'entendre et voulait connaître mon opinion sur la question.

Comprenez bien que ce n'est pas tous les jours que le gouvernement me demande mon avis sur une question. Helen ne me demande presque jamais mon avis. Alors j'étais flatté, vous pensez bien.

Je vous écoute, lui ai-je dit.

Ipperwash, il l'admettait, avait fait partie de la réserve ojibwée de Stoney Point, et la terre avait été confisquée dans le cadre de l'effort de guerre, et la guerre étant terminée depuis longtemps et la base militaire étant démantelée, les Ojibwés croyaient évidemment que la terre devait leur être rendue. Cependant, me dit le fonctionnaire, mis à part le problème que pose la perception du public – quand le gouvernement rend des terres aux Indiens, peu importe les circonstances, ça ne rapporte pas de votes –, il y avait le problème des munitions qui n'avaient pas explosé. Comme le lieu avait été utilisé en guise de champ d'artillerie, il subsistait des obus qui n'avaient pas explosé et d'autres machins pas commodes dans la terre, ce qui faisait que certains secteurs étaient dangereux.

Le fonctionnaire m'a demandé : qu'est-ce qu'on fait avec ça ? Comment le gouvernement peut-il, en toute bonne foi, rendre des terres aux Ojibwés qui ne sont pas sûres ?

J'ai dit que le gouvernement n'avait qu'à assainir les lieux et à les rendre après. Le gouvernement n'est pas responsable de ce gâchis, m'a dit le monsieur, c'est l'armée.

Écoutez, que je lui ai répondu, si vous venez chez moi et que vous faites des dégâts, c'est vous qui ramassez, pas moi. La plupart du temps, en tout cas.

Bien, que je lui ai dit, que l'armée aille faire le ménage.

L'armée n'a pas assez d'argent dans son budget pour ça, qu'il a dit.

Alors, donnez-lui l'argent qu'il faut.

Si on fait ça, l'armée va affecter ces crédits à d'autres priorités.

Ce fut une conversation agréable, mais plus on parlait, plus j'avais l'impression de dialoguer avec un sourd. Quand nous avons fini par atterrir, j'ai compris qu'il ne m'avait pas du tout demandé *comment* on pouvait rendre la terre, mais plutôt qu'il m'avait expliqué *pourquoi* cela ne se ferait pas.

Le vrai problème, m'a confié le fonctionnaire dans l'avion, c'est la « rétivité culturelle » des Ojibwés. Tout ce ressentiment, l'occupation du parc, la mort de Dudley George, tout cela aurait pu être évité si les Ojibwés avaient tout simplement vendu la terre au gouvernement fédéral d'entrée de jeu.

Eh bien… C'est une façon de voir les choses, en effet.

Depuis notre conversation, le gouvernement de l'Ontario a annoncé, en 2007, qu'il compte rendre le parc de cinquante-six hectares aux Chippewas de la nation de Kettle et de Stoney Point, mais pas tout de suite. En 2009 a été signé un accord de transfert foncier qui stipulait que le transfert serait parachevé d'ici un an. En 2010 a été adoptée une loi qui abolissait le statut de parc de cette terre, ce qui était censé être la prochaine étape dans la reddition de la terre. En mai 2012, on n'était pas plus avancé. Le nettoyage de la vieille base militaire a commencé, mais les choses n'ont pas bougé. La terre n'a toujours pas été rendue.

Deuxième exemple.

Le barrage de Kinzua, dans la forêt nationale Allegheny, en Pennsylvanie, est un des plus grands barrages à l'est du Mississippi. Les travaux de construction ont commencé en 1960 et se sont achevés en 1965. Le barrage a coûté plus de 120 millions de dollars et fait plus de 1 900 pieds de long et 179 pieds de haut.

Le barrage a pour fonction principale de contrôler le flux de la rivière Allegheny, d'assurer l'approvisionnement en hydroélectricité aux maisons et à l'industrie, et d'offrir aux plaisanciers des endroits pour remiser leurs embarcations. Le réservoir que le barrage a créé fait vingt-sept milles de long et comporte environ quatre-vingt-dix milles de rives.

Le barrage a fait naître le lac le plus profond de la Pennsylvanie, avec ses 130 pieds de profondeur. Et au fond du lac se trouve la réserve des Sénécas.

Cette réserve n'était pas censée finir au fond d'un réservoir. Les Sénécas avaient signé un traité de paix avec les États-Unis qui leur garantissait cet espace de terre particulier. L'article 3 du traité de 1794 disait que « les États-Unis reconnaissent que toutes les terres à l'intérieur des bornes susmentionnées sont la propriété de la nation sénéca ; et les États-Unis ne réclameront jamais ces terres afin de ne pas troubler la nation sénéca ».

Mais ça, c'était en 1794. Donc, en 1956, les Sénécas ont probablement été surpris d'apprendre que le Congrès avait voté des crédits pour bâtir un barrage sur leurs terres. Le gouvernement avait tenu des audiences publiques. Le Génie militaire avait informé toutes les parties intéressées. Sauf les Sénécas, bien sûr. Personne n'avait songé à inviter les Sénécas aux audiences publiques. On ne leur avait même pas dit que ces audiences auraient lieu. Ils ont été mis au courant du projet de barrage après que tout avait été convenu.

La tribu s'adressa aussitôt aux tribunaux et demanda un certain nombre d'injonctions pour stopper le projet. En même temps, dans une manœuvre dont on admire l'habileté, elle recruta deux ingénieurs connus, Arthur Morgan, l'ancien président de la Tennessee Valley Authority, et Barton Jones, qui avait présidé à la construction du barrage Norris dans le complexe de la TVA. Morgan et Jones devaient examiner le projet de barrage et voir s'il existait un autre site qui répondrait aux exigences du projet sans enfreindre le traité et forcer les Sénécas à migrer. Morgan trouva justement ce site ; mais le Génie militaire n'avait nulle envie de modifier ses plans, et au lieu d'aller inspecter le nouveau site qu'on proposait, il fit approuver en vitesse son projet de barrage par le Congrès et condamna la réserve des Sénécas en invoquant le droit à l'expropriation.

En 1961, les Sénécas écrivirent même au président John F. Kennedy pour le prier de mettre fin au projet. J'imagine qu'ils s'attendaient à ce que Kennedy les écoute avec bienveillance. Après tout, il avait dit tant de jolies choses sur les droits civiques et il avait fait la leçon aux Russes et à d'autres pays sur la nécessité d'honorer les traités.

Mais pas les traités avec les Indiens.

Alvin Josephy, dans son livre *Now That the Buffalo's Gone*, avance que les Sénécas avaient de nombreux partisans au Congrès qui essayèrent de faire déplacer le barrage afin que les Sénécas puissent rester où ils étaient, mais que les forces qui s'étaient liguées contre eux, pilotées par le Génie militaire, étaient tout simplement trop fortes.

Je ne doute pas que Josephy ait raison. Mais j'en sais aussi suffisamment sur l'argent et la politique pour penser qu'une bonne part du soutien public à la cause des Sénécas et toute la commisération politicienne n'étaient que théâtre. Traité ou pas, je ne peux pas croire qu'il y avait grand monde à Washington qui se préoccupait de savoir si la terre des Sénécas aboutirait ou non au fond d'un lac artificiel.

On me dira que je suis cynique, mais si vous lisez l'histoire des barrages en Amérique du Nord, vous serez peut-être surpris d'apprendre qu'il y a des tas d'excellents sites qui se trouvaient comme par hasard sur des terres indiennes.

Ou peut-être que ça ne vous surprendra pas non plus.

Troisième exemple.

On est en 1717. Voltaire est embastillé parce que ses écrits sulfureux dérangent les puissants de ce monde, un tremblement de terre dévaste Antigua au Guatemala, et la France cède une bande de terre sur l'Outaouais à la Société missionnaire des Sulpiciens. La France n'était pas propriétaire du terrain, mais pour la Couronne française, la question n'était pas là.

Le don ne plut guère aux Mohawks, étant donné qu'il s'agissait de leurs terres, et pendant les cent cinquante et un ans qui suivirent, cette bande de terre empoisonna les rapports entre Mohawks et Sulpiciens.

En 1868, un an après le début de la Confédération, Joseph Onasakenrat, un chef mohawk, écrivit aux Sulpiciens pour exiger qu'on rende la terre dans les huit jours. Les Sulpiciens firent la sourde oreille, et Onasakenrat marcha avec les siens sur le séminaire de Saint-Sulpice, les armes à la main. Après un affrontement bref mais plutôt déplaisant, les autorités locales intervinrent et forcèrent les Mohawks à battre en retraite. Puis, en 1936, les Sulpiciens vendirent la propriété et déménagèrent leurs pénates. Les Mohawks contestèrent la légalité de la vente, mais encore une fois, leurs protestations n'aboutirent à rien.

Vingt-trois ans plus tard, en 1959, on aménagea un terrain de golf de neuf trous sur cet emplacement, le Club de golf d'Oka, juste à côté du cimetière de la bande. Cette fois-ci, les Mohawks firent appel aux tribunaux, espérant que la justice les protège désormais contre les empiétements des Blancs. Les autorités et les tribunaux tergiversèrent, et de leur côté, les promoteurs allèrent de l'avant avec l'aménagement du terrain de golf. Aussitôt, les golfeurs heureux se mirent à rouler sur les verts au volant de leurs petits chariots.

Finalement, en 1977, les Mohawks déposèrent une requête auprès du Bureau des revendications autochtones pour récupérer leur bien foncier. Neuf ans plus tard, ils furent déboutés par le fédéral au motif que leur requête ne respectait pas certains critères juridiques. Manière gentille de dire aux Mohawks qu'ils étaient incapables de prouver qu'ils étaient les propriétaires légitimes du terrain, du moins qu'ils ne pouvaient pas le prouver de la façon dont les Blancs reconnaissent un titre de propriété. Pendant les onze années qui suivirent, les relations entre la municipalité d'Oka et les Mohawks furent tumultueuses.

Puis, en 1989, le maire d'Oka, Jean Ouellette, annonça la bonne nouvelle : le vieux terrain de golf allait être élargi à dix-huit trous et on construirait en bordure soixante condominiums de luxe. Pour gérer cette expansion, la municipalité s'en prit aux Mohawks afin de s'emparer d'un pan supplémentaire de leurs terres, mais cette fois en rasant un bois que les Mohawks appelaient la « Pinière » et en aménageant de nouveaux verts et des condominiums sur l'emplacement même du cimetière mohawk.

Ce fut la goutte qui fit déborder le vase. Après quelque deux cent soixante-dix ans d'arrogance et d'indifférence de la part des Européens, après avoir tenté tous les recours judiciaires imaginables, les Mohawks en avaient plein le dos. Le 10 mars 1990, les Autochtones occupèrent la Pinière pour protéger leurs arbres et leurs sépultures. Leur terre.

Cinq mois plus tard, dans la touffeur de juillet, l'affrontement dégénéra en conflit armé. Ni le gouvernement provincial ni le gouvernement fédéral ne voulaient se mêler de l'affaire. Jean Ouellette n'avait nulle intention de discuter avec les Mohawks, ce qu'il affirma sans ambages à la télévision. Il réclama plutôt que la province dépêche la Sûreté du Québec, et celle-ci intervint massivement, s'attaquant aux barricades à coups de gaz lacrymogènes et de grenades traumatisantes. Des coups de feu furent échangés. Personne ne sait qui fit feu le premier. Pas que cela aurait fait une grande différence. Quand la fumée se dissipa, le caporal Marcel Lemay fut retrouvé mourant, et un ancien des Mohawks, Joe Armstrong, avait succombé à une crise cardiaque en tentant d'échapper à une foule blanche en colère.

Ainsi commença la crise d'Oka.

La Gendarmerie royale du Canada accourut pour appuyer la Sûreté du Québec, et la GRC reçut l'appui de près de 2 500 membres des Forces canadiennes. Des avions arrivèrent, avec des chars d'assaut et des blindés. Les Mohawks profitèrent du concours d'autres Autochtones, et pendant soixante-dix-huit jours, les deux camps se regardèrent en chiens de faïence.

Dire que la crise d'Oka aurait pu être évitée, c'est l'évidence même. John Ciaccia, le ministre des Affaires indiennes du Québec à l'époque, savait qu'il avait une poudrière devant lui des mois avant que la crise n'éclate. Ciaccia avait pressé le gouvernement fédéral d'acheter le terrain en litige de la municipalité d'Oka et de le céder aux Mohawks de Kanesatake. Bien sûr, les Mohawks de Kanesatake étaient déjà les propriétaires légitimes des lieux, bien avant que la France ne cède le terrain aux Sulpiciens ; la suggestion de Ciaccia, étant donné les circonstances, constituait toutefois un compromis raisonnable.

Mais au lieu de recourir à une solution imaginative ou même simplement intelligente, les politiciens locaux, provinciaux et fédéraux avaient préféré glander et échanger des blâmes. Et ne rien faire.

L'affrontement d'Oka coûta plus de 200 millions de dollars. En 1997, près de sept ans après les faits, le ministère des Affaires indiennes et du Développement du Nord fit en douce l'acquisition du terrain en litige pour la somme de 5,2 millions de dollars et le « donna » aux Mohawks pour leur usage exclusif. À la discrétion du gouvernement fédéral, évidemment.

N'importe qui possédant une calculette vous dira qu'il en aurait coûté 195 millions de moins si l'on avait acheté le terrain plus tôt, au moment où l'affrontement se dessinait. Bien sûr, si l'on avait réglé la revendication des Mohawks en 1977, il n'en aurait coûté qu'une chanson. Pas plus que le coût d'un bon souper au restaurant et d'un film. Mais du point de vue d'Ottawa, l'affaire d'Oka n'avait jamais été une question d'argent. Ou de justice, tant qu'à faire.

À propos de l'affrontement d'Oka, Georges Erasmus, le chef suprême de l'Assemblée des Premières Nations à l'époque, a dit : « Ce ne sera pas notre dernier combat. Ce n'est pas le dernier affrontement. C'est peut-être même le premier. »

Quatrième exemple.

La côte du Pacifique est l'un des lieux que j'aime le plus au monde. J'ai séjourné longtemps sur la côte du nord de la Californie, sur celle de l'Oregon, de l'État de Washington et, surtout, de la Colombie-Britannique. J'aime la brume et le temps lugubre et frais ; il y a entre l'océan et moi une vieille histoire d'amour qui m'incline à aimer les adjectifs plurisyllabiques. Mais si l'on me demandait de dire un seul mot qui décrit cette partie de la planète, je dirais : « poisson ».

Poisson comme dans *saumon*. En fait, de nombreuses tribus du Pacifique se nomment les « Gens du Saumon ».

Le saumon remonte les rivières de la côte du Pacifique depuis des millénaires. Il occupe une place importante dans l'alimentation des gens ainsi que dans la langue et la vie culturelle des Autochtones qui habitent le long de ces cours d'eau.

En 1854, les Européens s'étaient établis en grand nombre autour du fjord de Puget Sound dans le Territoire de

Washington. Cette année-là, le gouverneur du territoire, Isaac
Stevens, put imposer un traité – le traité de Medicine Creek –
aux Nisquallys, aux Puyallups, aux Steilacooms, aux
Squawshiks, aux gens de l'île Squaxin et à d'autres tribus de
la côte Ouest, traité aux termes duquel les tribus furent
contraintes de céder presque toutes leurs bonnes terres
arables en échange de 32 500 dollars et de la promesse qu'elles
pourraient continuer de pêcher. Un des chefs nisquallys, un
homme du nom de Leschi, s'opposa au traité et à la cession
de son territoire. Des escarmouches opposèrent Indiens et
Blancs, et le conflit vira à ce qui devint, pour les historiens, la
guerre du fjord de Puget Sound.

La guerre du fjord de Puget Sound, le nom en impose plus
que la réalité. Peu de gens y perdirent la vie des deux côtés,
mais Stevens, outré de voir que les Nisquallys résistaient à la
mainmise sur leur territoire et d'apprendre que deux de ses
miliciens avaient été tués, dépêcha des troupes pour capturer
Leschi. Personne ne savait avec certitude si Leschi avait eu quoi
que ce soit à voir avec la mort des deux hommes, mais la question n'était pas là. Le vrai crime de Leschi, c'était sa résistance
à la convoitise des Blancs, et le 19 février 1858, il fut pendu.

Les Blancs ne furent pas longs à faire main basse sur les
terres que leur avait concédées le traité de Medicine Creek,
mais ils furent lents à honorer leurs promesses, particulièrement celle qui avait trait au droit de pêche ; et pendant les cent
ans qui suivirent, la question du droit de pêche des Autochtones allait être un sujet de discorde constant dans les relations entre Indiens et Blancs.

La question aurait dû être réglée une fois pour toutes par
le traité de Medicine Creek, et sinon par ce traité, du moins
par deux arrêts de la Cour suprême des États-Unis, *United
States v. Winans* (1905) et *Seufert Brothers Co. v. United States*
(1919). Le cœur des deux litiges était de savoir si les Indiens

avaient accès aux rivières du Nord-Ouest et s'ils pouvaient y pêcher comme le voulait leur coutume. Dans un cas comme dans l'autre, la cour statua que les Autochtones possédaient effectivement ce droit.

Mais en 1945, un Nisqually de quatorze ans du nom de Billy Frank fils fut arrêté pour avoir pêché dans la rivière Nisqually. Frank avait le droit d'y pêcher : ce droit était garanti par traité. Ce droit avait été confirmé par au moins deux arrêts de la Cour suprême, mais pendant les vingt-neuf ans qui suivirent, les autorités de l'État de Washington firent la sourde oreille.

Ces gens étaient peut-être des fans d'Andrew Jackson.

Au cas où vous l'auriez oublié, la Géorgie, à la fin des années 1820 et au début des années 1830, était résolue à chasser les Cherokees de l'État. Puis, en 1832, la Cour suprême des États-Unis, présidée par John Marshall, statua dans l'affaire *Worcester v. Georgia* que les États n'avaient nul pouvoir ou autorité d'adopter des lois qui visaient des nations indiennes « domiciliées et dépendantes ». Ce jugement aurait contre-carré les desseins expansionnistes de la Géorgie ; Andrew Jackson, le président de l'époque, qui favorisait la Géorgie, alla donc de l'avant avec l'expulsion des Cherokees sans égard à l'opinion de la cour. Jackson aurait dit à ce sujet : « Marshall a rendu son jugement. À lui de le faire respecter, maintenant. »

Mais peut-être que les autorités de l'État de Washington n'eurent pas une pensée pour Jackson. Peut-être qu'elles avaient seulement décidé, comme Jackson, que, lorsqu'il s'agissait de terres et de ressources naturelles, ce ne serait pas une petite bande d'Indiens qui allait fixer les règles du jeu, traité ou pas, Cour suprême ou pas.

En 1954, un Puyallup du nom de Bob Satiacum fut arrêté pour avoir pêché illégalement dans la rivière Puyallup. Il fut reconnu coupable, mais, en 1957, ayant interjeté appel, la

Cour suprême de l'État de Washington invalida sa condamnation. Cependant, la question de savoir qui avait le droit de pêcher et qui contrôlait les pêches était loin d'être réglée, et en un rien de temps, les rivières du Nord-Ouest devinrent le théâtre de « *fish-ins* » dont les tribus profitaient pour faire reconnaître leur droit de pêche.

Lors de ces « *fish-ins* », les Indiens pêchaient à volonté. Les gardes-pêches les arrêtaient, détruisaient leur équipement et confisquaient leurs embarcations. Pendant que les Indiens pêchaient et que les gardes-pêches les arrêtaient, les tribunaux des diverses juridictions jugeaient à tour de bras. En 1960, la Cour supérieure du comté de Pierce statua que la tribu des Puyallups n'existait pas. Un autre arrêt nia l'existence de la réserve des Puyallups. En 1963, dans l'arrêt *Washington v. McCoy*, la cour confirma le droit qu'avait l'État d'imposer des règlements raisonnables et nécessaires aux Indiens.

La guerre de la pêche s'étendit dans tout le Nord-Ouest. Des vedettes de Hollywood comme Marlon Brando, Buffy Sainte-Marie et Dick Gregory allèrent sur place pour sensibiliser la population au droit de pêche des Indiens. Le Conseil national de la jeunesse indienne se manifesta aussi. Nombre des protestations des pêcheurs indiens étaient faites sous l'égide de la Survival of American Indians Association, qui était née du contentieux lui-même.

Les deux camps refusaient de désarmer. Les Autochtones tenaient à leur droit de pêche, qui leur avait été conféré par voie de traité. Mais ni le ministère de la Pêche et de la Chasse de l'État, ni les associations de pêcheurs sportifs ne voulaient céder le pouvoir qu'ils avaient de réguler la pêche. Une des craintes dont on faisait état, dans la presse écrite et dans les tribunes ouvertes à l'opinion publique, tenait au fait que les Autochtones pratiqueraient la surpêche et détruiraient ainsi la ressource. On parlait peu, cependant, de la destruction des stocks de poisson par les chalutiers-usines étrangers ou par l'armée de pêcheurs sportifs qui s'embusquaient à l'embouchure des rivières chaque année au retour du saumon.

Le principe était simple : les Indiens n'avaient nul droit de faire concurrence à la pêche commerciale ou sportive. Ce ne fut jamais dit comme tel. Mais c'était dans l'air. Chose certaine, c'était l'attitude du ministère de la Pêche et de la Chasse. Et quand les Indiens se mirent à faire valoir leur droit sur le saumon, droit conféré par traité, une danse étrange commença. Les Indiens montaient dans leurs embarcations et allaient tendre leurs filets sur les rivières, chose qui, en vertu du traité de Medicine Creek, était parfaitement légal. Les gardes-pêches les arrêtaient, les mettaient à l'amende, les emprisonnaient et confisquaient embarcations et filets. Les Indiens s'adressaient aux tribunaux, et ceux-ci invalidaient les arguments des agents de l'État. Les Indiens réclamaient leurs embarcations et leurs filets et retournaient sur les rivières.

Mais les arrestations, les amendes et les frais judiciaires finirent par peser. Les embarcations et les filets n'étaient jamais rendus à temps, et souvent le matériel était endommagé pendant la confiscation. Dès que les Indiens retournaient à la pêche, les gardes-pêches les arrêtaient de nouveau, et le cirque judiciaire recommençait.

Un ami historien, qui tient à conserver l'anonymat, m'a raconté comment il a aidé certaines tribus dans leurs protestations sur les rivières du Nord-Ouest. Il m'a dit comment, après un certain temps, les Indiens allaient sur les rivières équipés d'embarcations et de filets en piteux état. Aussitôt que les gardes-pêches avaient saisi leur matériel et rapportaient les embarcations et les filets abîmés en ville, les Indiens sortaient leurs bonnes embarcations et leurs bons filets et reprenaient leur pêche.

La situation sur les rivières devint de plus en plus violente. Il y avait des collisions entre embarcations. Certaines personnes se faisaient tabasser. Des types se sont mis à se tirer dessus. Le 9 septembre 1970, les agents des services répressifs de l'État opérèrent une descente dans un grand camp de pêche sur les rives de la Puyallup. Soixante personnes furent écrouées, et le village de pêche fut rasé à coups de bulldozer. Il n'y eut pas mort d'homme, mais ce fut là la seule bonne nouvelle.

Et, comme on pouvait s'y attendre, la question des droits issus de traités fut de nouveau soumise aux tribunaux, cette fois à la cour de district du District occidental de l'État de Washington. *United States v. State of Washington.* Si vous êtes surpris de voir que c'était le gouvernement fédéral qui poursuivait en justice l'État de Washington, reprenez-vous. Un des enjeux juridiques dans la guerre de la pêche était l'opposition de la juridiction fédérale et de la juridiction de l'État. Ne l'oublions pas, une terre visée par un traité est une terre fédérale par définition.

Les arguments invoqués dans l'arrêt *United States v. State of Washington* étaient les mêmes qu'on avait entendus au cours des cent dernières années. D'un côté, plaidait-on, le traité de Medicine Creek accordait aux Indiens le droit de pêcher. De l'autre côté, avançait-on, l'État de Washington avait le droit de réguler les pêches, sans égard pour les traités. Et quand toutes les requêtes furent plaidées et les arguments développés, la cour de district, présidée par le juge George Boldt, statua que non seulement les Indiens avaient un droit de pêche garanti, mais qu'ils avaient aussi le droit de pêcher jusqu'à 50 % du poisson à prendre.

L'État de Washington en fit une syncope.

Mais au bout du compte, il n'y eut pas vraiment de gagnant. La pêche au saumon avait déjà amorcé son déclin. Et ce déclin se poursuit. Les chalutiers étrangers continuent de prendre le gros de la pêche au saumon. L'État, les pêches sportives et les Autochtones ont conclu des ententes provisoires pour protéger la ressource, mais avec la menace nouvelle que posent les maladies issues de l'aquaculture et l'absence de règlement et de responsabilité dans cette industrie, cette pêche autrefois abondante est peut-être en voie d'extinction.

Cinquième exemple.

Vous aimez le golf? Moi aussi.

Le Shaughnessy Golf and Country Club est un des clubs d'élite de Vancouver. C'est un club privé, donc à moins d'en être membre ou d'en connaître un membre, vous ne pouvez pas y jouer. Le club est né en 1911 et s'appelait alors le Shaughnessy Heights Golf Course : un terrain de neuf trous, qui fut élargi à dix-huit trous l'année suivante. Le club ne possédait pas la terre, cependant. Les soixante-sept acres qui constituaient le terrain avaient été louées du Chemin de fer Canadien Pacifique (CPR).

En 1956, le CPR fit savoir qu'il voulait ravoir le terrain, et le club se mit en quête d'un autre site. En 1958, il trouva ce qu'il cherchait : un magnifique terrain de 162 acres surplombant le fleuve Fraser et le détroit de Géorgie. Vue imprenable tout autour. Le seul problème, c'était que la terre appartenait à la nation musqueam.

En fait, il n'y avait pas vraiment de problème. Étant donné que toutes les terres indiennes étaient gérées par Ottawa, la direction du club n'eut qu'à s'entendre avec l'agent local des Affaires indiennes, et à la faveur d'une série de rencontres surtout privées, elle négocia un bail à long terme pour la location de l'emplacement.

Les Musqueams n'eurent pas un mot à dire sur le bail. On

ne leur en donna même pas une copie, et ils n'eurent pas la moindre idée de ses conditions exactes avant 1970, quand Graham Allen, un employé du ministère des Affaires indiennes, montra le texte du bail au chef Delbert Guerin.

Guerin et les Musqueams soupçonnaient le club de golf d'avoir profité d'une aubaine, donc ils ne furent pas tellement surpris de découvrir que le marché qui avait été conclu valait de l'or pour le club. Le terrain occupé par le club de golf avait été évalué à l'origine à une valeur locative annuelle de 53 450 dollars, mais le gouvernement avait accordé au club un bail de 75 ans à 29 000 dollars par an, sans augmentation pour les 10 premières années. Pour les quinze années qui suivraient, l'augmentation du bail ne devait pas dépasser les 15 %.

Un gouvernement qui vous aide comme ça est sûrement béni des dieux. Et le gouvernement n'avait pas fini d'aider les Musqueams. En 1965, Ottawa, agissant pour le compte de la bande, signa une entente de mise en valeur avec un promoteur privé sur environ 40 acres de terres appartenant à la nation. La parcelle fut convertie en une sous-division de soixante-quatorze terrains haut de gamme à bâtir, qui furent loués à des non-Autochtones pour 99 ans. Les baux étaient fixés à quelque 400 dollars par an pour chaque terrain d'environ 10 000 pieds carrés, et le prix des baux était gelé pour les 30 premières années, sans augmentation graduelle prévue.

Quatre cents dollars par an pour un terrain à bâtir de cent pieds par cent pieds dans le quartier sélect de Point Grey à Vancouver. Douze mille dollars pour les trente premières années.

Pendant trente ans, les Musqueams virent le prix des terres adjacentes atteindre des hauteurs vertigineuses, et pendant trente ans ils ne purent obtenir leur juste part de l'augmentation de cette valeur marchande. Donc, lorsque les baux parvinrent à échéance, en 1995, les Musqueams voulurent augmenter les loyers pour qu'ils correspondent à leur juste valeur marchande.

La nature humaine est assez prévisible. Les non-Autochtones qui avaient payé trois fois rien pour leurs baux pendant tout ce temps étaient furieux de voir le prix de location augmenter, et encore plus aigris de voir que l'augmentation serait fondée sur la valeur marchande. L'un des arguments contre cette augmentation tenait au fait que les maisons sur ces terrains en haussaient la valeur, argument quelque peu fallacieux étant donné que la vraie valeur résidait dans la terre et son emplacement, et non pas dans ce qu'il y avait dessus.

Entendons-nous : n'importe quel autre propriétaire ou entreprise aurait haussé les prix en fonction de la valeur marchande des terrains sans poser de questions. C'est l'évidence même en matière immobilière. Mais les terrains appartenaient à des Indiens, et, s'inspirant des méthodes d'Ottawa, les propriétaires décidèrent que des terres indiennes n'avaient pas à être traitées comme des terres appartenant à des Blancs. Une terre indienne, firent-ils valoir, ne pouvait pas être évaluée de la même manière qu'une terre non indienne. Il était injuste d'augmenter leurs baux, avancèrent-ils aussi, étant donné qu'ils n'étaient pas représentés au Conseil de la nation musqueam et ne pouvaient pas voter aux élections des Musqueams, variante fantaisiste du principe « pas d'imposition sans représentation ».

Un de mes amis canadiens possède un condo au Costa Rica. Il paie la taxe foncière sur sa propriété. Il paie aussi des frais de condo. Mais cela ne lui donne pas le droit de voter aux élections costaricaines. Un autre ami canadien possède une petite maison à Fort Myers, en Floride. Il paie la taxe foncière. Il n'a pas lui non plus le droit de voter dans cet État.

Le chef Ernest Campbell, dans une entrevue au *Vancouver Sun*, rappela à tous que « pour les premiers trente ans, les locataires ont payé des loyers à un taux fixe très bas. En 1995, ces locataires auraient déboursé bien plus pour louer un espace de stationnement au centre-ville que ce qu'ils payaient pour leur bail. Les loyers annuels se situaient entre 375 et 400 $ par an, soit entre 31,25 et 33,33 $ par mois ».

Mais peu importe la hauteur du loyer, les propriétaires cessèrent de le payer, retinrent les services d'un avocat et s'adressèrent aux tribunaux.

Il y eut une série d'arrêts, dont un en 1997 et un autre en 1998, mais celui qui compte vraiment fut celui de la Cour suprême du Canada en 2000, qui conclut que la terre des Musqueams, pour les fins des ententes sur les baux, valait environ 50 % des terres adjacentes non indiennes. La cour avança aussi que, si la bande devait vendre ses terrains, ceux-ci pourraient être évalués à leur juste valeur marchande.

Donc, en substance, la cour disait que la terre, si elle était propriété d'une nation indienne, valait moitié moins que la même terre qui appartiendrait à des non-Autochtones.

Mais tout vient à point à qui sait attendre. Le bail du Shaughnessy Golf and Country Club viendra à échéance en 2033, et les baux sur les terrains habités expireront en 2064. Je ne serai plus de ce monde quand ces 200 acres d'immobilier haut de gamme de Vancouver seront rendus aux Musqueams, donc je ne sais pas ce qu'ils vont faire de la terre ; mais je suis sûr qu'Ottawa voudra les aider à en tirer quelque chose.

Sixième exemple.

Et pendant qu'on attend, pourquoi ne pas aller faire une petite excursion ?

Si on allait du côté du Nouveau-Mexique ? La densité démographique de cet État est de seize personnes par mille carré, donc on ne risque pas de bousculer un voisin. L'État arrive troisième en ce qui concerne le pourcentage de résidents autochtones, après l'Oklahoma et l'Alaska. Entre autres choses, le Nouveau-Mexique est connu pour ses grues du Canada, son art autochtone, ses grottes de Carlsbad, ses festivals de montgolfières. Et ses bombes atomiques.

L'État abrite aussi la forêt nationale de Carson, un parc situé dans la partie nord qui couvre plus de 1,5 million d'acres et où l'on retrouve Wheeler Peak, la montagne la plus élevée du Nouveau-Mexique. Le parc fut créé en 1906 par Theodore Roosevelt ; pour ce faire, son administration confisqua environ 50 000 acres appartenant à la nation taos pueblo.

Pas de traité. Pas d'indemnité. Rien du tout.

Aux yeux de Roosevelt, la terre dont il s'était emparé n'était que de la terre, point. Des cailloux, des arbres, des lacs, des rivières. Pour les Taos pueblos, c'était beaucoup plus que cela. Quand Roosevelt a saisi la terre des Taos pour en faire une forêt nationale, il s'est emparé de Ba Whyea, ou le lac Bleu, un lac perdu dans les montagnes qui était et qui est encore sacré pour les Taos. Selon la tradition orale, la tribu des Taos fut créée à partir des eaux du lac, et les environs du cours d'eau ont toujours occupé une place importante dans la vie cérémonielle de la tribu.

Mais quand le parc fut ouvert en 1916, le Service forestier fit creuser un sentier menant au lac et ensemença celui-ci de truites pour le plaisir des randonneurs et des touristes. Dix ans plus tard, le service fit bâtir une maison rustique près du lac à l'usage des gardes forestiers du parc.

Les Taos s'insurgèrent contre la saisie de la terre et du lac. Ils contestèrent aussi l'ouverture du secteur à un usage récréatif public. Mais sans trop de succès.

Dans les années 1920, le Pueblo Lands Board, qui avait été créé en vertu du Pueblo Lands Act, ou Loi sur les terres des Pueblos, de 1924, versa aux Taos pueblos la somme de 297 684,67 dollars, ce qui correspondait à l'évaluation foncière de la terre en litige en 1906. Les Pueblos firent une contre-offre, proposant de renoncer à toute indemnisation en espèces en échange d'un titre foncier net et exclusif pour le lac Bleu et l'espace environnant.

Le Service forestier refusa, et ce fut la fin de l'histoire.

En 1933, avec le concours du commissaire au Bureau des affaires indiennes, John Collier, le même qui avait été à l'origine de la Loi sur la réorganisation indienne de 1934, les Taos purent obtenir une loi qui leur accordait un permis de cinquante ans devant leur garantir l'usage exclusif du lac et de ses environs à longueur d'année. Le Service forestier n'était pas très heureux de cet arrangement et, comme tout bon service administratif, il parvint à retarder les choses, atermoyant sans fin. Finalement, sept ans plus tard, le service émit à contrecœur un permis qui accordait aux Taos pueblos l'usage exclusif du lac pendant trois jours en août.

Il s'agissait là beaucoup plus d'une insulte que d'une solution.

En 1951, la Commission des revendications indiennes, qui avait été créée pour étudier les revendications des Indiens et arbitrer en la matière, affirma que le lac Bleu avait été saisi illégalement. Mais, chose prévisible, alors que la commission avait le pouvoir d'entendre les causes et de recommander des indemnisations financières, elle n'avait pas le pouvoir de rendre des terres aux tribus spoliées. En fait, il lui était formellement interdit de même songer à rendre des terres.

Mais les Taos n'avaient toujours pas changé d'avis. L'argent ne les intéressait pas. Tout ce qu'ils voulaient, c'était qu'on leur rende la terre et le lac. Juan de Jesus Romero, un ancien de la tribu, résuma joliment la situation : « Si l'on ne nous rend pas nos terres, si le gouvernement les garde pour son usage exclusif, alors c'est la fin du mode de vie indien. Nos gens vont se disperser comme l'ont fait les gens d'autres nations. C'est notre religion qui fait notre cohésion. » Il aurait pu ajouter que pour les Taos la religion, c'est la terre, et que leur terre est leur religion, mais il n'a rien dit de tel, car pour lui c'était l'évidence même.

Les Taos ont continué de réclamer leur bien. Ils n'ont jamais baissé les bras. Ils ont poursuivi leurs réclamations pendant soixante-quatre ans.

Puis, en 1970, après que les Taos eurent réclamé leur bien encore une fois, le président Richard Nixon ratifia la prise d'effet de la loi 471 de la Chambre des représentants, loi qui redonnait aux Taos le titre fiduciaire sur 48 000 acres de terre, comprenant entre autres le lac Bleu et 1 640 acres entourant celui-ci.

Soixante-quatre ans.

Ces six exemples ne font qu'illustrer le problème de la terre autochtone. Je n'ai pas parlé des Quinaults, ou des Menominees, ou des Lumbees, ou des Siletz et de la tribu Grand Ronde, ou des Klamaths, ou des Passamaquoddys, ou des Pieds-Noirs, ou de la nation Pit River, ou des Havasupais, ou des Yakamas de Warm Springs, ou des Cris du lac Lubicon, et je n'ai pas mentionné non plus les centaines de revendications foncières qui sont en souffrance au Canada et aux États-Unis.

Plus tôt dans ce livre, j'ai laissé entendre qu'à mon avis les poursuites judiciaires ne permettront pas de trouver une solution aux problèmes qui ont été causés par des siècles de mesures et d'actions émanant de la politique indienne de l'Amérique du Nord. J'ai plutôt avancé que les obstacles juridiques créés par les lois et la jurisprudence profitent davantage aux puissants et aux privilégiés qu'aux Autochtones.

Je n'ai pas changé d'avis.

Mais je dois admettre que, en dépit de ces obstacles, les Autochtones de la fin du XXe siècle et des débuts du XXIe siècle ont commencé à remporter des victoires devant les tribunaux d'Amérique du Nord. Peut-être que, après tout ce temps, la loi du pays va enfin nous favoriser ; et alors, nous vivrons tous heureux jusqu'à la fin des temps.

DIX

Heureux jusqu'à la fin des temps…

J'extrais du passé la vérité de notre avenir.

BETH BRANT, *Mohawk Trail*

Étant donné que *L'Indien malcommode* se situe en Amérique du Nord et que les Nord-Américains adorent les histoires où les personnages vécurent heureux jusqu'à la fin des temps, j'ai pensé achever mon livre sur une note optimiste. J'ai donc demandé à des amis autochtones qui suivent l'actualité s'ils avaient remarqué des signes encourageants donnant à croire que les relations entre Indiens et Blancs se portent mieux. Je ne m'attendais pas à ce qu'ils mentionnent des victoires éclatantes ou des triomphes, car, dans le tumulte de l'histoire autochtone, avec les tâtonnements de la souveraineté indienne et de l'autodétermination, de telles éventualités ne sont pas pour demain.

Cela étant dit, deux sujets d'actualité sont revenus régulièrement dans nos conversations : l'Alaska Native Claims Settlement Act (ou Loi sur le règlement des revendications foncières des Autochtones de l'Alaska) et l'Accord sur les revendications territoriales du Nunavut.

Mais avant d'aborder les deux plus grands accords fonciers de l'histoire nord-américaine, j'aimerais prendre un moment pour traiter d'une autre affaire qui a fait beaucoup parler d'elle dans le temps, mais qui est maintenant presque oubliée. Contrairement à la Loi sur le règlement des revendications foncières des Autochtones de l'Alaska et à l'Accord sur les revendications territoriales du Nunavut, la création de la réserve de parc national et site du patrimoine haïda Gwaii Haanas ne résultait pas d'une revendication foncière. Ce fut l'un des rares cas où les préoccupations des Autochtones, l'éthique écologique, la volonté politique et le bon sens ont fait convergence dans une cause commune.

Dans les années 1980, certaines grandes compagnies forestières se sont mises à exiger du gouvernement de la Colombie-Britannique l'accès à des forêts essentiellement vierges. En 1983, la MacMillan Bloedel a obtenu un permis pour la coupe de cèdres anciens sur l'île Meares dans la baie Clayoquot, sur la côte ouest de l'île de Vancouver. La réaction ne se fit pas attendre. Quand les équipes de coupe débarquèrent sur l'île en novembre 1984, elles se butèrent à un barrage formé d'Autochtones et de non-Autochtones. « Cette terre est notre jardin, déclara aux bûcherons le chef des Tla-o-qui-ahts, Moses Martin. Si vous déposez vos scies mécaniques, vous serez les bienvenus sur nos rives, mais pas un arbre ne sera coupé ici. »

La MacMillan Bloedel et les Tla-o-qui-ahts s'affrontèrent devant les tribunaux. À la grande surprise de la compagnie forestière, la cour donna gain de cause aux Autochtones, émettant une injonction qui avait pour effet de suspendre la coupe sur l'île Meares tant que les revendications foncières des Autochtones dans le secteur ne feraient pas l'objet d'une entente.

L'année suivante, en 1985, en face de ces lieux, dans Haida Gwaii, les compagnies forestières portèrent leur attention sur l'île Lyell. L'île se trouvait en territoire haïda, et les Haïdas édifièrent aussitôt une barricade pour stopper la coupe. Ils en avaient assez de voir leur territoire saccagé, et ils profitèrent du concours d'écologistes qui partageaient les préoccupations des Autochtones, notamment la préservation des forêts anciennes, des habitats fauniques et des cours d'eau. Les gens qui étaient à l'emploi de l'industrie forestière tenaient cette action pour une agression contre leur gagne-pain, et, comme on pouvait s'y attendre, certains s'énervèrent. En novembre de cette année-là, la police intervint et se mit à arrêter des protestataires, dont bon nombre étaient des anciens de la tribu haïda qui avaient tenu à résister en première ligne.

En règle générale, il peut y avoir de la casse dans de telles protestations, des morts même. Mais les affrontements de l'île Lyell furent – à certains moments – étonnamment polis, et même parfois franchement comiques. Les Haïdas partageaient leurs repas avec les policiers et les bûcherons. Guujaaw, l'un des chefs haïdas, déclara à un reporter que les policiers venaient manger chez eux parce qu'on y mangeait mieux. La GRC, dans un esprit de coopération communautaire, prit des dispositions pour obtenir le service satellite, et ainsi tout le monde put voir les Lions de la Colombie-Britannique rosser les Tiger-Cats de Hamilton et remporter la coupe Grey trente-sept à vingt-quatre. À un moment donné, une trêve fut décrétée, et les bûcherons s'engagèrent à délaisser la coupe le temps que les Haïdas quittent l'île Lyell pour assister aux obsèques d'un des leurs.

Pendant les vingt et un mois qui suivirent, les Haïdas, les bûcherons, les écologistes et les gendarmes se côtoyèrent et discutèrent emplois, culture, revendications foncières, écologie et droit, parfois avec feu, parfois dans le calme et le respect mutuel. Puis, en juillet 1987, Ottawa, la Colombie-Britannique et les Haïdas signèrent un protocole d'entente créant la réserve de parc national et site du patrimoine haïda Gwaii Haanas.

En mai 1996, ma famille et moi, accompagnés de Greg Staats, un photographe d'art mohawk de Toronto, avons entrepris un voyage d'un mois dans les villages autochtones isolés de la côte ouest de la Colombie-Britannique, où Greg et moi avons organisé des ateliers en photographie et création littéraire. Au terme de notre séjour sur la côte, je suis parti avec Helen et deux de nos trois enfants, Benjamin et Elizabeth, dans un petit hydravion, et nous sommes allés à Rose Harbour, au milieu de Gwaii Haanas. De là, nous avons pris un zodiac pour aller à Sgaan Gwaii, où se trouvent le village haïda de Ninstints et la collection de totems anciens de l'île.

Nombreux sont les non-Autochtones qui ont du mal à comprendre pourquoi les Autochtones sont prêts à se battre bec et ongles pour protéger leurs terres. Dans le cas de Gwaii Haanas, vous n'avez qu'à vous planter sur le bord de l'océan, dos aux cèdres et le ciel au-dessus de votre tête, et vous comprendrez.

Le lieu est magique. Pas de doute. Cela dit, je sais que ce n'est pas tout le monde qui va comprendre l'attachement des Haïdas à leur terre. Et c'est la raison pour laquelle la création de la réserve de parc national et site du patrimoine haïda Gwaii Haanas a été un événement si important. L'accord protège un lieu d'une beauté sidérante et donne à l'Amérique du Nord le temps de mûrir et d'en venir à comprendre ce que signifie ce terme galvaudé qu'est le « sacré ».

J'ai raconté mon épiphanie à moi. Reprenons, maintenant.

La Loi sur le règlement des revendications foncières des Autochtones de l'Alaska (LRRFAA)

Lorsque l'Alaska est devenu un État, en 1959, l'un des litiges qui se sont ensuivis était la question des revendications foncières des Autochtones. L'Alaska Statehood Act, ou Loi créant l'État de l'Alaska, qui avait été voté l'année précédente, permettait au territoire de se saisir de plus de 100 millions d'acres de terres publiques « vacantes, non appropriées et non réservées ».

Du même coup, la loi interdisait à l'Alaska de s'emparer de terres appartenant à des tribus indiennes. En conséquence, pendant les presque dix années qui ont suivi, les groupes autochtones et l'État ont consacré beaucoup de temps, d'efforts et d'argent à se disputer pour savoir qui était propriétaire de quoi.

Puis, en 1966, les Autochtones de l'Alaska décidèrent de faire front commun et de fonder l'Alaska Federation of Natives (la Fédération des Autochtones de l'Alaska, FAA), lançant ainsi un effort concerté et organisé pour obtenir un règlement complet de leurs revendications foncières qui s'étendrait à tout l'État. La même année, Stewart Udall, le secrétaire de l'Intérieur, annonça qu'il n'approuverait aucune sélection de terres faite par l'Alaska tant que les revendications foncières n'auraient pas été réglées. Trois ans plus tard, Udall conféra un caractère pérenne à sa décision en prenant l'ordonnance 4582 sur les terres domaniales. On le pense bien, cette mesure n'eut pas l'heur de plaire au gouverneur de l'Alaska, Walter J. Hickel, ni au lobby pétrolier de l'État. Non seulement l'ordonnance ne permettait plus à l'Alaska de sélectionner des terres pour l'exploration et l'exploitation pétrolières, mais elle stoppait aussi l'octroi de concessions ainsi que la construction d'un pipeline de 800 milles de longueur qui devait conduire le brut de la mer de Beaufort vers la baie du Prince-William.

Le moratoire fédéral incitait fortement les parties à s'entendre, mais l'événement qui eut pour effet de relancer la négociation fut la découverte de pétrole en 1968 dans la baie de Prudhoe, dans le North Slope de l'Alaska. Avec ce parfum d'argent dans l'air, et avec l'appui de l'industrie pétrolière, l'État se mit à négocier sérieusement.

La revendication foncière de l'Alaska avait des proportions proprement titanesques. Les Autochtones réclamaient presque tout l'État. L'État réclamait presque tout l'Alaska. La catastrophe politique était garantie. Mais non : en moins de trois petites années, un délai inouï dans ce genre de négociation, la Loi sur le règlement des revendications foncières des Autochtones de l'Alaska fut votée par le Congrès, approuvée par la Fédération des Autochtones de l'Alaska et ratifiée par le président Nixon.

La LRRFAA, à maints égards, ressemblait aux traités d'autrefois, dans la mesure où les Autochtones cédaient d'immenses pans d'un territoire en échange de secteurs plus petits où la possession de la terre leur était garantie. En vertu de cette loi, les Autochtones de l'Alaska reçurent environ 4,4 millions d'acres de terre et près de 963 millions de dollars en liquide. Pour bien comprendre cette entente, sachez que 4,4 millions d'acres, c'est plus de terres détenues en fiducie qu'il y en a en ce moment pour *toutes* les autres tribus indiennes de l'Amérique. L'indemnisation en argent, c'est presque quatre fois plus que ce qu'ont touché collectivement les autres peuples autochtones dans les vingt-cinq ans d'existence de la Commission des revendications indiennes des États-Unis. Sur papier, l'accord semblait être un compromis raisonnable. Tout le monde était gagnant. L'Alaska se trouvait ainsi à même de rayer d'un trait de plume toutes les revendications foncières des Autochtones, et ceux-ci se retrouvaient avec le meilleur règlement terres et argent comptant jamais consenti à des Autochtones.

Avant l'adoption de la LRRFAA, les terres autochtones de l'Alaska étaient détenues en fiducie et assujetties au contrôle et à la protection du gouvernement américain. Mais dès le début de la négociation, il est apparu que ni l'Alaska ni le gouvernement américain ne voulaient maintenir cet état de choses. Ainsi, les autorités fédérales et étatiques ont insisté pour que les terres transférées aux Autochtones soient placées en fief simple.

Exigence qui aurait dû alerter les Autochtones. La conversion en fief simple de terres en fiducie avait été au cœur des lois antérieures dans ce domaine : la Loi sur le lotissement de 1887 et la Loi de cession définitive de 1953. Deux lois dont l'effet sur les Autochtones avait été désastreux. Mais pour des raisons que j'ignore, quand la Fédération des Autochtones de l'Alaska se réunit en décembre 1971 pour étudier la Loi sur le règlement des revendications foncières des Autochtones de l'Alaska, les délégués choisirent dans une proportion de 511 contre 56 d'approuver la loi et de prendre en fief simple les terres désignées dans l'accord.

Depuis toujours, les Autochtones se plaignent du paternalisme du Bureau des affaires indiennes et du penchant de celui-ci à microgérer les affaires des Autochtones ; j'imagine donc que la FAA croyait que la disposition sur la mise en fief simple lui accorderait plus de contrôle sur ses terres que ne l'autoriserait la mise en fiducie fédérale. Chose certaine, l'expérience des tribus nord-américaines autorisait cette supposition.

Si la LRRFAA contenait des éléments propres au lotissement et à la cession définitive, ce n'était nullement une loi qui allait en ce sens. Le lotissement et la cession définitive étaient des armes puissantes qui avaient servi à dépouiller les tribus de leurs terres. En vertu de ces deux politiques, les terres tribales avaient été converties en fiefs simples, et les Autochtones qui avaient vécu sous un régime communal s'étaient tout à coup retrouvés morcelés en autant de propriétaires privés. En moins d'une génération, une bonne part des terres avait été perdue, et la tribu s'était dispersée.

Une des grandes différences entre la LRRFAA et le lotissement ou la cession tenait au fait que les terres reçues en fief simple par les Autochtones de l'Alaska bénéficiaient de diverses mesures de protection. Ainsi, ce n'étaient pas des personnes privées qui avaient droit aux terres et à l'argent comptant. Les terres et l'argent furent placés sous l'autorité de 12 sociétés régionales autochtones (une treizième s'y ajouta plus tard) et de plus de 200 sociétés appartenant à des villages autochtones. Ce n'était pas exactement une relation fiduciaire, mais il y avait moyen de vivre avec ça.

Outre l'argent comptant et les terres, les Autochtones de l'Alaska conservèrent leurs droits en surface et sous la surface des terres, et tout cela promettait une assise économique dont ils avaient grand besoin. De manière générale, les droits quant aux ressources sous la surface, le pétrole par exemple, seraient gérés par des sociétés régionales à but lucratif, alors que les droits sur les ressources en surface, par exemple le bois d'œuvre, relèveraient de la gestion des sociétés villageoises, dont certaines étaient à but lucratif et d'autres non.

En un rien de temps, les conseils des tribus et des villages se métamorphosèrent en entreprises, et ces instances se muèrent en conseils d'administration. De leur côté, les Autochtones, qui avaient été jusqu'alors membres de tribus comme les Tlingits, les Haïdas, les Tsimshians, les Aléoutes, les Yupiks et ainsi de suite, devinrent soudain, sous l'effet de quelque coup de baguette magique, des actionnaires de la Sealaska Corporation, de la Doyon Limited, de l'Arctic Slope

Regional Corporation, de la Bering Straits Native Corporation ou de la Cook Inlet Region Inc., ou de l'une des sept autres sociétés créées en vertu de la LRRFAA.

Quand je me trouvais à Juneau, en 2011, un ami tlingit m'a raconté que, depuis l'avènement de la LRRFAA et les changements que la loi a opérés dans la culture autochtone traditionnelle, il y a toute une génération de Tlingits qui « ne connaissent plus leur clan ou leur maison, mais qui connaissent le nom de leur entreprise ».

Des entreprises. Un nouveau synonyme pour « réserves ».

De loin, la LRRFAA avait l'air d'être une bonne chose. Mais comme toujours, le diable se niche dans les détails. Ce qui est vite devenu évident, c'est que les Autochtones de l'Alaska n'étaient tout simplement pas prêts à passer de l'arrière-pays à la salle du conseil d'administration en une génération. Ils n'étaient pas prêts non plus à affronter les complications financières et juridiques qui sont le lot de toute entreprise. La LRRFAA contenait des dispositions relatives à la protection des terres contre toute perte ou saisie pendant les vingt premières années, mais à la fin des années 1980, il devint apparent que, si ces mesures de protection disparaissaient en 1991, comme le voulait la loi, toutes les terres autochtones de l'Alaska seraient vulnérables ou en péril.

Soit dit en passant, cette disposition sur la protection des terres pendant vingt ans présentait des similitudes remarquables avec la disposition de vingt-cinq ans qui devait protéger les terres autochtones dans le cadre de la politique de lotissement. Et tout le monde connaît les bienfaits de cette mesure...

Les chefs autochtones se mirent au travail, ce qui est tout à leur honneur, et en 1991 le Congrès vota la résolution 278 de la Chambre des représentants, qui modifiait la LRRFAA originale de 1971. Les nouvelles modifications traitaient d'une foule de sujets, mais les deux changements les plus importants se situaient sur le plan des actions dans les entreprises autochtones et de la protection de l'assise foncière. En vertu de l'entente de 1971, les seuls Autochtones de l'Alaska qui pouvaient posséder des actions dans les entreprises régionales étaient ceux qui étaient nés avant 1971 et qui respectaient les critères de la LRRFAA quant à l'inscription au registre des Indiens de l'État. Les Autochtones de l'Alaska nés après 1971 ne recevaient aucune action, mais pouvaient en hériter. Aux termes de la résolution 278, les entreprises se voyaient accorder le droit de créer des catégories d'actionnaires différentes selon leurs besoins et d'établir les règles entourant le droit de vote associé aux actions. Mais ces modifications ne réglaient pas tous les problèmes, et les entreprises autochtones de l'Alaska se retrouvent aujourd'hui devant le spectacle aberrant de générations entières d'Autochtones nés dans l'État, mais ne possédant aucune action et n'ayant aucun intérêt dans les entreprises qui ont été fondées à leur profit.

Chose tout aussi importante, la résolution 278 élargissait la protection des terres créées en vertu de la LRRFAA en les mettant à l'abri de toute faillite, des jugements civils, des servitudes, de l'imposition et de bien d'autres choses à la condition que, dans certains cas, les terres restent en friche.

Les Autochtones de l'Alaska étaient bien heureux de ces modifications, mais je soupçonne que de telles mesures n'ont qu'un caractère temporaire, au mieux. Les leçons de l'histoire nous laissent supposer que, à un moment donné, l'État de l'Alaska et le gouvernement fédéral vont lever toutes ces protections et immunités et contraindre les entreprises autochtones à entrer de plain-pied dans le marché. Les entreprises réunissent des capitaux de diverses manières. Elles peuvent émettre ou vendre des actions ; elles peuvent ajuster le prix de leurs produits et services ; et elles peuvent emprunter sur la

garantie de leurs biens. Étant donné que les entreprises exis-
tant en vertu de la LRRFAA sont des sociétés fermées – plus
ou moins –, elles ne peuvent pas vraiment vendre d'actions à
la Bourse, une telle démarche pouvant faire en sorte que ces
entreprises tombent entre les mains d'intérêts non autochtones. Le prix des produits et services est largement tributaire
des fluctuations de l'économie et du marché, sur lesquels
les entreprises autochtones n'ont aucun contrôle. Le moyen
le plus simple de réunir des capitaux est d'emprunter sur la
garantie des biens en se servant des terres comme garantie.
C'est aussi le moyen le plus risqué qui soit.

Le grand juriste canadien Thomas Berger a mis les
Autochtones en garde contre une telle éventualité. Dans son
livre *Village Journey: The Report of the Alaska Native Review
Commission,* Berger leur recommande de faire en sorte que
les terres détenues par les sociétés villageoises soient déclarées
de nouveau propriété tribale. « Mon objectif, a-t-il écrit, est
de m'assurer que les Autochtones ne perdent pas leurs terres.
La seule façon d'y parvenir, la seule façon de faire en sorte que
les terres autochtones demeurent entre les mains des Autochtones eux-mêmes est de soumettre de nouveau les terres au
contrôle de la tribu. Je ne vois pas d'autre moyen. Si ces terres
deviennent des actifs d'entreprise, elles seront vulnérables. »

Le règlement foncier de l'Alaska est considérable. Le
potentiel économique de la terre et des ressources qu'elle
abrite, de même que les ententes relatives au partage des profits qui ont été négociées par les diverses entreprises régionales autochtones devraient assurer une base financière
solide aux générations à venir. Mais Berger n'est pas le seul qui
soit préoccupé par ce modèle d'affaires basé sur la possession
en fief simple. Moi aussi, je suis inquiet, et je soupçonne que
les entreprises ne sont que le dernier cheval de Troie de l'assimilation.

Hormis mes appréhensions alarmistes, je ne vois pas de raison de penser que les Autochtones de l'Alaska n'ont pas un bel avenir économique devant eux. Tout ce qu'il faut, c'est un peu d'imagination fondée sur la tradition, un peu de générosité et une certaine volonté politique.

Ajoutez à cela un peloton d'avocats et une armée de comptables.

L'Accord sur les revendications territoriales du Nunavut

Le Canada, jusqu'en 1993, se composait de dix provinces et de deux territoires, ceux-ci étant le Yukon et les Territoires du Nord-Ouest. Cette année-là, le Parlement a adopté l'Accord sur les revendications territoriales du Nunavut et la Loi sur le Nunavut. Six ans plus tard, le 1er avril 1999, naissait le nouveau territoire du Nunavut.

La première étape ici fut, bien sûr, l'abrogation de tous les droits autochtones. « En contrepartie des droits et avantages qui leur sont conférés par l'Accord, les Inuits renoncent, en faveur de Sa Majesté du chef du Canada, à l'ensemble de leurs revendications, droits, titres et intérêts ancestraux, s'il en est, dans des terres et des eaux situées à quelque endroit au Canada et dans les zones extracôtières adjacentes relevant de la souveraineté ou de la compétence du Canada ; conviennent, en leur nom et au nom de leurs héritiers, descendants ou successeurs, de ne pas faire valoir ni de présenter, selon le cas, quelque cause d'action, action déclaratoire, réclamation ou demande de quelque nature que ce soit – passée, présente ou future – à l'encontre soit de Sa Majesté du chef du Canada ou d'une province, soit du gouvernement d'un territoire ou de toute autre personne, et qui serait fondée sur quelque revendication, droit, titre ou intérêt ancestral dans des terres ou des eaux... »

On doute que cette phrase ait été l'œuvre d'un être humain, mais les vues qu'elle exprime reflètent bien l'attitude de la maison.

Jean Chrétien, le premier ministre du jour, profita de l'occasion pour s'incliner : « Le Canada, déclara-t-il, montre au monde, encore une fois, comment nous accueillons divers peuples et cultures. »

L'Accord du Nunavut, mot qui signifie « nos terres » en inuktitut, représentait l'aboutissement d'une revendication foncière que les Inuits avaient entreprise en 1976. Les Inuits auraient pu réclamer une patrie taillée à même les Territoires du Nord-Ouest, mais ils ont conclu avec raison qu'ils se retrouveraient considérablement défavorisés s'ils étaient minoritaires au sein d'une population non autochtone et non inuite beaucoup plus substantielle. Ils auraient pu revendiquer l'établissement d'une enclave exclusivement inuite, mais ils ont demandé à la place un nouveau territoire incluant des citoyens inuits et des citoyens non inuits, qui aurait le même rang au Canada que les deux autres territoires.

Le Nunavut est un pan de l'Arctique canadien mesurant 2 millions de kilomètres carrés, qui englobe la partie est des Territoires du Nord-Ouest. Chaque fois que je regarde la carte de la région, avec sa géographie anarchique et échancrée, cela me rappelle, plus que toute autre chose, le test de Rorschach. Aux termes de l'Accord sur les revendications territoriales du Nunavut, les Inuits ont reçu plus de 350 000 kilomètres carrés de terre au sein du nouveau territoire ainsi que la somme d'un milliard de dollars, payable sur une période de quatorze ans.

Je suis tenté de comparer l'Accord sur les revendications territoriales du Nunavut à la Loi sur le règlement des revendications foncières des Autochtones de l'Alaska, pour voir lequel des deux est le meilleur. En vertu de la loi alaskane, les Autochtones de cet État ont reçu environ la moitié des terres que les Inuits ont eues, mais les deux groupes ont touché à peu près la même somme en liquide. La différence entre les deux accords se situe sur le plan du statut du territoire. La terre inuite se divise en deux catégories : des 350 000 kilomètres carrés que les Inuits ont reçus, 315 000 sont des terres domaniales détenues en fiducie par le gouvernement fédéral pour le compte des Inuits, et 35 000, soit 10 % du total, est une terre en fief simple gérée par les Inuits sous l'égide de l'entreprise Nunavut Tunngavik. En Alaska, toutes les terres que les Autochtones ont reçues sont en fief simple.

Mais de telles comparaisons servent à peu de choses. La situation des Autochtones de l'Alaska est fort différente de celle des Inuits du Nunavut. En Alaska, les Autochtones constituent environ 14 % de la population de l'État. Au Nunavut, les Inuits constituent 85 % de la population du territoire. En Alaska, les Autochtones ne peuvent influencer le gouvernement de l'État que par leur vote. Au Nunavut, du moins pour le moment, les Inuits *sont* le gouvernement.

Étant donné que les Inuits forment le gros de la population au Nunavut et que l'inuktitut est leur langue principale, on s'attendrait à trouver des professionnels inuits parlant l'inuktitut dans la majorité des postes de l'administration territoriale. On s'attendrait à ce que l'inuktitut soit enseigné dans les écoles, et que l'enseignement de l'anglais ou du français soit offert pour faciliter l'acquisition du bilinguisme. C'était justement le sentiment général du Bathurst Mandate, ou Mandat de Bathurst, que le gouvernement du Nunavut a rendu public en 2000. Le mandat énonce une série d'objectifs ambitieux que le territoire espérait réaliser avant 2020. L'un de ces objectifs était de faire du Nunavut « une société bilingue parfaitement fonctionnelle, en inuktitut et en anglais, respectueuse des droits et des besoins des locuteurs français », alors qu'un deuxième objectif engageait le territoire à créer « une main-d'œuvre représentative dans tous les secteurs ».

Pourtant, en dépit de son avantage démographique, de la vitalité et du rayonnement de l'inuktitut, et de l'engagement qu'a pris le gouvernement territorial d'encourager l'éducation et la formation, on semble avoir peu d'espoir d'atteindre l'un ou l'autre de ces objectifs. Le taux de diplomation du niveau secondaire pour les élèves inuits ne dépasse pas les 25 %, et rares sont ceux qui poursuivent leurs études dans les collèges ou les universités. L'article 23 de l'Accord sur les revendications territoriales du Nunavut a pour objectif de faire en sorte que la participation des Inuits à la fonction publique territoriale « reflète le poids démographique des Inuits par rapport à la population totale de la région du Nunavut », mais ce n'est toujours pas le cas aujourd'hui. Les Inuits n'ont jamais occupé plus de 45 % des postes de la fonction publique, et la majorité de ces emplois se situe au niveau subalterne du soutien administratif. On enseigne l'inuktitut à l'école, oui, mais jamais après la troisième ou la quatrième année. Passé ce niveau, l'enseignement se fait en anglais. Dans son texte intitulé *Aajiiqatigiingniq*, le professeur Ian Martin, de l'Université York, s'est penché sur « la menace que l'anglais fait peser à long terme sur la langue inuite » et a formulé ce constat alarmant : si l'on abandonne brutalement l'inuktitut en faveur de l'anglais à l'école élémentaire, on risque de se retrouver un jour avec des étudiants inuits qui méconnaîtront les deux langues.

Également préoccupant est le rôle du gouvernement fédéral. Le soutien financier pour l'enseignement du français au Nunavut tourne autour des 4 millions de dollars par année, alors que le soutien à l'enseignement de l'inuktitut atteint seulement 1 million. Ottawa incline peut-être à privilégier le multiculturalisme, mais il n'a pas encore fourni aux Inuits les fonds et l'assistance nécessaires pour établir et maintenir un programme d'éducation linguistique bilingue anglais-inuktitut qui débuterait à la maternelle et s'étalerait jusqu'à la fin du secondaire.

Chose intéressante, les préoccupations des Inuits aujourd'hui sont exactement les mêmes qu'exprimait en 1960 la Commission royale d'enquête sur le bilinguisme et le biculturalisme, lorsqu'elle a encouragé le soutien à la langue française, recommandé que l'on offre des chances égales d'instruction aux locuteurs français, et prescrit que ceux-ci aient leur juste part d'emplois dans la fonction publique du pays. Ces recommandations trouvèrent leur chemin dans la Loi sur les langues officielles de 1969 et furent enchâssées à titre de garanties constitutionnelles dans la Charte canadienne des droits et libertés de 1982.

J'allais dire : dommage que les Inuits ne soient pas de langue française. Mais tant qu'à donner dans cette logique, autant dire : dommage qu'ils ne soient pas de langue anglaise.

L'assemblée législative du Nunavut se compose en ce moment de dix-neuf membres, dont le premier ministre et le président de l'assemblée ; la majorité des membres sont inuits, et je ne doute pas de la volonté qu'a le gouvernement territorial d'en faire plus pour la langue autochtone, le bilinguisme, l'éducation et l'emploi. Malheureusement, ce n'est pas la conviction qui fait défaut. Le problème, c'est le temps. Et les ressources. Avec chaque année qui passe, si ces questions ne sont pas réglées, la situation va s'aggraver, et cela pourrait avoir des conséquences qui échapperont complètement aux Inuits.

S'il vous faut un exemple ici, prenez l'histoire du Manitoba. Quand cette province s'est jointe à la Confédération en 1870, la population était majoritairement composée de Métis francophones. La Loi sur le Manitoba faisait du français et de l'anglais les deux langues officielles de la province, garantissait le financement public des écoles catholiques et conférait une assise territoriale aux Métis. Mais en moins de douze ans, une colonisation intense a modifié du tout au tout la donne démographique, et les Métis furent minorisés. Chose peu surprenante, les Parlements provinciaux subséquents se mirent à rogner ou à méconnaître les garanties qu'offrait la Loi sur le Manitoba, et les Métis durent faire appel aux tribunaux pendant les cent ans qui ont suivi pour faire en sorte que ces promesses soient honorées.

Je ne dis pas que le Nunavut devrait être un territoire où la culture et là pensée inuites encadreraient les interactions gouvernementales et sociales, où l'on s'attendrait à ce que les résidants soient bilingues, l'inuktitut étant la langue principale et l'anglais ou le français la langue seconde, mais je ne vois pas de raison non plus pourquoi ce ne serait pas le cas.

Nunavut. Le Québec du Nord.

La Loi sur le règlement des revendications foncières des Autochtones de l'Alaska et l'Accord sur les revendications territoriales du Nunavut présentent tous deux des lacunes. Certaines étaient apparentes avant même que ces accords entrent en vigueur. D'autres sont apparues par après. Maintenant que « l'état de grâce » est révolu, il est peut-être temps pour les Autochtones de l'Alaska et les Inuits de se poser la question : ces textes répondent-ils bien aux besoins de nos peuples ? Rien n'empêche les Autochtones de l'Alaska de repenser la LRR-FAA, et rien n'empêche les Inuits du Nunavut d'en faire autant avec l'Accord sur les revendications territoriales du Nunavut. Après tout, Ottawa aussi bien que Washington ne se sont jamais gênés au cours des deux derniers siècles pour récrire les traités et modifier les accords quand cela faisait leur affaire.

Entre-temps, les vieilles attitudes reviennent en force chaque fois que la tempête éclate. Chose certaine, ayant parcouru tout le continent, et une bonne partie de la planète tant qu'à cela, je sais qu'il y a toujours quelqu'un pour me faire la leçon à propos de l'histoire autochtone. Vous autres, me dit-on, vous feriez mieux de cesser de vous lamenter. On ne peut pas défaire ce qui a été fait. Aucun d'entre nous n'est responsable des péchés que nos ancêtres ont commis. Les temps ont changé. Les attitudes ont changé. Revenez-en, quoi.

On ne peut pas juger le passé en fonction du présent.

Slogan magnifique, en vérité, qui nous permet de faire abstraction des faux pas de l'histoire et de conclure un pacte avec l'avenir ; ainsi, nous échapperons à tout blâme pour les décisions que nous prenons aujourd'hui. L'ignorance. Voilà notre ligne de défense. Nos grands-parents ne se rendaient pas compte. Nous non plus. Si nous avions su dans le temps ce que nous savons aujourd'hui, nous n'aurions jamais fait ce que nous avons fait.

On ne peut pas juger le passé en fonction du présent. Une des grandes maximes de l'histoire. Commode, oui, et spécieuse.

Il fallait que ce soit dit, point. Dans l'histoire des relations Indiens-Blancs, il est évident que les politiciens, les réformateurs, le clergé, l'armée – en fait, tout le monde et son frère étaient conscients des ravages que leurs décisions et leurs actes auraient sur les communautés autochtones. Ils pariaient que quelque chose de bon sortirait de toute cette dévastation. Et ils pouvaient prendre ces décisions en toute confiance parce qu'ils ne pariaient pas un sou de *leur* argent. Ils ne pariaient pas l'avenir de *leur* communauté. Ils ne pariaient pas avec *leurs* enfants.

L'ignorance n'a jamais été le problème. Le problème était

et reste la confiance aveugle dans la civilisation occidentale et les certitudes injustifiées du christianisme. Et l'arrogance. Il est peut-être injuste de juger le passé en fonction du présent, mais cela est aussi nécessaire.

Si cela ne sert à rien d'autre, un examen du passé – et du présent, tant qu'à faire – peut nous apprendre bien des choses. Notamment que les Autochtones ont bien peu à gagner à ne rien faire. Tant que nous posséderons un seul élément de souveraineté, tant que nous posséderons une seule parcelle de terre, l'Amérique du Nord va nous courir après, et la question à laquelle nous devrons répondre sera de savoir si nous tenons vraiment à ces idées que sont la souveraineté et l'autodétermination. S'il est vraiment important pour nous de maintenir nos foyers communaux. Si nos traditions et nos langues valent la peine qu'on se batte pour les conserver. Chose certaine, le plus facile et le plus commode serait d'oublier simplement qui nous sommes et ce que nous voulons être, vendre tout ce que nous avons pour argent comptant et nous fondre dans le creuset nord-américain.

Avec les autres os qui y mijotent déjà.

Peu importe comment l'on définit l'histoire autochtone, la seule constante inéluctable est le fait que les Autochtones d'Amérique du Nord ont beaucoup perdu. Nous avons cédé beaucoup, on nous a pris beaucoup et, si nous ne faisons pas attention, nous allons continuer de perdre des parties de nous-mêmes – comme Indiens, Cris, Pieds-Noirs, Navajos ou Inuits – avec chaque génération. Mais cela ne doit pas nécessairement arriver. Les cultures autochtones ne sont pas statiques. Elles sont dynamiques, adaptables et souples, et pour un grand nombre d'entre nous, les variantes modernes des vieilles traditions tribales continuent d'apporter un ordre, une satisfaction, une identité et une valeur à nos vies. Mieux que cela, après cinq cents ans d'occupation européenne, les cultures autochtones ont déjà prouvé qu'elles sont d'une résilience à toute épreuve.

D'accord.

Voilà des paroles héroïques et malaisément inspirantes, non ? Poignantes, même. Pour un peu, on entendrait aussi les trompettes et les violons. Mais foin des illusions lyriques. Cela ne sert à rien, et il en coûte trop pour les entretenir.

Donc, entendons-nous pour dire que les Indiens n'ont rien d'exceptionnel. Nous ne sommes pas... des mystiques. Moi, ça me va. Oui, un grand nombre d'Autochtones ont des rapports immémoriaux avec le monde naturel. Mais c'est une relation qui s'offre également aux non-Autochtones, s'ils décident d'y adhérer. La réalité de l'existence autochtone est telle que nous vivons des vies modernes, informées par des valeurs traditionnelles et des réalités contemporaines, et que nous voulons vivre notre vie à nos conditions à nous.

J'ai bien de la peine à l'idée que je ne serai pas là lorsqu'arrivera le prochain millénaire. Juste pour voir comment nous nous serons tirés d'affaire. Juste pour entendre les histoires qu'on racontera alors. Si les cinq cents dernières années ont quelque valeur annonciatrice, je serais en effet très curieux de voir ce que les Autochtones de l'Amérique du Nord auront fait de leur avenir.

Remerciements

L'*Indien malcommode* est l'œuvre qui m'a occupé presque toute ma vie adulte. Je m'y étais mis déjà au début des années 1970, quand je travaillais à l'American West Center de l'Université de l'Utah, à l'époque où Floyd O'Neil était à la tête d'une bande d'étudiants peu recommandables du niveau supérieur, dont j'étais, en compagnie de Greg Thompson, Laura Bayer, John Alley, Geno Defa, David Lewis et Kathryn MacKay. L'histoire autochtone était le sujet de recherche et de conversation au Centre, et nous passions notre temps à lire des comptes rendus de l'histoire orale et des traités, à dessiner des cartes, à travailler avec les tribus du Sud-Ouest et à jouer des tours où la pomme de terre était à l'honneur. Floyd m'a initié à cette discipline qu'est l'histoire. Mieux encore, il a été mon mentor et mon ami, et c'est grâce à lui, ainsi qu'à Edward Lueders et William Mulder, professeurs au Département d'anglais, que j'ai survécu aux rigueurs du doctorat. Floyd m'a aussi fait découvrir les nombreux historiens et savants dont l'œuvre forme en partie la base de mon livre : Richard White, Alvin Josephy, Francis Paul Prucha, Patricia Limerick, David Edmunds (Cherokee), Brigham Madsen, Gerald Vizenor (Anichinabé), S. Lyman Tyler, Terry Wilson (Potawatomi), Richard Hart, Louis Owens (Choctaw-Cherokee), Robert Berkhofer et Arrell Morgan Gibson.

Tout aussi importantes furent ces conversations que j'avais avec mes collègues étudiants du Département d'anglais – Steve Tatum, Robert Haynie, Bob King et Barry Sarchett – qui s'intéressaient à la littérature et à l'histoire occidentales. Nous avons tous joué dans l'équipe de balle-molle intra-muros, les Hot Tamales, à qui je ne dois pas un mot de ce livre, mais nous avons bien ri quand même.

Quand je travaillais et étudiais à Salt Lake City, j'ai rencontré Leroy Littlebear (Gens-du-Sang), qui achevait un diplôme en droit à l'université. Nous sommes devenus amis, et quand il est retourné à l'Université de Lethbridge, en Alberta, pour diriger le Département d'études autochtones, il m'a offert un emploi de professeur de littérature et d'histoire autochtones. J'ai passé les dix années suivantes dans les hautes terres de la prairie albertaine, bravant le vent et les hivers glacés, travaillant avec des étudiants autochtones et non autochtones, et fréquentant les gens de la réserve locale. J'ai même joué (j'étais nul, je précise) dans une ligue indienne de basket-ball avec Narcisse Blood, Martin Heavyhead et Morris Manyfingers, qui étaient tous des Gens-du-Sang, et l'histoire de leur tribu était toujours au cœur de nos conversations. Mon séjour à Lethbridge, où j'ai eu pour collègues Christine Miller (Pied-Noir), Marie Small Face-Marule (Gens-du-Sang), Don Frantz, Menno Boldt, Alfred Youngman (Cri), Tony Long et Amethyst First Rider (Gens-du-Sang), fut un cours intensif où j'ai tout appris sur le jeu politique contemporain dans une réserve, l'histoire orale, la sociologie d'une petite ville et l'art des très mauvais jeux de mots.

Je dois préciser aussi que c'est à l'Université de Lethbridge que j'ai rencontré ma compagne, le docteur Helen Hoy. Ce qui prouve qu'on peut dénicher des trésors où l'on s'y attend le moins.

Helen et moi sommes passés de là à l'Université du Minnesota, en 1990 ; j'y ai enseigné la littérature autochtone, et c'est là que je me suis initié en vitesse au jeu politique des Autochtones urbains, expérience qui ne fut pas sans désagréments, et que j'ai eu le plaisir de collaborer avec des érudits de ce campus : Carol Miller (Cherokee), Alan Kilpatrick (Cherokee), Ron Libertus (Ojibwé White Earth), Terry Collins, Jean O'Brien (Ojibwée White Earth), George Lipsitz, John Wright, Brenda Child (Ojibwée Red Lake), Elaine et Lary May, et Carter Meland (Ojibwé White Earth), dont les pensées et les idées font partie intégrante de ce livre.

J'ai abouti ensuite à l'Université de Guelph, en Ontario, à l'été 1995, et je me suis mis sérieusement à l'écriture de *L'Indien malcommode* vers 2006. J'ai profité dans cette entreprise du concours d'un très grand nombre de personnes, autochtones et non autochtones, des quatre coins de l'Amérique du Nord, ayant lu les textes d'un grand nombre d'entre elles ou ayant causé avec d'autres qui ont pris le temps de discuter avec moi et qui, dans de nombreux cas, m'ont signalé des erreurs dans ma recherche et ma réflexion : Jace Weaver (Cherokee), Linda Vandenberg, Daniel Fischlin, Ajay Heble, Jeannette Armstrong (Okanagan), Christine Bold, Basil Johnston (Anichinabé), Ric Knowles, Drew Hayden Taylor (Ojibwé), Philip Deloria (Sioux de Standing Rock), Buzz et Judy Webb, Craig Womak (Creek-Cherokee), Evan Connell, Paul Chatt Smith (Comanche), Robert Warrior (Osage), N. Scott Momaday (Kiowa-Cherokee), Robert Conley (Cherokee), Donald Smith, Pamela Palmater (Micmaque), John Ralston Saul et d'autres dont j'oublie le nom en ce moment. Trou de mémoire qui me gênera fort quand on me rappellera leur contribution. Je dois aussi dire merci à l'Université de Guelph, surtout au Département d'anglais, pour son soutien et son encouragement sur le plan de la recherche et de l'écriture.

Je tiens tout particulièrement à remercier Carol Miller (Cherokee), Brian Dippie, Daniel Justice (Cherokee) et Margery Fee, qui ont tous pris quelques moments dans leur emploi du temps déjà bien chargé pour lire les premières versions et me faire part de leurs commentaires critiques et de leurs sages conseils. Je transmets aussi ma gratitude à Benjamin Hoy, qui m'a aidé dans la recherche à une étape cruciale.

Mais malgré tous ces précieux apports, *L'Indien malcommode* n'aurait pu voir le jour sans la présence dans ma vie de ma compagne, Helen Hoy, qui n'hésite jamais à me remettre à ma place quand nous discutons de littérature et d'histoire autochtones. Par son intelligence, sa bonté et sa persévérance, elle a fait en sorte que je reste attelé à la tâche quand ma seule envie était de m'enfuir à Tofino pour me cacher dans la brume. Ce livre est d'elle aussi bien que de moi. Je le sais mieux que personne. Maintenant, vous aussi, vous savez.

Index

Table des matières

CRÉDITS ET REMERCIEMENTS

La traduction de cet ouvrage a été rendue possible grâce à une aide financière du Conseil des arts du Canada.

Nous remercions le gouvernement du Canada de son soutien financier pour nos activités de traduction dans le cadre du Programme national de traduction pour l'édition du livre.

Les Éditions du Boréal reconnaissent l'aide financière du gouvernement du Canada par l'entremise du Fonds du livre du Canada (FLC).

Les Éditions du Boréal sont inscrites au Programme d'aide aux entreprises du livre et de l'édition spécialisée de la SODEC et bénéficient du Programme de crédit d'impôt pour l'édition de livres du gouvernement du Québec.

Couverture : iStockphoto.com

Ce livre a été imprimé sur du papier 100 % postconsommation,
traité sans chlore, certifié ÉcoLogo
et fabriqué dans une usine fonctionnant au biogaz.

MISE EN PAGES ET TYPOGRAPHIE :
LES ÉDITIONS DU BORÉAL

ACHEVÉ D'IMPRIMER EN FÉVRIER 2014
SUR LES PRESSES DE MARQUIS IMPRIMEUR
À MONTMAGNY (QUÉBEC).